공정 사회를 만드는 새로운 복지

공정 사회를 만드는 새로운 복지

이한주 외 지음

시공사

공정하고 지속가능한 사회를 기대하며

경기도지사 이재명

세상을 살면서 애써 강조하지 않아도 될 기본이 되는 가치가 있다. 이들 가치는 우리 사회를 정상적으로 유지하기 위해 요구되는 틀이자 전제이다. 공정성과 지속가능성은 그런 가치다. 인류 역사는 공동체가 위태로울 때마다 기본이 되는 가치를 되새기고 다시 세우고자 했다. 『도덕경』에서는, 큰 도가 사라지면 인의(人義)를 강조하게 되고, 거짓과 위선이 난무하면 지혜(智慧)를 구하게 되며, 국가 질서가 무너지면 충신이 나선다고 했다. 코로나19 위기를 극복하고 사회 패러다임의 대전환을 모색하는 지금이야말로 공정성을 회복하고 지속가능한 사회의 기틀을 마련하는 일이 무엇보다 절실하다.

공정성 회복과 지속가능성 구축을 최우선 과제로 꼽는 배경에는 갈수록 더해가는 우리 사회 불평등과 격차, 그리고 생태 위기가 있다. 저출생과 고령화, 저성장, 소득과 자산 양극화, 세대 갈등, 기후변화 위기, 한반도 긴장 등 지금 우리 사회가 마주한 고질적인 문제들은 우리 공동체의 모든 구성원에게 기회와 자원이 골고루 미치지 않는 데서 비롯한다는 공통점이 있다.

우리나라는 급격한 산업화를 바탕으로 선진국 반열에 올랐고, 외형상 눈부신 성과를 거두었다. 그러나 물질적으로 풍요로워졌지만, 과연 우리 모두 행복한가를 물어야 하고, 이러한 물음에 답하며 지금까지 그래왔던 것만큼 앞으로도 지속적으로 성장할 수 있는가를 가늠해보아야 한다. 모든 사회 구성원들은 당장의 현실이 어렵더라도 앞으로 더 나아질 것이라는 희망이 있어야 한다. 불과 50년 전에는 지금과 비교할 수 없을 만큼 경제 수준이 낮았지만, 모두가 노력하면 나라가 살기 좋아지고 개인도 행복해질 것이라는 기대가 있었다. 무엇보다 가난과 시련을 함께 극복한다는 동질감은 절대적 빈곤을 극복하는 큰 동력이었다. 우리나라는 1인당 국민소득 3만 달러를 넘어섰지만, 더 이상 함께 행복하다고 여기기 어려울 만큼 상대적 박탈감을 겪고 있다. 우리 사회가 갈수록 고되고 우울한 것은 지금까지 이룬 성과가 부족해서가 아니라 모두가 함께 누릴 수 없기 때문이다. 일부에게 그리고 현세대에게 자원과 기회가 편중되지 않고 불평등과 격차를 줄이도록 노력할 때, 우리는 행복한 미래를 꿈꿀 수 있다.

선택의 기회가 주어지고 노력을 다한다고 해서 반드시 원하는 결과가 보장되는 것은 아니지만, 건전한 사회라면 세대를 막론하고 모두에게 기회가 열려 있어야 한다. 지금 우리 사회에서 공정성 회복과 지속가능성 기반을 강조하는 것은 사람들 간 격차가 돌이키기 어려울 만큼 커지고, 기회가 골고루 주어지지 않고, 인간 사회와 자연이 조화를 이루며 발전하지 않기 때문이다.

이번에 선보이는 『공정과 지속가능 프로젝트』는 사회, 경제, 복지, 도시·부동산, 민주주의, 한반도 평화 등 여러 영역에서, 우리 사회가 지향해야 할 공정하고 지속가능한 사회에 관한 담론을 다양한 시각에서 다루고 있다. 이 프로젝트의 연속 출간을 계기로 공정과 정의, 환경과 지속가능성, 평화 등 우리 시대의 가치에 대해 더욱 치열한 논의가 이루어지길 기대한다.

공정 사회를 만드는 새로운 복지

한국 사회는 '공정'과 '정의'가 여전히 화두다. 고위 관료 자녀들의 특혜 논란, 인천국제공항공사 정규직화 논란, 2018 평창 동계올림픽 남북한 단일팀 논란 등 '공정'과 '정의'가 계층 간, 세대 간 갈등의 중심에 서 있다. EU 및 OECD 국가들의 '사회정의(Social Justice)'를 측정하여 보고하는 독일 베텔스만 재단 보고서에 따르면, 한국은 2019년 조사 대상 41개국 평균(6.09)에 못 미치는 5.18로 34위를 기록하고 있다. 한국은 2009년 이후 계속 하위 10개국에 머물러 있는 것으로 나타나고 있다.

한국 사회의 공정성을 향상시키기 위해서는 정치·경제·사회·문화 등 거의 모든 영역에서의 개선이 필요할 것이다. 여기에서는 범위를 좁혀 사회보장 또는 사회복지의 관점에서 한국 사회의 공정성을 향상시킬 수 있는 해법을 고민하고자 한다. 미국의 생물학자이자 컨설턴트, 복잡 시스템 과학자인 피터 코닝(Peter Corning)은 2011년 그의 저서 『공정 사회(The Fair Society)』에서 150년간 인류 사회를 지배해온 자본주의와 사회주의를 '공정 사회'로 대체해야 한다고 제안하며, 이를 위해서는 기본적 욕구의 '평등(equality)', 잉여분의 '형평(equity)'에 따른 분배, 능력에 따른 '호혜(reciprocity)'적 기여 등 세 가지 규범 사이에 적절한 균형이 이루어져야 한다고 말한다. 즉 기본적 욕구에 대한 보편적 복지와 능력에 따른 보편적 부담이 공정 사회를 만들 수 있다고 보는 것이다. 반면 한국 사회는 선별적 복지와 선별적 부담 형태의 '저부담 저복지' 상태를 아직 벗어나지 못하고 있다. 그러나 현재 한국 사회가 직면하고 있는 '대형 위기'와 '대형 조건'은 '공정 사회' 전환의 계기가 될 수 있다. 코로나 19 팬데믹이라는 초유의 공통 위험과 4차 산업혁명의 진전이 바로 그것이다. 역사적으로 서구 사회가 선별주의 내지 잔여주의로부터 보편주의 복지정책으로 이행될 수 있었던 계기와 조건이 제2차 세계대전이라는 공통의 위험과 전후 높은 경제성장이었던 것처럼 말이다.

본서에서는 최근 새롭게 주장되고 있는 보편적 기본소득과 보편적 기본서비스가 한국 사회의 공정성을 강화하는 보편적 복지의 새로운 메커니즘이 될 수 있다고 제시하고 있다. 사회의 모든 구성원에게 자산 조사와 일에 대한 요구 없이 개인 단위로 지급하는 기본소득은 보편적 소득 보장의 중심적인 역할을 할 수 있고, 모든 시민이나 거주자가 정부나 공공기관이 제공하는 다양한 공공서비스에, 무료 또는 저렴한 가격으로 무조건적 접근권을 보장받는 보편적 기본서비스는 경제활동 및 소비 보장의 프레임으로 작동할 수 있을 것이다.

본서의 개별 장은 기본소득과 기본서비스의 주요 이슈를 중심으로 구성되어 있다. 각 장들은 공정 사회를 만드는 새로운 복지를 주장한다는 점에서 서로 연결되어 있으면서도, 서로 독립되어 있다. 각각의 주제에서 '공정'을 바라보는 시각 또한 비슷하면서도 강조하는 원칙이 다르기도 하다. 이러한 점에서 각각의 장은 각각의 저자들의 책임에 의해 저술되었다. 하나의 책이라는 통일성을 추구하는 것도 중요하지만, 새로운 담론을 제시한다는 점에서 독립성도 중요하다고 판단하였다. 더불어 영국의 기본서비스 주장자들이 논의하고 있는 모든 영역을 다루기보다는 현시점 한국 사회에서 중요성을 갖는 주제들을 중심으로 논의하고 있다.

이상과 같은 취지 하에 본서의 구성을 간략히 소개하면 다음과 같다. 1부 '공정 사회와 복지'는 공정 사회를 만드는 새로운 복지를 논의하기 위한 출발점으로, 1장 '공정 사회와 보편적 기본 보장'에서는 보편적 복지를 공정 사회의 원칙으로 제시하면서, 기본소득과 기본서비스가 새로운 보편적 복지 시스템의 중요한 메커니즘이 될 수 있다고 주장한다. 2장 '공정분배의 원칙'에서는 다양한 공정 분배의 원칙들을 다루고 있다. 이 장에서 다루는 원칙들은 다른 장들에서 공정의 원칙으로 인용되기도 하지만, 각 장들은 각각의 주제에서 적절하다고 판단되는 원칙을 중심으로 논의하고 있다.

2부 '누구나 기본소득을 누리는 사회'는 기본소득을 공정 사회의 관점에서 논의하고 있다. 3장 '공정 사회와 기본소득'은 형식적 공정성 담론을 실질적 공정성 담론 중심으로 변화시켜 다양성과 혁신을 촉진하도록 변화시켜야 하며, 기본소득제에 대한 인식을 확산시키면서 이런 변화를 만들어낼 수 있다고 주장한다. 4장 '분배 정의와 기본소득'은 각자의 기여에 따른 응분의 몫이라고 할 수 없는 토지, 자연환경 등 공유자원과 과거로부터 축적되어 온 지식과 기술, 제도에 의한 공동의 수혜를 모두가 평등하게 누릴 권리에 의해 기본소득이 정당화될 수 있다고 주장한다. 5장 '자유안정성과 기본소득'은 개인의 실질적인 자유와 안정을 핵심으로 하는 자유안정성이 새로운 사회경제 패러다임의 핵심 원리가 되어야 한다고 주장하면서, 기본소득이 핵심적인 역할을 할 수 있다고 보고 있다. 6장 '기본소득'들'의 특성과 쟁점'은 '이념형' 기본소득을 넘어서는 광의의 기본소득들을 논의하면서, 다양한 기본소득'들'이 경합하고, 국민들이 토론을 통해 선택할 수 있는 사회적 분위기가 중요하다고 주장한다.

3부 '누구나 건강하고, 쉴 곳이 있는 사회'는 보편적 기본서비스의 논의에서 중요하게 다루어지고 있는 의료, 돌봄, 주거를 다루고 있다. 7장 '공공의료 인프라와 일차 의료'는 코로나19 시대 지속가능한 의료체계로 공공의료 인프라 강화와 일차 의료를 정점으로 한 의료전달체계의 확립을 주장한다. 8장 '돌봄 사회와 공정한 노인장기요양정책'은 인구의 고령화, 가족 규모와 기능의 변화, 여성들의 노동시장 참여 등으로 인해 노인 돌봄은 가족 책임의 한계에 도달하였다고 진단하면서, 공정한 돌봄 사회로 나아가기 위해서는 돌봄제공자인 가족 돌봄제공자와 전문요양인력의 돌봄 노동의 가치를 인정하고 존중할 필요가 있다고 주장한다. 9장 '복지국가의 약한 고리, 주거기본권'은 한국의 복지 시스템이 주거기본권 보장에 특히 취약하다고 진단하면서, 이로 인해 내 집 마련에 대한 집착이 강화되고, 부동산 격차가 확대되었다고 보고 있다. 따라서 부동산인질 사회에서 벗어나기 위해서는 주거기본권 보장을 아우르는 복지국가 전략이 요구된다고 주장한다.

4부 '누구나 차별 없이, 일할 수 있는 사회'는 일자리와 노동을 다루고 있다. 10장 '4차 산업혁명과 일자리의 미래'는 인공지능을 중핵으로 하는 4차 산업혁명이 코로나19라는 재난적 위기를 맞이하여 더욱 가속화되고 있다고 진단하면서, 인간과 기계 그리고 알고리즘 간에 일어나고 있는 새로운 노동의 분화에 맞춘 새로운 관리 방식이 필요하다고 주장하고 있다. 11장 '복지제도로서 '일자리 보장제"는 실업이 증가하고 있고, 새로운 일자리도 불안정 노동이 대부분인 상황에서는 기존 복지제도가 유지되기 어렵다고 진단하면서, 일할 능력과 의지가 있는 사람 모두에게 정부가 일자리를 보장하는 '일자리보장제'가 강력하고, 포괄적이며, 안정적인 대안적 사회복지제도로 기능할 수 있다고 주장한다. 12장 '공정하고 차별 없는 노동시장'은 불평등한 노동시장이 사회 통합을 저해하며 민주주의의 대표성과 정치적 평등의 원리를 왜곡한다고 진단하면서, 포용적 안정화 전략의 일환으로 노동시장 외부자를 광범위하게 포괄하는 노동기본권 및 사회적 권리체계의 구조적 개혁이 필요하다고 주장한다.

5부 '공정 사회와 민주주의'는 복지를 실현하는 메커니즘으로서의 민주주의를 다루고 있다. 13장 '한국 민주주의와 공정성'은 한국 사회의 화두로 떠오른 공정성을 결국 민주주의 문제로 진단하면서, 한국 민주주의의 민주화를 통해 시민들의 의사가 공정하게 반영되는 정치적 대표 체제가 수립될 때 시민적지지 기반의 취약함을 극복할 수 있을 것이라고 주장한다. 14장 '불평등 민주주의와 재분배'는 사회적 약자의 정치적 참여를 촉진하고 그들의 의사를 정치권에 반영하는 것이 경제적 불평등을 해소할 수 있는 열쇠가 될 수 있다고 주장한다.

이상과 같이 본서에서 저자들이 다루는 논의들은 추상적인 '담론'과 구체적인 '정책' 사이에 불규칙하게 다양하게 분포되어 있다. 부디 이러한 다양성에 따른 불규칙한 분포가 기존의 전형적인 규칙 및 질서를 흔들 수 있기를 기대하며, 본서의 담론이 공정 사회를 만드는 새로운 복지의 나침반이 되고, 본서의 정책이 로드맵이 되는 시대를 기대해본다.

저자들을 대표하여
이한주

Contents

제2부 누구나 기본소득을 누리는 사회

제3장 공정 사회와 기본소득

제4장 분배정의와 기본소득

제3부 누구나 건강하고, 쉴 곳이 있는 사회

제4부 누구나 차별 없이, 일할 수 있는 사회

제10장 4차 산업혁명과 일자리의 미래

제11장 복지제도로서 '일자리보장제'

제12장 공정하고 차별 없는 노동시장

제5부 공정 사회와 민주주의

제13장 한국 민주주의와 공정성

제14장 불평등 민주주의와 재분배

제1부

·

공정 사회와 복지

제1장

·······

공정 사회와 보편적 기본 보장

이한주·김을식

- 국민인식 조사나 국제 조사에 따르면, 한국 사회의 공정성 수준은 상당히 낮게 나타나고 있고, 정부 역시 이를 해결해야 할 주요 과제로 인식하고 있다.
- 사회복지의 관점에서 한국 사회의 공정성을 향상시키기 위해서는 기본적 욕구에 대한 보편적 복지와 능력에 따른 기여가 필요하다.
- 최근 새롭게 주장되고 있는 보편적 기본소득과 보편적 기본서비스는 보편적 복지의 새로운 메커니즘이 될 수 있다.
- 공정 사회를 구현하기 위한 '보편적 기본 보장'의 설계는 기본소득 중심의 소득 보장, 기본서비스 중심의 경제활동 및 소비 보장을 통해 가능하다.

1. 한국 사회의 공정성

한국 사회는 '정의'와 '공정'이 여전히 화두다. 고위 관료 자제의 특혜 문제, 공공의료 확충안에 대한 정부와 의사협회 간의 갈등, 인천국제공항공사 보안요원 정규직화(소위 '인국공 사태'), 2018 평창 동계올림픽 남북한 단일팀 논란 등 '공정'을 문제 삼고 '정의'를 갈망하는 여론은 저마다 입장을 달리하고 세대 간 갈등 양상으로 비화하기까지 한다.[1]

정부 역시 우리 사회에서 '불공정'이 상당히 심각하다는 것을 인식하고 있는 것으로 보인다. 2019년 10월 문재인 대통령은 예산안 시정 연설에서 '공정'을 무려 27차례 언급했다. 29번 나온 '경제' 다음으로 높은 빈도이다.[2] 문 대통령은 2017년 취임사에서도 "기회는 평등하고, 과정은 공정하며, 결과는 정의로울 것"이라고 공언한 바 있다.

최근 국내외에서 이루어진 공정성에 대한 인식조사 및 평가 결과들도 한국 사회의 '불공정성'이 심각하다는 것을 보여주고 있다. 대통령 직속 정책기획위원회에서 시행한 불공정에 대한 국민 인식조사[3]에 따르면, 한국 사회 공정성 평가는 28점 만점에 8.57점으로 만점 대비 31%(8.57/28) 수준에 그치고 있다. 공정하다는 평가가 상당한 낮은 수준임을 알 수 있다. 이 조사에서는 상대적 박탈감 지수와 차별 경험 지수도 보고하고 있는데, 상대적 박탈감 지수는 15점 만점에 7.99점으로, 만점 대비 53% 수준으로 나타나는 반면, 차별 경험 지수는 18점 만점에 5.41점으로, 만점 대비 30% 수준으로 나타나고 있다.

EU 및 OECD 국가들의 '사회정의(Social Justice)'를 측정하여 보고하는 독일 베텔스만 재단 보고서[4]에 따르면, 한국은 2019년 조사 대상 41개국 평균(6.09)에 못 미치는 5.18로 34위를 기록하고 있다. 한국은 2009년 이후 계속 하위 10개국에 머물러 있는 것으로 나타나고 있다. 사회정의 지수가 높은 국가는 아이슬란드(7.90), 노르웨이(7.68), 덴마크(7.67), 핀란드(7.24), 스웨덴(6.98), 네덜란드(6.97) 등 북유럽 국가들이고, 낮은 국가는 멕시코(4.76), 터키(4.86), 루마니아(4.86), 불가리아(4.91), 칠레(4.92), 미국(5.05), 그리스(5.10), 한국(5.18) 등이다. 한국은 부문 지표인 '세대 간 정의'(16위), '노동시장 접근'(19위), '공평한 교육'(21위) 등은 평균을 넘어섰으나, '건강'은 28위를 차지하였고, '사회 통합과 차별 금지'(38위)와 '빈곤 예방'(40위)은 꼴찌에 가까운 것으로 나타났다.

2. 공정 사회와 보편적 복지

한국 사회의 공정성을 향상시키기 위해서는 앞서 살펴본 '공정성 지수'나 '사회정의 지수'가 포괄하는 영역뿐만 아니라 정치·경제·사회·문화 등 거의 모든 영역에서의 개선이 필요할 것이다. 여기에서는 범위를 좁혀 사회복지 또는 분배의 관점에서 한국 사회의 공정성을 향상시킬 수 있는 해법을 고민할 것이다.

1) 공정 사회의 원칙

공정 또는 정의의 기준으로는 그동안 다양한 견해가 제시되어 왔다. 김도균[5]은 이러한 견해들을 통합하여 응분 원칙, 필요 원칙, 계약 자유 원칙, 평등 원칙으로 분류하는 한편, 각각의 원칙에 대한 평가를 함께 제시하고 있다. 응분 원칙(the principle of desert)은 '각자에게 각자의 몫을' 각자가 '마땅히 받을 응분의 몫'으로 파악한다. 이는 우리의 일상적인 정의 관념에 부합하나, 현실의 불평등을 재능, 노력, 능력의 차이로 정당화하는 문제가 있다. 만약 개인이 딛고 선 사회적 위치의 영향을 제어할 수 있다면 응분 원칙은 부정의와 불공정을 걸러내는 '필터링'으로도 기능할 수 있다고 보고 있다. 필요 원칙(the principle of need)은 롤즈(Rawls)의 견해로 기본적 필요(basic needs)가 사회정의의 최우선 원칙이라고 역설한다. 기본적 필요의 목록은 인간의 생존과 관련된 '빈곤' 문제에서 인간의 발전을 위한 '역량' 발휘까지 확대되어 왔다. 소규모 집단의 인간관계에서 통용되던 필요 원칙을 국가 전체에 확장하여 적용하려면, 객관성을 갖추고 필요(욕구)별 우선순위에 대한 고려가 필요하다고 주장한다. 계약 자유 원칙(each according to one's choice)은 자유로운 계약과 교환을 통해 재화나 서비스를 얻게 되면 그것은 정의롭다는 것이다. 이는 오래도록 통용되어 온 원칙이지만 자발적인 선택의 조건이 되는 '배경'을 간과할 수 있으므로 '충분히 좋은 조건'에서 이루어져야 선택이 인격 발현의 가치를 지니는 행동이 될 수 있다고 주장한다. 평등 원칙(the principle of equality)은 '평등한 사람들의 사회'의 실현을 목표로 한다. 늘 균분을 뜻하는 것은 아니고, 정당한 차등 분배도 허용된다. 평등 원칙은 기계적 평등을 추구하는 원칙이 아니며 사회적 평등을 지향하는 이상이다.

피터 코닝(Peter Corning)[6]은 이러한 공정 또는 정의의 기준을 결합하여 공정 사회를 위한 '생물 사회적 계약(bio-social contract)'을 제안하였다.[7] 이 계약은 평등(equality), 형평(equity), 호혜(reciprocity)의 세 가지 동등하고 중요한 개념에 기반하고 있다. "재화와 서비스는 기본 욕구에 따라 구성원 각자에게 동등하게 분배되어야 한다"는 '평등'(equal provision of basic needs), "기본적 욕구에 충당하고 남은 잉여는 공로(실적)에 따라 분배되어야 한다"는 '형평'(distribution of surpluses according to merit), "구성원은 능력에 맞게 비례적으로 '집단 생존 조직'에 기여할 의무가 있다"는 '호혜'(each contributing to the "collective survival enterprise" according to ability)의 개념이 그것이다.

평등은 인간 사회의 모든 구성원에게 필요한 기본 욕구에 대해 집단적인 책임을 지는 것을 의미하는 것으로, 코닝은 이것이 하나의 종으로서 인류의 유산이며, 미래 세대를 위한 인류의 의무로 삼자고 주장한다. 형평은 잉여가 '모두가 평등하게 태어난' 인간과 달리 평등하게 만들어진 것이 아니기 때문에, 기본 욕구를 공급하고 남은 잉여물(이익)은 '공로(merit)'에 따라 분배되어야 한다는 것이다. 그리고 이 과정에서 민간 부문의 개혁 및 정부의 역할을 강조한다. 공로에 대한 정확한 평가를 할 수 있는 조정자가 필요하고, 공공 이익과 보편적 복지의 편에서 활동할 수 있는 정부도 필요하기 때문이다. 호혜는 인간은 각자 능력에 따라 집단 생존 조직에 비례적으로 기여할 의무가 있다는 것으로, 이것의 실현은 서로 사회적 소통을 어떻게 원활하게 하는가 하는 문제에 귀착된다. 징집에 응하는 것에서부터 기본 욕구 보장 정책을 위한 재원 충당 문제 등에 이르기까지 이 모든 것이 이에 해당될 수 있다.

　피터 코닝은 150년간 인류 사회를 지배해온 자본주의와 사회주의를 공정한 사회(fair society)로 대체해야 한다고 제안하며, 이를 위해 평등, 형평, 호혜 등 세 가지 규범 사이에 적절한 균형이 이루어져야 한다고 말한다. 자본주의는 자기 이익과 성공을 위한 경쟁에 대해서는 지나치게 많은 보상을 해주지만 생물학적인 인간의 기본적 욕구 충족은 당연시하거나 깎아내리거나 교묘하게 은폐한다. 이와 대조적으로 사회주의는 좀 더 공정한 부의 분배가 목표이기는 하지만 능력과 성실한 노력 그리고 실적 등 개인의 공로에 대해서는 마찬가지로 외면한다. 코닝은 인간의 본성과 인간의 조건에 대한 생물학적 관점에 바탕을 둔 '생물사회적 계약(biosocial contract)'이 인간 사회에 대한 진화론적이고 생물학적 관점을 참고한 것으로 자본주의나 사회주의의 대안이라 할 수 있으며, 전체적인 패러다임을 처음부터 자세하게 재검토하자고 주장한다. 이런 바탕에서 코닝은 인간에게 가장 중요하면서도 시급한 해결 과제로 인간의 기본 욕구 충족을 제안한다. 요람에서 무덤까지 사람이 살아가는 데 소요되는 모든 재화와 서비스의 일괄 관리, 즉 충분한 식수, 청정에너지, 저렴한 교통비, 능률적 오물 처리, 적정선의 의료서비스, 완벽한 치안, 적절한 아동 보호, 평생 무상교육, 건강식품, 적절한 주거, 위생적 생활환경 등 14개 기본 생활영역을 제안한다.[8]

2) 보편적 복지

사회복지 영역에서 급여 및 서비스를 제공하는 방법은 크게 선별주의(selectivism)와 보편주의(universalism)로 나뉜다. 선별주의는 누가 가난한지 여부를 판단하기 위해 자산조사(means test)를 통해 표적화된 사람들을 대상으로 급여와 서비스를 제공한다. 선별주의는 표적화에 따른 비용효과성(cost-effectiveness)이라는 장점을 가질 수 있지만, 사회적 분할에 따른 사회적 지위의 악화와 수치심(stigma) 유발이라는 한계를 가질 수도 있다. 강욱모[9]는 선행 연구 정리를 통해 복지 정치에서 사회권과 보편주의라는 쌍둥이 개념이 채택된 역사적이고 근원적인 배경은 선별에 따른 지위와 존엄성 그리고 자존심의 상실을 제거하는 것이었으며, 베버리지(beveridge) 제안들 또한 주로 구빈법, 선별주의, 모든 형태의 자산조사 급여에 대한 그의 장기간의 혐오의 결과였다고 논의하고 있다.

보편주의는 모든 사람에게 자산조사 없이 권리로서 급여와 서비스를 제공하므로 수치심 유발 및 사회적 분할 야기가 없다는 장점이 있는 반면 재정(비용) 부담의 증가라는 한계를 가질 수 있다. 더불어 부자들에게 복지를 제공하게 된다는 비판도 존재한다. 그런데 재정 부담의 증가와 부자에 대한 복지 제공의 문제점은 부담과 편익(혜택)을 모두 고려한 순편익, 다수에게 순편익 발생에 따른 정치적 합의의 용이성, 선별에 따른 행정 비용의 문제 등을 고려하면 상대적으로 완화할 될 수 있는 성격의 것이라고 할 수 있다. 강욱모[10]는 선행 연구를 통해 보편적 프로그램을 선호하는 논지들을 다음과 같이 정리하고 있다. 첫째, 부유층을 배제하는 데 소요되는 행정비용이 이들의 배제를 통해 절감된 비용을 오히려 능가한다는 것이다. 이는 1950년대 노르웨이에서 전체 노인들의 75~80%가 수혜하고 있는 자산조사적 노령연금을 보편적 연금으로 개혁할 것을 주장했던 가장 큰 이유이다.[11] 이러한 사례는 한국에도 있다. 2018년 아동수당 하위 90%에 대한 선별 지급이 보편 지급으로 변경되었는데. 그 근거가 수당 지급 대상에서 제외된 상위 10%에게도 아동수당을 지급하는 경우 1,588억 원이 추가 소요될 것으로 전망되었으나, 이를 제외하는 데 필요한 행정비용이 1,626억 원으로 추계된 것이다. 둘째, 만약 부자 혹은 중산층을 배제한다면 그들은 혜택을 볼 수 없음에도 불구하고 비용을 지불한다는 이유에서 보편적 복지정책의 핵심 수단인 누진세에 대한 지지를 약화시킬 것이라는 점이다. 또한 부자를 배제한다는 것은 결국 이원화된 서비스 체계를 구축한다는 것을 전제하는데, 이럴 경우 가난한 사람을 위한 서비스는 한층 취약해질 것이라는 점이다.[12] 이외에도 선별적 복지 체제보다 보편적 복지 체제에서 재분배 효과가 더 클 수 있다는 주장[13] 보편적 복지가 경제적 효율성을 저해하지 않는다는 주장[14]이 있으나 실증적으로 논란이 되고 있다.[15, 16]

지금까지의 논의는 다분히 과거의 경험에 관한 것이라고 할 수 있다. 현재와 미래의 논의는 이와는 다른 양상을 보이고 있다. 자동화로 대변되는 4차 산업혁명의 진전과 플랫폼 노동의 증가로 인해 취업자 수의 감소와 고용의 불안정성이 더욱 심화될 것이라는 전망이 우세한 상황이다. PwC(2018)[17]는 29개국(OECD 27개국, 싱가포르, 러시아)에서 자동화로 대체되는 일자리 비율은 평균적으로 2020년대 초반까지 3%에 불과하지만, 2020년대 후반에 이르면

20%, 2030년대 중반에는 30%까지 상승할 것으로 분석하고 있다. 플랫폼 노동의 등장과 확산은 고숙련 영역의 일부를 제외하면 중범위 수준의 일자리들이 저임금 불안정 일자리로 대체될 위험성이 있다.[18] 즉 사회복지의 대상이 되는 취약계층 자체가 증가될 가능성이 높다. 이러한 상황을 고려하면 지금까지 논의한 보편적 복지의 효용성은 향후 더욱 더 증가하게 될 것이다.

강욱모[19]는 역사적으로 선별주의 내지 잔여주의로부터 보편주의 복지정책으로 이행될 수 있었던 것은 서구 사회가 직면했던 제2차 세계대전이라는 공통의 위험이 계기가 되었으며, 전후 높은 경제 성장과 고용률은 서구 국가들이 시민들에게 제시했던 복지국가의 비전을 실행할 수 있는 용이한 조건이 되었다고 평가하고 있다. 이러한 관점에서 전망하면, 한국 사회는 코로나19 팬데믹이라는 초유의 공통 위험을 현재 겪고 있으며, 향후 4차 산업혁명의 진전에 따라 실업이라는 위험에 공통으로 직면하게 될 가능성이 높아지고 있다. 더불어 4차 산업혁명은 그 '산업혁명'적 성격에 의해 경제성장을 동반할 것이다. 4차 산업혁명은 생산성을 증가시키고 인적 자본을 향상시킬 것이며, 이는 경제성장으로 이어질 것이다. 맥킨지[20]는 자동화로 인해 생산성이 과거에 비해 0.8~1.4% 증가할 것이라고 예측한 바 있다. 이와 같이 현재 우리의 조건은 제2차 세계대전 이후 서구 국가가 보편적 복지로 이행했던 상황과 닮은 측면이 있다. 윤홍식[21]은 코로나19 경제위기를 대공황, 금융위기 등 우리가 알고 있는 경제위기와는 상이한, 지금까지 자본주의가 경험해보지 못했던 위기로 1930년대 대공황 이후 최대 위기에 직면했다고 진단하고 있다. 윤홍식은 코로나19 팬데믹 이후 가능한 네 가지 복지국가 시나리오를 제시하고 있는데, 신자유주의 복지국가의 지속, 완전 고용 중심 복지국가로의 전환, 권위주의적 복지국가의 출현 외에 자본주의의 변화에 조응하는 '새로운 복지국가'(복지국가의 재구조화, 보편적 기본소득 등)의 길을 전망하고 있다.

3. 보편적 복지 메커니즘으로서의 기본소득과 기본서비스

최근 새롭게 주장되고 있는 보편적 기본소득과 보편적 기본서비스는 한국 사회의 공정성을 강화하는 보편적 복지의 새로운 메커니즘이 될 수 있다. 보편적 기본소득은 보편적 소득 보장의 중심적인 역할을 할 수 있고, 보편적 기본서비스는 경제활동 및 소비 보장의 프레임으로 작동할 수 있을 것이다.

1) 보편적 기본소득[22]

보편적 기본소득(Universal Basic Income)은 "사회의 모든 구성원에게 자산조사와 일에 대한 요구 없이 개인 단위로 지급하는 소득"[23]이다. 윤홍식[24]에 따르면, '모든 구성원에게'의 의미는 기본소득이 인구학적 특성, 기여 여부, 소득수준 등과 관계없이 보편적으로 지급되어야 한다는 것을 의미하고, '개인 단위'는 기본소득이 추구하는 '실질적 자유'의 실현 단위가 개인이라는 것을 의미하며, '일에 대한 요구 없이'는 임금 노동은 물론 사회적으로 유용한 무급 노동의 수행도 수급 자격과 관련이 없다는 것을 의미한다. 윤홍식

〈표 1-1〉 선별 기준과 노동 조건에 따른 소득보장정책의 유형

노동 조건		선별 기준				
		자산·소득조사	기여 여부	인구학적 특성	보편성
노동 조건	임금노동	근로연계복지 (EITC 등)	사회보험	-	-
	사회활동	자활, 공공근로 등	공공부조	-	출산수당, 양육수당	참여소득
	무조건성	부의 소득세		-	(기초연금), 사회수당, 사회적 지분	기본소득

자료: 윤홍식(2017)

은 이러한 '무조건성'을 기본소득과 복지국가의 소득보장정책을 가르는 가장 중요한 특성으로 보고 있다. 즉 복지국가의 소득보장정책이 탈상품화(decommodification) 원리를 실현하는 정책이라면, 기본소득은 탈노동화(delaborization) 원리를 실현하는 정책이라는 것이다. 윤홍식은 선별 기준과 노동 조건을 두 축으로 소득보장정책을 유형화하여 기본소득이 기존 정책 및 새롭게 주장되고 있는 정책(사회적 지분, 참여소득)과 어떠한 차이가 있는지를 보여주고 있다.

2) 보편적 기본서비스

보편적 기본서비스(Universal Basic Services: UBS)는 공동체, 지역 또는 국가의 모든 시민이나 거주자가, 세금을 재원으로 정부나 공공기관이 제공하는 다양한 공공서비스(public services)에, 무료 또는 저렴한(affordable) 가격으로 무조건적 접근권(unconditional access)을 보

장받는 사회보장의 한 형태이다. 구체적으로 '서비스(services)'는 공익에 기여하는 집단적으로 생성된 활동을 의미하고, '기본(basic)'은 사람들의 필요(욕구)를 충족시키는 집단적 활동이라는 의미에서, 최소한(minimal)아닌 필수적(essential)이고 충분한(sufficient) 수준을 의미하며, '보편적(universal)'은 모든 사람이 지불 능력에 관계없이 자신의 욕구(needs)를 충족시키는 서비스를 받을 자격이 있음을 의미한다.[25] 요약하자면, '공통의 필요에 대한 공동 책임(Shared needs and collective responsibilities)'의 원칙을 보편적 기본서비스를 통해 구현하자는 것이다.

보편적 기본서비스는 복지국가의 발전적 모델로서, 2017년 영국 UCL(University College London)의 글로벌 번영 연구소의 보고서[26]에서 처음 제안되었고, 영국 노동당은 2018년 보편적 기본서비스가 당의 강령에 편입될 것이라고 발표했다.[27]

보편적 기본서비스는 소득이 부족하더라도 각 시민이 물질적인 '안전(material safety)'을 유지하고, 지역 또는 국가에 기여할 수 있는 '기회(opportunity to contribute)'를 갖고, 지역 또는 국가의 의사결정 과정에 '참여(participate)'할 수 있도록 하기 위해 필요하다는 것을 근거로 제공된다. 보편적 기본서비스 모델은 각 시민이 사회에서 '더 큰' 역할을 수행하는 데 필요한 이러한 요소들을 포함하기 위해 사회 안전망(social safety net)의 개념을 확장하고 있다. 따라서 보편적 기본서비스에 포함되기 위해서는 다음 조건 중 하나 이상을 충족해야 한다. ① 개인 또는 사회의 물질적 안전을 유지하기 위해 필요할 것, ② 보수를 받든 받지 않든 사회에 기여하기 위해 자신의 기술과 능력을 사용하는 노력을 가능하게 하기 위해 필요할 것, ③ 개인이 자신이 살고 있는 정치체제에 참여할 수 있도록 하기 위해 필요할 것 등이다.

　이러한 보편적 기본서비스 포함 조건은 물질적 안전이라는 '기본적 필요'의 충족과 기회와 참여라는 '기본적 역량'의 증진이라는 개념에 기초하고 있다. 노벨경제학상을 수상한 아마르티아 센(Amartya Sen)과 철학자 마사 누스바움(Martha Nussbaum)이 제창하고 주도하는 역량 정의론(capabilities approach)은 유엔(UN)의 인간발전 보고서(Human Development Report)의 기본 방법론으로 채택된 것으로, 단지 재화를 제공하여 인간의 필요만을 충족하는 것으로는 부족하고, 이를 통해 인간으로서나 시민으로서 정상적으로 존재하고 활동할 수 있는 역량의 증진이 사회정의와 법제와 사회정책의 목표여야 한다고 주장한다.[28]

　보편적 기본서비스 홈페이지에 따르면 보건·주거·음식은 물질적 안전을 위해, 교육·교통·통신은 기회와 참여를 위해, 법과 민주주의는 물질적 안전·기회·참여를 위해 필요하다고 제시하고 있다. 이안 고프(Ian Gough)는 이러한 보편적 기본서비스를 신체적 안전(긴급 서비스), 소득 안전(고용, 사회보장 및 민간보험 등 소득 유지, 소매금융 등 화폐·지불 시스템) 등 다른 영역까지 확대하고 있다.[29]

　보편적 기본서비스의 지지자들은 적절하고 접근 가능한 소득 지원이 필요하지만, 이는 집합적으로 제공되는 서비스가 개인 및 가계 예산을 절약해줌에 따라 발생하는 '사회적 임금(social wage)' 또는 '가상 소득(virtual income)'에 의해 증가되어야 한다는 데 일반적으로 동의한다. 최근에는 공공서비스를 '사회적 기반 시설(social infrastructure)'로 인식해야 하고, 이는 고속도로, 전국 송전선망

〈표 1-2〉 보편적 기본서비스의 구성 분야와 근거

	안전	기회	참여
보건	∨		
교육		∨	∨
법과 민주주의	∨	∨	∨
주거	∨		
음식	∨		
교통		∨	∨
정보		∨	∨

자료: https://universalbasicservices.org

(national grid) 등의 '물질적 기반 시설(material infrastructure)' 못지않게 필수적인 것이라고 보면서, 이러한 두 종류의 기반시설에 대한 지출은 사회적·경제적 배당(social and economic dividends)을 산출하는 투자로 취급되어야 한다고 주장한다.[30] 쿠트(Anna Coote), 카스리월 (Pritika Kasliwal), 퍼시(Andrew Percy) 등은 공공서비스가 이러한 경제적 가치 이외에도 형평성(equity), 효율성(efficiency), 연대(solidarity), 지속가능성(Sustainability) 등 네 가지 차원의 가치도 창출한다고 분석하고 있다. 공공서비스는 잘 사는 사람들보다 저소득층에게 훨씬 더 가치가 있기 때문에 강력한 재분배 효과를 가진다는 '형평성', 공공서비스는 시장의 실패를 해결하고 규모의 경제를 실현한다는 '효율성', 공공서비스는 공유된 관심과 목적을 나타내는 것으로 사람들을 하나로 모으고 사회적 결속력을 형성하는 데 도움을 줄 수 있다는 '연대', 공공서비스는 지속적이고 누적된 편익을 창출할 수 있고 탄소 감소를 촉진하는 방식으로 구성될 수 있어 기후

34

〈표 1-3〉 보편적 기본서비스의 잠재적 구성 요소: 필요와 공급 체계 연계

보편적 욕구	현대의 욕구 충족 기제	최근 공급 체계
영양	적절한 영양 섭취, 식품 안전	농업, 식품 가공 및 판매 시스템
주거	적절하고 안전하고 부담 가능한 주택	주택(토지, 건물, 소유, 임대)
	에너지	공익서비스(utility)
	상하수도	공익서비스(utility)
사회참여 (교육, 정보, 교통)	학교 교육, 성인교육	교육 및 훈련 시스템
	전화기, 컴퓨터, 인터넷 연결	통신
	효과적이고 건강한 교통수단 접근성	도로, 철도 등 기반시설, 대중교통 서비스
건강 (예방, 치료, 돌봄)	공공보건, 의료서비스, 사회 돌봄	공공보건 서비스, 국민건강 서비스, 사회돌봄 서비스
신체적 안전	긴급 서비스	긴급 서비스
소득 안전	고용	괜찮고 안전한 직업
	소득 유지	사회보장, 민간보험
	화폐, 지불 시스템	소매금융

자료: Ian Gough(2019), p.537

위험에 대응하고 장기적인 환경적 지속가능성을 달성할 수 있다는 '지속가능성'이 그것이다.

3) 기본소득과 기본서비스의 상호 보완적인 설계

기본소득과 기본서비스의 목표는 사람들의 일상적인 삶의 조건을 개선하고 권력, 돈, 자원의 불평등한 분배에 대처하는 것이다.

둘 다 가난에서 극빈층을 구제하고, 일정 수준의 '안전(security)'을 제공하는 것을 목표로 하고 있다. 이러한 자유는 자기계발을 가능하게 하고 새로운 선택과 기회를 열어줄 것이다. 두 가지 접근 방식 모두 상당한 국가 자원을 요구하기 때문에 무엇을 우선시해야 할지가 큰 질문이다. 기본소득과 기본서비스는 서로 다른 철학적 접근 방식을 가지고 있는데, 기본소득은 보편성과 개인을 기반으로 하고, 기본서비스는 개선된 '사회적 임금'에 기초를 두고 있다. 보편적 기본소득 하에서 금전 급여는 무조건적이고, 자동적이며, 보편적이다. 보편적 기본서비스는 주로 상당한 가치를 지닌 서비스에서 파생되는 '가상' 소득(virtual ncome)을 향상시키는 데 초점을 맞추고 있다. 이 '가상' 소득은 소득이 합의된 수준 이하로 떨어질 때 사람들이 주장하는 '보장된 최저 소득(guaranteed minimum income)'과 결합된다. 한편으로는 모든 사람들에게 충분한 수입을 제공하고 다른 한편으로는 종합적인 서비스를 제공하는 데 드는 비용은 엄청나다. 자원이 제한될 것이기 때문에 몇 가지 타협이 모색되고 있다. 예를 들어 보편적 기본소득의 일부 지지자들은 현재 선별된 그룹에 대해서만 기본소득을 지급하는 것에 대해 이야기하고 있으며, 보편적 기본서비스의 지지자들은 모든 이들의 품질이나 접근성을 훼손하지 않고 서비스 비용을 부담할 수 있는 다양한 방법을 고려하고 있다.[31]

보편적 기본소득은 모든 사람에게 현금을 지급하여 생활 여력을 갖게 하는 반면, 보편적 기본서비스는 사람들에게 그들의 필요에 맞는 서비스를 제공하는 것이다. 이 두 가지 입장은 '사람들이 결정하도록(let people decide: 개인의 선택)' 대 '공공부문 가부장주의(public sector paternalism: 공공 공급)'로 축소되는 것처럼 보일 것이다. 두 정책은 이데올로기적으로 명백하게 양립할 수 없는 것처럼 보이지만, 실제로는 상호 보완적이다. 영국의 존 웍스(John Weeks)는 두 정책의 상호 보완적인 설계를 다음과 같이 제시하고 있다. 기본서비스를 보편화하는 것은 구체적인 사회적 목표를 달성하기 위한 정책 결정을 포함한다. 국민건강서비스(NHS)의 목적은 건강한 인구를 직접적으로 촉진하는 것이고, 보편적 공교육은 국가 통합의 더 넓은 정책의 일환으로 교육받은 시민권을 촉진하고자 한다. 도서관 및 기타 공공 영역에서 가용성이 보장된 인터넷 접속은 공공서비스에 대한 온라인 접속과 같은 다른 목표를 구현하기 위한 기초를 제공한다. 사회적 주거(social housing)의 제공은 피난처를 제공하는 것 이상의 목표를 가지고 있다. 즉 지역 범죄의 감소, 공공 만남 장소의 제공, 민족과 소득에 의한 분리의 감소이다. 보편적 대중교통은 학교 출석을 용이하게 하고, 문화 활동을 이용하도록 장려하며, 노인들의 사회적 고립을 줄여준다. 또한 보편적 기본소득은 보편적 기본서비스가 직접 다루지 않는 광범위한 목표를 가지고 있다. 합리적이고 경제적인(affordable) 수준에서 설정된 기본소득은 실업의 강압적인 영향을 제거할 것이다. 실업에 대한 두려움을 줄이면 노동자들의 협상력이 크게 강화되어 실질 임금의 인상이 촉진될 것이다. 보편화 프로그램이 없는 경우, 보편적 기본소득을 통해 현금 지급을 증가시키는 것은 이러한 광범위한 사회적 목표를 개인의 재량에 맡기게 될 것이다. 그러나 상당한 수준의 보편적 기본소득과 보편적 기본서비스를 결합하면 서비스의 자금 조달 수준에 대한 유연성, 공공서비스 설계의 혁신성, 프로그램 내에서 개인의 선택 등을 가능

하게 하며, 노동자를 실업의 징계 역할에서 해방시킬 수 있다.[32]

보편적 기본서비스와 보편적 기본소득은 사회복지의 지속가능한 미래를 위한 보완적인 구성 요소이다. 진보적인 기본소득 주창자는 사회복지서비스 플랫폼의 존재를 가정하고 있고, 기본서비스의 옹호자는 개인적이고 특수한 욕구가 있다는 것을 반드시 인정해야 한다. 이러한 욕구는 자유와 개별성을 보전하기 위한 특정 형태의 금전적 분배를 요구한다.[33]

4. 보편적 기본 보장

보편적 기본소득과 보편적 기본서비스를 두 축으로 하여 새롭게 한국형 보편적 복지 시스템인 '보편적 기본 보장' 시스템을 구상할 수 있다. 이 시스템에서는 기본소득이 보편적 소득 보장의 중심적인 역할을 하고, 보편적 기본서비스는 경제활동 및 소비 보장을 아우르는 기본 원리로 작동하게 된다.

기본소득을 한국 사회에 도입하는 방법으로는 현행 복지 체제를 급진적으로 기본소득으로 대체하는 방법과 소위 '부분 기본소득'의 제도화를 통해 점진적으로 '완전 기본소득'으로 나아가는 방법이 있다. 급진적 방법은 전 세계적으로 유례가 없을 뿐만 아니라 정치적으로도 단기간 내에 사회적 합의를 이루기가 쉽지 않을 것이다. 점진적 방법인 '부분 기본소득'의 제도화는 두 가지 경로가 가능하다. 하나는 '필요'(또는 욕구)에 근거해 가장 시급한 인구집단인 노인, 아동, 청년 등부터 점진적으로 기초연금, 아동수당, 청년수당 등 보편적 사회수당(또는 인구수당)을 도입하여 완전 기본소득으로 나아가는 경로이고, 다른 하나는 낮은 수준의 기본소득으로 시작해 점진적으로 완전 기본소득을 실현하는 길이다. 후자의 경우 윤홍식[34]이 지적하듯이 중간 계급의 생활수준 유지라는 요구를 충족시킬 수 없다는 점에서 정치적 실현 가능성이 낮은 반면, 전자의 경우에는 기존 제도가 보편성에 상당히 근접해 있다는 점에서 정치적 실현 가능성이 높다고 할 수 있다. 소득 하위 70%를 대상으로 하고 있는 노인 기초연금은 소득 기준을 없애 보편적 인구수당으로 전환하고, 7세 미만인 아동수당은 18세까지 대상을 확대하며, 경기도에서 시행하고 있는 24세 대상 청년 기본소득은 전국적으로 전 청년층을 대상으로 확대하는 것이다.

부분 기본소득이 현행 복지 체계를 대체하는 완전 기본소득으로 나아가는 과정에서는 기존 제도의 보편성 보완 및 새로운 제도의 도입 역시 필요하다. 고용보험은 임금근로자 위주에서 전체 취업자를 포괄하는 '전 국민 고용보험'으로의 개편이 필요하며, 보험 미가입자, 급여 자격 미달자, 비취업자 등을 대상으로 하는 '실업부조'의 도입도 시급한 상황이다. 현재 덴마크, 프랑스 등에서 보편적 고용보험을 시행하고 있으며, OECD의 주요 국가들은 짧게는 6개월부터 길게는 기간 제한 없이 급여를 지급하는 실업부조를 시행하고 있다. 실업부조 급여의 임금 대체율은 10~24% 수준이다.[35] 국민연금은 공적 연금(공무원 연금, 군인 연금, 사학 연금)과의 통합을 통해 진정한 '전 국민 연금'으로 나아갈 필요가 있으며, 질병이나 부상 등 건강 문제로 근로 능력을 잃었을 경우 소득을 보장해주고, 치료 후 업무에 복귀할 수 있도록 도와주는 제도인 '상병수당'의 도입도 필요하다. 유럽의 다수 국가는 사업주가 제공하는 유급병가와 사회보험에서 지원하는 상병수당으로 코로나19 위기에 대응하고 있다.[36] 한국은 아직까지 아파서 쉬는 노동자에게 고용주가 유급휴가를 주도록 법으로 보장하는 '유급병가'가 법으로 보장되어 있지 않고, 사회보험에서 지원하는 상병수당도 부재한 상황이다. 경기연구원의 전 국민 대상 인식조사[37]에 의하면, 고용보험 확대는 응답자의 81.5%가 필요하다고 응답하였고, 실업부조 도입은 78.0%, 상병수당 도입은 70.6%로 나타났다.

이상의 논의를 기존 제도의 개편 및 새로운 제도의 도입 '시기'의 관점에서 분류하여 제안하면 다음과 같다. 단기적으로는 '청년 기본소득'을 도입하고, 노인 기초연금은 모든 노인을 대상으로 '노인 기본소득'으로, 아동수당은 대상을 18세까지 확대하여 '아동 기본소득'을 도입한다. 더불어 상병수당과 실업부조를 도입하고, 기존 고용보험을 자영업자를 포괄하는 '전 국민 고용보험'으로 개편한다. 중장기적으로는 국민연금과 공적 연금을 통합하여 '전 국민 연금'으로 개편하고, 아동·청년·노인 기본소득에 중년층 및 장년층을 포괄하여 '전 국민 기본소득'으로 개편한다.

보편적 기본서비스는 경제활동 및 소비 보장을 아우르는 기본 원리로 작동하게 된다. 먼저, 경제활동 보장의 관점에서 '기본 금융'과 '기본 일자리' 정책이 필요하다. 소비와 투자를 위해 대출이 필요한 경우 자산이나 소득, 신용도와 무관하게 정부의 책임 하에 보편적으로 '기본대출'을 공급하는 '기본금융' 제도를 도입하고, 노동 공급을 위해 일자리가 필요한 경우 기존 취약계층 위주의 공공일자리 제도를 확대하여, 누구에게나 정부가 책임지고 일자리를 보장하는 '기본 일자리'(또는 일자리 보장: 참여 소득)' 제도를 도입할 필요가 있다. 이러한 경제활동 보장 정책은 단기적으로 관련 욕구가 시급한 집단인 청년을 대상으로 먼저 도입할 수 있을 것이다. 그리고 청년 대상 정책에 대한 평가에 기반하여 제도를 개선하여 중장기적으로는 전 국민을 대상으로 확대할 필요가 있다. 기본 금융의 경우에는 부(–)의 '기본 자본'(basic capital: 사회적 지분) 제도라고도 할 수 있다. 기본 자본은 애커먼(ackerman) 등이 제안하였는데,[38] 모든 시민이 21세가 되었을 때 총 8만 달러(당시 중위 가구 연간소득의 약 2배에 해당)를 조건 없이 지급하자는 것으로, 청년의 성인으로의 성공적인 이행과 세대 간 불균형을 사회적 상속으로 바람 잡자는 의도를 갖고 있다. 기본 자본의 경우 단기간의 급여 탕진과 창업 실패의 가능성을 이유로 반대하는 의견이 존재하므로, 청년 기본 금융 정책의 경험을 토대로 부작용을 최소화하고 효과를 최대화하는 설계를 하여 중장기적으로 도입을 검토할 필요가 있다. 경기연구원의 전 국민 대상 인식조사[39]에 의하면, 일자리 보장 제도 도입이 필요하다고 응답한 비중은 89.9%에 달하는 것으로 나타났고, 경기도청의 경기도민을 대상으로 한 설문조사(2020년 12월)에 따르면, 도민 중 72%가 기본대출 도입이 적절하다고 응답했고, 70%가 이용할 의향이 있다고 응답해서 정책적 호응도 상당한 것으로 나타나고 있다.

소비를 보장하는 보편적 기본서비스는 소득 수준, 거주 지역 등과 무관한 보편적 접근(universal access)과 무료를 포함한 적정 가격(affordable price)의 보장 등이 주요한 과제이다. 여기에서는 보편적 기본서비스에서 주로 논의되고 있는 영역들을 중심으로 한국의 과제를 살펴본다. 영역에 따라서는 보건 등과 같이 보편적 기본서비스로 이미 상당히 기능을 하고 있는 경우도 있고, 재난 등과 같이 이제야 기본권의 대상으로 논의가 시작되고 있는 경우도 있다. 단기적으로는 부분적이고 점진적인 확대를 통해 보편적 기본서비스에 대한 사회적 합의를 이끌어내고, 장기적으로는 전 국민이 대상이 되는 진정한 보편적 기본서비스의 단계로 이행할 필요가 있다. 물론 영역의 선정과 보편성의 정도는 사회적 합의에 의해 만들어가야 할 것이다.

우리나라는 국민건강보험 및 의료급여 제도를 통해 전 국민에게 보편적 의료서비스를 제공하고 있다. 그러나 국가의 전체 의료비 중 공공 부담 비율은 57%로 OECD 국가 평균(71%)보다 낮은 수준에 머물러 있어 적정 부담의 문제가 있다.[40] 국민의 부담을 완화하기 위해서는 건강보험 법정 본인부담금 완화 및 비급여 항목의 급여화 정책의 지속적인 개선과 필요 이상의 비급여서비스를 양산하고 있는 행위별 수가제에 대한 개혁이 필요하다.

모든 사람은 태어나서 죽을 때까지 일정 기간 의존하는 시기가 있고 의존 시기에는 누군가의 돌봄이 필요하다. 따라서 돌봄은 특수한 대상에게 한정된 문제가 아니라 모든 사람에게 해당하는 이슈이다.[41] 김효정과 권혁주는 노인에 대한 돌봄 서비스 정책이 높은 수준의 보편성을 구현하기 위해서는 장기적으로 대상자의 경제적 상황을 고려하는 자산조사를 폐지하고, 그 욕구가 있는 노인 모두를 포괄할 수 있도록 설계되어야 하며, 집행의 측면에서 신청 및 전달의 과정을 간소화하여 게이트키핑(gate-keeping) 메커니즘의 수를 줄이기 위한 노력이 요구되고, 실제로 욕구가 있으나 서비스 내에 포괄되지 못하는 사각지대를 줄이기 위한 욕구 검사의 기준 및 절차에 대한 제도 정비가 요구된다고 주장한 바 있다.[42] 그러나 이러한 보편적 돌봄 서비스 전환 주장은 현실에서 여전히 선별주의의 벽에 막혀 있으며, 이는 아동이나 장애인 대상 돌봄 서비스에서도 동일한 실정이다. 돌봄 서비스는 대다수 국민의 보편적 욕구에 해당할 뿐만 아니라 일·가정 양립, 양성 평등, 저출생·고령화, 4차 산업혁명 시대의 일자리 창출 등 우리 사회가 당면하고 있는 긴박한 여러 문제들을 풀어갈 수 있는 핵심 정책이라는 점에서 더더욱 보편적 서비스로의 전환을 서둘러야 할 필요가 있다.

보편적 영양 서비스는 코로나19 상황에서 전 세계적으로 그 필요성과 중요성이 다시 부각되고 있다. 필수 음식의 부족, 취약계층의 영양 소외, 식료품 배달 지연 등으로 정부가 필수 식료품, 위생용품, 의약품 등을 전 국민에게 공급할 필요성이 대두된 것이다. 우리나라는 현재 초중고 학생 무상급식을 전국적으로 시행하고 있고, 친환경 무상급식으로 이행하고 있으며, 정부는 '모든 국민이 건강한 먹거리를 보장받는 먹거리 정의(Justice) 실현'을 비전으로 설정하고 정책을 실행하고 있다. 이외에도 취약계층(빈곤층, 생애위험, 사회적 약자, 질병 및 사고, 사회적 배재 등) 유형별로 결식아동 급식지원, 무료급식 프로그램, 영양플러스사업, 건강과일 바구니, 저소득층 식품 기부 프로그램, 양곡 지원 및 할인제도, 우유무상급식지원 등의 영양 지원 정책을 시행하고 있다. 이와 같은 정책으로 한국은 상대적으로 양적인 영양 공급 수준은 우수하다고 평가를 받고 있으나, 농촌 지역의 먹거리 사각지대, 비만 등의 영양 불균형, 불충분한 지원 금액, 선별적인 지원 등은 개선을 요구받고 있다.[43]

우리나라는 2021년 고등학교 무상교육의 전면 실시에 따라 초·

중·고 과정에 대한 보편적 교육서비스가 실현되었다. OECD 국가들은 초·중·고 과정에서 이미 무상교육을 실시하고 있으며, 대학 무상교육은 스웨덴, 핀란드, 덴마크, 독일, 프랑스 등에서 시행하고 있다. 한국의 대학 진학률은 2000년 이후 70~80%를 유지하고 있어 국민의 보편적인 욕구라고 할 수 있으나, 고등교육에 대한 GDP 대비 공교육비(OECD 교육지표, 2020)는 정부 재원이 0.6%로 OECD 평균(1.0%)의 60% 수준에 불과한 실정이다. 한국의 대학 등록금은 세계 최고 수준으로, 사립대 연평균 등록금은 약 1,058만 원으로 OECD 국가들 중 네 번째로 높고, 국공립대는 약 590만 원으로 8위를 차지하고 있다.[44] 고등교육에 대한 정부 지원의 확대와 학교 설립 유형의 차이에 따른 차별의 시정이 시급한 상황이다.

교통권은 경제, 사회, 문화 등 인간의 생활을 영위하기 위한 이동권을 보장하기 위해 필요하다. 일반 대중 또는 특정 계층을 대상으로 한 대중교통 무료화 또는 요금 인하 정책은 교통권 보장, 교통 수요 관리, 대기질 개선, 지역경제 활성화, 소득재분배 등의 기능을 하고 있다. 이러한 맥락에서 유럽이나 북미의 선진국 대부분은 대중교통 요금에 대한 부담이 발생하지 않도록 무료를 포함하여 상당히 낮은 요금을 부과하고 있다. 반면 한국의 경우에는 소수의 취약계층을 지원한다는 소득재분배 기능에 치중하여 선별적으로 대중교통비를 지원하는 수준에 머물러 있다. 이 역시도 시내버스에만 적용되고 있고, 도시철도는 대상에 포함하지 못하고 있다. 그나마 '수도권 통합환승 할인제'는 교통 수요 관리의 역할을 하고 있다.[45] 당장은 대중교통의 무료 또는 저가 공급이 광범위한 사회적 편익에 상응하는 합리적 의사결정이라는 사회적인 인식 전환이 시급하다.

그리고 이러한 인식 전환을 바탕으로 하여 대중교통 요금 지원을 선별적 복지에서 보편적인 기본서비스로 전환해나갈 필요가 있다.

정보통신 서비스는 단순히 시장가격으로 판매하기 위한 소비재가 아닌, 권리의 문제로 모두에게 접근 가능하고, 충분하며, 적절한 가격으로 제공되는 공공재(public good) 혹은 공익재(utility)의 성격을 가진다.[46] 우리나라의 정보통신 서비스 인프라 수준과 접근성은 세계 최상위권 수준으로, 2020년 인터넷 접속이 가능한 가구의 비율은 99.7%, 스마트기기 보유 가구 비율은 95.1%[47]에 달한다. 그러나 가계지출 대비 통신비 부담 비율이 4.03%(2018년)에 달하고, 중간 소득 계층의 이 비율이 높다는 특징을 보이고 있다. 즉 저소득층은 제대로 사용하지 못하는 문제가 있고, 중간 소득층은 사용은 하지만 비용 부담이 만만치 않은 상황인 것이다. 반면 인터넷을 통해 교육, 공공서비스, 쇼핑 등 일상생활에 필요한 많은 서비스가 제공되면서, 인간다운 생활을 하기 위해서는 인터넷에 대한 보편적 접근성 및 적정 가격이 보장될 필요성은 더욱 높아지고 있다. 따라서 정보통신 서비스의 적정 가격 보장에 대한 논의를 서두를 필요가 있다.[48]

경기도의 기본주택은 보편적 기본서비스로서의 주거서비스의 요건을 충족하고 있다고 할 수 있다. 경기주택도시공사(GH)의 기본주택은 무주택자에게 제공되는 보편적인 장기공공임대주택으로 '역세권 등 핵심 요지'에 무주택자가 '부담 가능한 적정 임대료'를 내면서 '평생을 거주'할 수 있도록 만든 주택으로 고품질 주거서비스를 제공한다.[49] 기존의 공공임대와 같은 소득, 자산, 나이 제한이 없다는 점에서 '보편적인' 접근권을 보장하고 있고, 역세권 핵심 요지,

30년 평생 주거로 '필수적이고 충분한' 기본서비스를 제공하고 있으며, 임대주택운영비 수준(기준 중위소득 20% 이내)으로 제공한다는 점에서 '부담 가능'하다. 이러한 기본주택을 전국적으로 확산하여 보편적 주거서비스를 전 국민에게 제공할 필요가 있다.

에너지는 냉난방을 통한 적절한 실내 온도 유지, 취사, 광열, 필수적인 가전제품 사용 등 일상생활을 영위하기 위한 필수재로서, 적정 수준의 에너지 서비스가 보장되지 못하면 건강과 삶의 질 악화를 초래한다. 유엔은 지속가능 발전목표의 하나로 에너지의 보편적 접근과 효율 향상, 재생에너지 사용 증가를 제시하고 있고, 문재인 대통령은 대선 공약에서 '기초에너지 보장 제도 도입'을 제시하면서, 기초에너지를 "일상생활에 필요한 최소한의 에너지"로 표현한 바 있다. 에너지 서비스는 필요한 만큼 제공해야 하는 측면도 있지만, 효율 개선 등을 통해 필요한 에너지 소비를 줄이는 것도 중요하며, 이는 기후변화 대응을 위한 국제적·국내적 정책 방향과 일치한다. 이와 같은 관점에서 사람들의 삶의 질을 개선하기 위한 목적의 에너지 서비스 사용에 초점을 맞추어 친환경 에너지 서비스에 대한 접근성을 높이는 방향으로 정책을 설계하는 것이 바람직하다고 할 수 있다.[50]

물관리 기본법에서는 '누구든지 안전하고 안정적으로 물을 이용할 권리'를 규정하고 있고, 수도법은 수돗물의 공급을 국가 및 지자체의 책무로 규정하고 있다. 우리나라는 상하수도 보급률 확대를 위한 집중적인 인프라 구축으로 높은 양적 성장(상수도 97.3%, 하수도 94.3%)을 이루었지만, 지역 간 편차의 문제가 심각하다. 지역 간에 생산 원가와 공급 단가의 차이가 커서 같은 경기도 내에서도 양평

군은 상수도 평균 단가가 1,395.7원인 반면, 성남시는 441.4원이다. 하수도의 평균 단가도 과천시는 987.1원인 반면, 여주시는 200.3원이다. 이와 같이 국내 상하수도 사업은 지자체 단위로 분절되어 있어 지역 간 서비스 불균형과 시설의 중복투자 등 사업의 효율성이 저하되어 있다. 따라서 이러한 구조적인 문제를 해결하기 위해서는 지방 상하수도의 광역화 및 통합 운영과 요금체계 통합이 필요하다. 그리고 다음 단계로 기본적 사용량에 대한 무료 공급과 전반적 사용량에 대한 적정 가격 문제에 대한 고민이 필요하다.[51]

지금 우리 사회가 직면하고 있는 코로나19 팬데믹은 '재난 후 지원'을 보편적 기본서비스의 한 영역으로 다루어야 함을 보여 주고 있다. 지진이나 감염병 등 재난은 인간에 막대한 피해를 입히므로 사전에 억제하고 예방하는 것이 최상이지만 모든 재난을 발생 이전에 막는 것은 현실적으로 불가능하다. 그렇게 본다면 재난이 일어난 후 그 피해를 최소화하고 원래의 상황으로 회복할 수 있도록 피해자들을 '지원'하는 일도 매우 중요함에도 이는 그동안 제대로 이루어지지 않았다. 자연환경으로부터의 위험에 대한 국가의 대처는 안전과 관련된 가장 전통적인 국가의 임무에 속하므로 이에 대한 국가의 기본권 보장 의무가 인정되는 것이 타당하다. 국제법적으로도 재난시 인간 보호가 국가의 의무로 인식되고 있다. UN 국제법위원회는 2016년에 '재난 시 인간 보호 제2회독 초안'을 채택하고, 유엔 총회에 초안에 근거한 협약의 생성을 권고하였다. 재해 피해자는 자신의 잘못이 없음에도 재난으로 인해 생존에 영향을 미칠 정도의 피해를 입은 경우에 해당하므로 사회보장 차원에서도 지원이 이루어질 필요가 있다. 정리하면, 재난 후 '지원'은 그 본질을 국가

〈그림 1-1〉 보편적 기본 보장 시스템의 구조

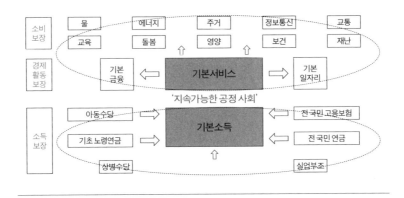

책임과 사회보장에 바탕에 둔 권리로 볼 수 있으며, 그 법적 성격은
생존권적 성격을 띤 청구권이라고 할 수 있을 것이다.[52]

더 읽어야 할 자료들

김도균(2020). 『한국 사회에서 정의란 무엇인가: 우리 헌법에 담긴 정의와
공정의 문법』, 아카넷.

이 책은 정의의 대원리('각자에게 각자의 몫을 주라', '같은 것은 같게 다른 것은 다르게
대우하라')에서 출발하여, 정의 원칙들(4대 원칙: 응분 원칙, 필요 원칙, 계약자유 원
칙, 평등 원칙)을 제시하고, 현실의 사례에 적용하는 과정을 보여준다.

피터 코닝, 박병화 옮김(2011). 『공정 사회란 무엇인가』, 에코리브르.

저자는 150년간 인류 사회를 지배해온 자본주의와 사회주의를 '공정한 사
회'로 대체해야 한다고 제안하며, 이를 위해 기본 욕구의 동등한 배분인

'평등', 기본 욕구 충족을 넘어선 잉여의 공로에 따른 배분인 '형평', 능력에 따른 공동 생산에 대한 기여인 '호혜' 등 세 가지 규범 사이에 적절한 균형이 이루어져야 한다고 말한다.

안나 쿠트, 앤드루 퍼시, 김은경 옮김(2021). 『기본소득을 넘어 보편적 기본 서비스로!』, 클라우드나인.

저자들은 집단적인 보편적 서비스 제공의 원칙을 기존 의료와 교육에서 교통, 육아, 주거와 같은 일상적 필수 요소로 확대하는 것이 현대 세계가 직면하고 있는 많은 가장 큰 문제들을 해결하는 가장 좋은 방법일 뿐만 아니라 효율적이고 실용적이며 경제적인 방법이라는 것을 보여주고 있다.

제2장

······

공정분배의 원칙

이우진

- 자원 평등주의는 필요의 문제를 적절히 배려하지 못하고, 후생 평등주의는 왜곡된 선호의 문제에 무력하다.
- 선망 부재는 개인 간의 효용 비교를 전제하지 않아서 공정성의 원칙으로 공허한 경우가 많고, 이를 개선한 비우월적 다양성은 너무 강한 조건을 요구하고 있어 충족시키기가 쉽지 않다.
- 기여에 따른 분배 원리는 도덕적으로 자의적인 내적 능력의 분포나 자본 및 제도의 최초 배분에 대한 문제가 해결되지 않으면 공정성의 원칙으로 사용하기에 적절하지 않을 수 있다.
- 환경에 따른 격차를 해소하는 실질적 기회의 평등은 관련 이론 중 가장 탁월하나, 환경을 측정하는 문제의 어려움으로 현실의 기회 불평등을 과소평

가할 위험성이 있다.

---

1. 서론

'각자도생'의 한국 사회에서 공정성이 다시금 시대의 화두가 되고 있다.[1] 최근 한 신문이 조사한 여론조사에서 응답자에게 공정, 평등, 자유, 성장, 평화 등 다양한 가치들을 제시하고 그중에서 한국 사회가 지향해야 할 가치가 무엇인가라는 질문을 던진 적이 있다. 그 조사에서 '공정'을 첫 번째의 가치로 뽑은 응답자의 비중은 41%인 반면 나머지 가치들을 선정한 응답자들은 10% 미만이었다고 한다.[2] 2018 평창 동계올림픽 여자하키 남북단일팀 논란, 조국과 그 가족을 둘러싼 논란, 인천국제공항공사 비정규직의 정규직화, 사회적 거리두기가 적용되어야 할 업종을 선택하는 문제 등도 모두 우리 사회에서 공정성에 대한 커다란 논란을 불러일으켰다. 공정이 다시금 시대의 화두가 된 배경에는 한국 사회가 불공정한 사회라는 인식이 광범위하기 때문이다. 한국 사회가 그간 불평등, 세습, 인맥의 문제 등을 애써 외면해온 결과이기도 하다.

생산이 시작되기 전에 자원과 역할을 구성원들 간에 어떻게 배분할 것인가 하는 문제, 그리고 생산이 이루어진 후 얻어진 공동 생산물을 어떻게 나눌 것인가에 대한 문제에 대해 어느 사회나 나름의 공정성 개념을 가지고 있다. 사실 공정분배에 대한 문제는 정치의 장이나 경제생활 모두에 깊이 침투해 있다고 해도 과언이 아니다.

현대 주류 경제학에서 공정분배에 대한 연구들은(전혀 없는 것은 아니지만) 그리 활발히 진행되지는 않았다. 이는 한편으로는 대다수 주류 경제학자들의 이념적 편향 때문이기도 하고, 다른 한편으로는 현대 주류 경제이론이 발전되어 온 방식 때문에 비롯된 것이기도 하다. 경제적 교환에 관한 교과서적 표준모형인 완전경쟁 모형은 사유재산을 전제하고 개인의 합리적 선택을 통해 어떻게 자원이 효율적으로 할당되고 배분되는가에만 초점을 맞출 뿐 교환이 시작되기 전에 재산이 어떻게 공정한 방식으로 나누어져야 하는지에 대한 문제는 회피해왔다.[3]

분배의 문제는 일반적으로 교환의 문제와 동일하지 않다. 분배의 문제는 자원, 권리, 부담 또는 비용이 일시적으로 집단에 공유될 때 발생하며, 누가 재화를 얻거나 누가 부담을 질 것인가에 대한 결정의 문제이다. 반면 교환의 문제는 수많은 자발적인 거래를 포함하며, 재화나 부담이 모두 분배된 후에만 논의될 수 있는 문제이다.

이 글에서 우리는 공정분배에 대한 다양한 이론들을 검토하고, 공정성과 관련하여 논란이 되는 몇 가지 쟁점을 검토하고자 한다.[4] 먼저 2절에는 공정의 계측 단위의 문제 즉 자원으로 측정할 것인가 아니면 후생으로 측정할 것인가의 문제에 대한 논쟁을 검토한다. 3절에서는 '선망 부재'와 '비우월적 다양성'을 공정성의 원칙으로 삼는 이론들에 대해 검토한다. 선망 부재와 비우월적 다양성은 개인 간의 효용비교를 전제하지 않는다는 점에서 경제학자들이 선호하는 공정성의 기준이다. 하지만 선망 부재는 공정성의 개념으로 사용하기에는 부적절한 경우가 많으며, 비우월적 다양성은 너무 강한 조건을 요구하고 있어 충족시키기가 쉽지 않다. 4절에서는 기여에 따른 분배를 공정하다고 보는 입장에 대해 검토한다. 기여에 따른 분배원리는 경제학에서는 자주 사용하는 개념이기는 하나 도덕적으로 자의적인 내적 능력의 분포나 자본 및 제도의 최초배분에 대한 공정성의 문제가 해결되지 않으면 공정성의 원칙으로 사용하기에 적절하지 않을 수 있다. 5절에서는 환경에 따른 격차를 해소하는 기회의 평등을 공정하다고 보는 입장에 대해 검토한다. 6절은 결론이다.

2. 자원주의 대 후생주의[5]

공정성을 논의하는 데 있어서는 '어떤 것을 대상으로 공정하게 할 것인가'에 관한 문제는 매우 중요하다. '자원'인가, 아니면 '후생'인가? '결과'인가, 아니면 '과정'인가?

이 절에서는 편의상 결과의 '평등' 분배가 '공정' 분배와 동일한 것이라고 전제하고 논의를 전개한다. 과정에서의 공정성의 문제는 차후에 논의한다.

19세기의 많은 정치철학자들은 토지나 화폐 같은 '양도 가능한 외적 자원'의 평등 분배를 이상향으로 보았다. 이를 '조야한 자원 평등주의'라고 부를 수 있겠는데, 우리가 통상 'n분의 1 규칙'이라고 부르는 분배규칙이 조야한 자원 평등주의에 해당한다. 조야한 자원 평등주의의 장점은 그 규칙의 단순함이다. 만일 개개인의 특성이나 처지 등에 대한 정보가 충분하지 않으면 이 규칙은 그럭저럭 공정한 분배규칙으로 활용될 수는 있다. 그리고 이 때문에 이 규칙은 우리의 일상생활에서 자주 사용되기도 한다. 하지만 그런 경우들이 아니라면 조야한 자원 평등주의에는 여러 가지 문제가 내포되어 있다.

첫째, 조야한 자원 평등주의는 사람들마다 '필요(needs)'가 서로 달라서 생기는 문제를 해결하지 못한다. 예컨대 주어진 자원 100원을 장애인과 정상인이라는 두 사람에게 나누어 주는 문제를 생각해보자. 만일 모든 사람들의 최저 소비에 14원이 들고 장애인에게 반드시 필요한 보행기가 72원이라면 두 사람에게 똑같이 50원씩 나누어주는 것은 전혀 의미가 없는 평등분배이다. 왜냐하면 보행기가 없으면 장애인의 삶은 아무런 의미가 없을 수 있기 때문이다. 이런 경우에는 장애인에게 86원을 주고 정상인에게 14원을 주는 '불평등한'분배가 두 사람에게 똑같이 50원씩 나누어 주는 것보다 훨씬 더 바람직할 수 있다.

둘째, 능력처럼 '양도 불가능한 내적 자원'으로 인해 발생하는 불평등은 어떻게 시정할 것인가 하는 문제가 있다. 돈이나 재화를 평등하게 분배하더라도 능력(talent)은 여전히 불평등한 상태로 분포되어 있으면 능력이 많은 사람들은 조만간 능력이 모자라는 사람들보다 더 많은 부를 축적할 것은 명약관화하다.

셋째, 조야한 자원 평등주의에서는 불평등의 원인 중 '개인적 책임'의 문제에 대한 고려를 전혀 하지 않는다. 술의 해악을 잘 알면서도 스스로 과음을 하여 암에 걸린 사람과 태어나면서부터 암에 걸린 사람을 동일하게 취급해야 하는가 하는 문제를 생각해보라. 또

54

도박의 폐해를 잘 알면서도 도박에 몰입하여 가산을 탕진해버린 사람과 집안 환경이 어려워 가난한 사람을 동일하게 취급해야 하는지 하는 문제를 생각해보라.

자원 평등주의에 대비되는 이론이 후생 평등주의이다. 후생 평등주의의 관점에서 볼 때 올바른 분배적 정의의 원리는 자원이 아니라 사회구성원들이 누리는 후생이며, 따라서 참된 평등주의는 자원이 아니라 개인 간 후생을 평등화하는 것이다.

후생 평등주의는 자원 평등주의가 간과하는 개인의 '필요'라는 문제를 명시적으로 고려한다. 예컨대 앞에서 예를 든 장애인과 정상인 사이의 자원의 불평등한 분배는 후생의 관점에서는 평등한 분배일 수 있다. 또 후생 평등주의는 개인의 선호와 취향의 차이를 반영할 수 있다.

그러나 후생 평등주의도 여러 가지 문제를 안고 있다.

첫째, 후생이라는 개념에는 '개인의 권리'라는 개념을 담을 수 없다. 성추행이나 성폭력처럼 다른 사람에 대한 학대를 통해 자신의 후생을 증가시키는 공격적 선호를 갖는 사람의 행위가 타인의 권리를 침해한다면 그러한 행위는 제재되어야 마땅한데 후생만을 근거로 정의의 원리를 도출하려는 단순한 후생평등주의에는 이러한 행위를 제재할 수 있는 근거가 없기 때문이다.

둘째, 후생 평등주의는 후생을 무엇으로 측정할 것인가에 대해 명확한 입장을 취하고 있지 않다. 예컨대 '만족의 정도'와 '삶의 질' 중 어느 것이 참된 후생의 기준인가 하는 문제가 있을 수 있다. '중독성 선호'나 '값싼 선호'를 생각해보자. 담배나 술의 소비는 그것을 소비하는 사람의 '만족'을 증가시킬지는 모르지만(중독성 선호), 그

것이 그 사람의 '삶의 질'을 증가시키는 행위라고 보는 사람은 거의 없다. 가부장적 사회 속에서 성간 노동 분업에 길들여진 주부들이나 노예제도 하에서 주인에게 매 맞는 노예들은 조그마한 것에도 쉽게 만족하며 어지간하면 현실 순응적인 경향을 보이는 경우가 많은데('값싼 선호') 이는 가혹한 환경에 직면하여 일종의 생존전략(survival strategy)으로 발전된 것일 수 있다. 따라서 이들의 값싼 선호를 근거로 이들에게 더 많은 희생을 요구하거나 더 적은 혜택을 주는 것이 윤리적으로 올바른 것이냐는 지적이 있을 수 있다.

셋째, 단순한 자원 평등주의와 마찬가지로 단순한 후생 평등주의 역시 개인의 책임이라는 문제를 도외시한다. 명품이 아니면 만족하지 못하는 사람들('값비싼 선호')의 후생 수준을 평범한 선호를 갖는 사람들의 후생 수준과 동일하게 하려면 이들에게 더 많은 자원을 나누어 주어야 하는데, 이를 윤리적으로 바람직하다고 보는 사람은 없을 것이다(명품에 대한 선호를 처음부터 가지고 태어난다는 주장에 동의할 사람은 거의 없을 것이다). 이들에게 더 많은 자원을 나누어 주는 것은 의지력을 가지고 자기 통제를 잘하는 사람들에게 더 많은 비용 부담을 요구하는 것이기도 하다.

현대 자유주의적 평등주의 이론가 중 한 사람인 드워킨(Dworkin, 1981a, 1981b)은 후생평등주의를 비판하면서 세련된 형태의 자원평등주의를 옹호한 바 있다. 드워킨은 '개인들이 자신의 선호를 자신의 것으로 인식하는 한' 개인들은 자신의 선호에 책임을 져야 하고 나아가 개인의 선호에 대해(그것이 어떻게 형성되었다 하더라도) 사회는 존중해야 한다는 자유주의의 원칙을 강조한다.[6] 반면 자원의 최초의 불공평한 분배는 개인의 책임이 아니라는 것이다.

드워킨의 주장처럼 자유주의 사회에서 개인의 선호 중 많은 부분은 당연히 존중되어야 한다. 그러나 개인들이 자신의 선호를 자신의 것으로 인식하는 한 그 선호의 '모든' 결과에 책임을 지워야 한다는 드워킨의 생각은 지나치다.

하나의 예로서 정치철학자인 엘스터(Elster, 1993)가 제기한 신 포도(sour grape) 현상을 생각해보자.[7] 사람은 자신이 도저히 성취할 수 없는 일이나 대상에 대해서는 일종의 심리적 갈등을 피하기 위해 '싫어해서 하지 않았다'는 식으로 정당화하는 경우가 많다. 자신의 불우한 가정환경 때문에 대학입학을 생각할 수 없는 청소년이 '대학 진학하면 뭣해. 재미없는 게 공부인걸 뭐'라고 하면서 공부를 싫어하는 쪽으로 선호가 변화하면 이 학생의 선호의 변화는 일종의 신포도 현상에 의한 선호의 변화이다. 이 경우 그 학생이 공부를 게을리하는 것은 당연할 텐데 드워킨의 자유주의 원칙에 의하면 그 학생에게 공부를 게을리한 개인적 책임을 물어야 한다. 그렇게 하는 것이 그 학생의 개인적 결정에 대한 존중이 될 것이다. 하지만 많은 사람들은 그것보다는 국가가 그 학생에게 학자금 지원을 하여 신포도 현상에 의한 적응적 선호가 형성이 되지 않도록, 다시 말해 그 학생이 공부에 대한 올바른 선호를 형성하도록 도와주는 것이 더 바람직하다고 생각할 것이다. 비록 그 학생의 표면적으로 드러난 자유주의적 선호를 존중하지 않더라도.

3. 선망 부재와 비우월적 다양성

현대의 공정분배 이론들 중에서 경제학자들의 관심을 가장 많이 받은 것으로 선망 부재(envy-freeness)라는 개념이 있다.[8] 선망 부재의 상태로 공정성을 평가하는 방식에서는 개인 간의 효용 수준을 비교할 필요가 없다. 서수적 효용 개념과 개인 간 효용 비교의 불가능성에 집착하는 경제학자들이 선망 부재의 개념을 선호하는 것은 어찌 보면 자연스러워 보인다.[9] 많은 경제학자들은 개인 간 효용 수준의 비교가 필요 없다는 점을 선망 부재 접근법의 큰 장점이라고 여기고 있는데, 나는 이러한 점이 오히려 약점이라고 생각한다. 마지막 부분에서 이에 대해 다시 논할 것이다.

n명의 사람들이 있는 경제를 생각해보자. $(\omega_1, \cdots, \omega_n)$을 초기부존자원의 벡터, $(u_1, \cdots, u_n)$을 효용함수들의 벡터, 그리고 $(x_1, \cdots, x_n)$을 초기부존자원을 교환하거나 생산과정에 투여하여 얻을 수 있는 최종결과물의 배분 상태를 나타내는 벡터라고 하자. 만일 자신에게 배분된 것보다 남에게 배분된 것을 더 선호하는 사람이 한 사람도 없을 때, 우리는 주어진 배분 $(x_1, \cdots, x_n)$이 선망 부재의 상태에 있다고 한다.[10]

예제 1: 10원을 철수와 영희 두 사람에게 나누어주는 상황을 가정해보자. x_1은 철수가 받는 돈의 금액, x_2는 영희가 받는 돈의 금액으로, $x_1 + x_2 \leq 10$이다. 철수와 영희의 효용함수를 각각 $u_1(x_1) = x_1$, $u_2(x_2) = \sqrt{x_2}$으로 가정한다. $(x_1, x_2) = (3, 7)$이라는 배분은 파레토 효율적이지만, 철수가 영희에게 배분된 몫을 선망하기 때문에 선망 부재 상태가 아니다. 마찬가지로 $(x_1, x_2) = (6, 3)$이라는 배분 역시 영희가 철수에게 배분된 몫을 선망하기 때문에 선망 부재 상태가 아니다. 반면 $(x_1, x_2) = (5, 5)$은 누구도 상대방의 몫을 부러워하지 않기 때문에 선망 부재 배분이다. 마찬가지로, $(x_1, x_2) = (4, 4)$도 (파레토 효율적이지는 않지만) 선망 부재 배분이다. 이 예제가 보여주듯이 선망 부재 배분은 $x_1 = x_2$를 반드시 만족시켜야 한다.[11]

예제 1을 보면 선망 부재인 배분은 균등 배분인 것 같아 보인다. 하지만 불균등 배분이면서 선망 부재인 배분도 많다. 예컨대 소비 집합이 2차원 이상이면 불균등 배분이면서 선망 부재인 배분은 쉽게 찾을 수 있다.

선망 부재인 배분이 반드시 파레토 효율적인 것은 아니다. 현대 이론 경제학에서 잘 알려진 사실 중의 하나는 사회의 총자원을 균등하게 분배한 상태에서 출발한 후 사람들이 경쟁시장에서 자유롭게 원하는 만큼 거래하도록 하면 그러한 거래가 완료된 후 최종 분배 상태는 파레토 효율적이고 선망 부재 상태라는 것이다.[12] 경제학에서는 이를 '균등분할 경쟁균형(equal division competitive equilibrium)'이라 부른다.

노벨경제학상 수상자인 미드(Meade, 1993)는 평등하고 좋은 사회의 예로서 아가소토피아(Agathotopia)를 제시한 바 있다.[13] 아가소토피아는 유토피아(Utopia)와 차별화하면서 미드가 제시한 이상적 사회상인데 유토피아가 '완전한 사람들'이 만들어낸 '완벽한 제도들'로 구성된 사회라면 아가소토피아는 '완전하지 못한 사람들'이 만들어낸 '좋은 제도들'로 이루어진 사회이다. 아가소토피아의 경제관에 가장 가까운 경제적 상태가 균등분할 경쟁균형이다. 균등분할 경쟁균형이 갖는 선망 부재의 상태는 미드에게 있어서는 상당히 매력적인 것처럼 보였다.

하지만 다음의 예제가 보여주듯이 선망 부재의 분배는 유일하지도 않고 정말 공정한 것도 아니다.

예제 2: 빵, 소고기, 돼지고기, 이렇게 세 가지 재화만 있고 이를 두 사람이 소비하는 경우를 생각해보자. 한 사람은 빵과 소고기만 소비하는 가난한 무슬림교인이고, 다른 한 사람은 빵과 돼지고기만 소비하는 부유한 힌두교인이다. 이 경우 무슬림교인에게는 돼지고기만 안 주고 힌두교도에게는 소고기만 주지 않으면 빵을 어떻게 나누더라도 그렇게 나누어진 자원배분은 선망 부재의 상태가 된다. 예컨대 부유한 힌두교인이 엄청난 양의 빵과 돼지고기 전부를 소비하고, 가난한 무슬림교인은 아주 적은 양의 빵과 소고기 전부를 소비하는 배분은 선망 부재인 배분이다.

위의 예제 2에 예시된 배분을 공정하다고 여긴다면, 선망 부재에 기초한 공정성 개념은 분배정의 관점에서 볼 때 무의미하다. 다시 말해 소고기와 돼지고기와 같이 특정 개인에게만 소비 가능한 재화가 있을 때 선망 부재의 개념은 공정성의 개념으로서 정당성이 약할 수밖에 없다.

벨기에의 정치철학자인 판 파레이스(Van Parijs, 1995)는 공정성의 조건으로 비우월적 다양성(undominated diversity)이라는 개념을 공정성 원칙으로 제시한바 있다. 이는 선망부재를 좀 더 강화한 조건이다. 선망 부재는 다른 사람의 몫이 내 몫보다 더 좋은가 여부를 가지고 공정성 여부를 판단한다. 반면 비우월적 다양성은 사회의 어떤 사람이 보더라도 어떤 한사람의 몫이 다른 사람의 몫보다 좋으면 안 된다는 것을 요구한다.[14] 임의의 두 개인의 몫을 비교할 때, 사회에 속한 모든 사람이 보기에 어느 한 사람의 몫이 다른 사람의 몫보다 선호된다면, 이는 불공정한 분배라는 생각으로부터 이러한 개념이 만들어졌다. 반면 반대의 상황이라면 공정한 분배라고 볼 수 있을 것이다. 아쉽게도 비우월적 다양성이라는 개념은 선망 부재보다 훨씬 더 강한 조건을 요구하는 개념으로, 일반적으로 비우월적으로 다양한 분배 상태를 찾기는 매우 어렵다. 다시 말해 공정 분배의 원칙으로서 유용성이 약한 것이다.

선망 부재나 비우월적 다양성이라는 개념에서는 각 사람이 자신의 효용함수 상에서 다른 모든 사람의 몫을 평가하기 때문에 개인 간의 효용을 비교할 필요가 없다. 많은 경제학자들이 이러한 특징을 선망 부재 접근법이나 비우월적 다양성 접근법의 장점이라고 생각하지만, 나는 오히려 이것이 약점이라고 생각한다.

개인 간의 효용 비교를 생략함으로써, 이 접근법들에서는 어떠한 개인 간의 비교도 이루어지지 않는다. 하지만 분배의 결정은 항상 비교와 가치 판단을 수반한다. 어떤 의사가 환자 B가 아닌 환자 A에게 신장을 주기로 결정한다면, 이 순간 가치 판단이 내려지고 사람 간의 절박한 정도에 대한 비교가 이루어진 것이다. 우리는 모든 공정성 이론은 항상 이런 종류의 비교판단이 이루어질 수밖에 없다는 사실을 받아들여야 한다. 이런 비교판단을 피하면서 공정성 기준을 수립하려 하다 보니 선망 부재와 비우월적 다양성은 공허한 기준이 되어버렸다.

4. 기여에 따른 분배

기여에 따른 분배를 공정하다고 보는 관점이 광범위하게 존재한다. 현대 주류경제학에서는 한계적 기여에 따라 분배를 하는 것은 효율적일 뿐 아니라 공정하다고 주장한다. 한계적 기여는 내가 노력이나 노동시간을 한 단위 증가시켰을 때 얻을 수 있는 추가적인 생산물의 양으로 측정한다. 각자가 기여한 바에 따라 분배받으니 일견 공정해 보인다. 기여에 따른 분배는 능력주의의 원칙과도 맞닿아 있고 응분의 자격에 따른 분배원칙과도 맞닿아 있다.

하지만 유전적 능력이 큰사람일수록, 또 생산과정에서 다른 자본 및 도구나 우월한 제도의 도움을 더 많이 받는 사람일수록 한계적 기여는 더 클 수밖에 없다. 문제는 이 유전적 능력과 생산과정에서 도움을 받는 다른 도구들이나 제도들의 배분이 도덕적으로 공정한 방식으로 이루어진 것인가를 문제 삼을 필요가 있다는 점이다.

기여에 따른 분배가 공정하지 않을 수 있는 두 가지 예를 들어보자. 첫 번째 예로 인지능력의 문제를 생각해보자.[15] 인지능력이 뛰어난 학생은 인지능력이 덜 뛰어난 학생보다 학습에 똑같은 시간을 투여하더라도 학업성취가 훨씬 더 높다. 그런데 바로 이 사실 때문에 인지능력이 뛰어난 학생은 인지능력이 덜 뛰어난 학생보다 학습시간이 일반적으로 더 길다. 일반적으로 공부 잘하는 학생이 공부를 더 열심히 오랜 시간 동안 하는 이유도 이 때문이다. 그리고 학습 시간이 길수록 어려운 시험에 합격할 확률은 높아진다. 여기서 학습 시간을 개인의 기여라고 볼 수 있으므로 기여에 따른 분배가 공정하다고 보는 입장에서는 전자의 학생이 더 좋은 결과를 얻는 것이 공정하다고 할 것이다. 인천국제공항의 비정규직 노동자의 정규직 전환을 비난하였던 사람들의 공정성의 잣대가 바로 이것이었다. 하지만 인지능력의 상당 부분은 자신이 어찌할 수 없는 요인들에 의해 결정된다. 자신이 어찌할 수 없는 '도덕적으로 자의적인' 요인들이 막대한 영향을 미치는 분배는 일반적으로 공정분배가 아니다.

두 번째 예로 대기업에 근무하는 노동자와 중소기업에 다니는 노동자 간의 임금 격차가 왜 발생하는가에 대해 고려해보자. 기업규모에 따른 임금 격차의 원인에 대해서는 여러 가지 설명들이 존재하는데, 그중 하나는 대기업에 근무하는 노동자일수록 생산과정에서 다른 우수한 동료들이나 시설들이나 제도들의 조력을 많이 받을 수 있다는 것이고 이 때문에 한계생산성 자체가 중소기업에 근무하는 노동자들보다 훨씬 더 높다는 것이다. 따라서 기여에 따른 원칙에 의하면 대기업노동자들이 중소기업노동자들보다 더 높은 임금을 받는 것은 공정한 분배이다. 비록 두 명의 노동자가 동일노동을 수행하고 있음에도 불구하고.

5. 실질적 기회의 평등[16]

이 절에서는 실질적 기회의 평등의 원칙을 공정성의 원칙으로 간주하는 입장에 대해 검토해 본다.[17] 나는 이 원칙이 우리 사회가 요구하는 공정성의 원칙에 가장 부합한다고 생각한다.

일반적으로 기회의 평등(equal opportunity)이라는 말이 의미하는 바는 '사회경제적 성취를 달성하기 위한 경쟁' 혹은 '사회경제적 성취를 달성하는 데 중요한 자리들을 확보하기 위한 경쟁'에 있어 어느 누구도 '불공정한 우위'를 점하지 말아야 한다는 것이다.

기회의 평등이란 말에는 최소한 두 가지의 의미가 존재한다. 첫 번째 의미는 업무의 할당이나 인력의 채용에 있어 평가에 무관한 요인들로 개인들 간 차별을 하지 않고 개인의 직무 수행에 대한 '자질'만을 보고 평가한다는 의미이다. 두 번째 의미는 잠재능력이 있는 모든 사람들이 그들의 능력형성기에 미래의 직무 수행에 대한 적절한 자질을 확보할 수 있도록 만들어줌으로써 모든 사람이 동일한 출발선에서 경쟁을 시작할 수 있도록 만들어준다는 의미이다.

첫 번째 의미에서의 기회의 평등이 이루어진다고 두 번째 의미에서의 기회의 평등이 자동적으로 성립하는 것은 아니다. 예를 들어 어느 기업에서 채용 시 출신 지역과 상관없이 직무 수행에 대한 자질만을 보고 선발하였다면 이는 첫 번째 의미에서 기회의 평등이 달성된 것으로 볼 수 있다. 그런데 농어촌지역 출신 지원자들이 대도시 출신 지원자들보다 더 열악한 환경 속에서 교육받았을 확률이 높고 이에 따라 직무수행에 대한 '자질'도 두 그룹이 다르게 형성했을 가능성이 높다고 한다면 대다수의 농어촌 출신 지원자들은 직무수행에 '부적당한' 자질을 가진 상태에서 채용 경쟁을 해야 한다.

결과의 평등이 아니라 기회의 평등을 중요하게 여기는 이유 중의 하나는 환경적 차이는 보정하면서 개인의 근면함이나 노력의 차이로 인한 부분에 개인적 책임을 지우고자 하기 때문이다.

우리는 행동이 결과를 초래했다는 의미에서의 '약한 의미에서의 책임'과 행동의 결과에 대해 상벌을 줄 수 있는 근거가 되는 '강한 의미의 책임'을 구분할 필요가 있다.

예를 들어 결석을 자주 하고 그 때문에 학업성적이 저조한 두 학생을 생각해보자. 두 명 중 한 명은 소녀 가장으로 어려운 집안형편 때문에 결석을 자주 할 수밖에 없는 반면 다른 한 명은 그저 오락실에서 노는 것이 더 즐거워 결석을 자주 한다고 할 때 두 경우 모두 결석이라는 행동이 저조한 학업성적에 (약한 의미에서의) 책임이 있다는 점에서는 동일하다. 또 담임교사는 두 학생 모두에게 결석을 자주 하는 것은 좋지 않다고 충고할 수 있다. 그러나 이러한 충고에도 불구하고 결석을 계속할 경우, 후자의 학생은 자신의 행동에 대한 (강한 의미에서) 책임을 스스로 져야 하고 사회도 이 학생의 낮은 교육성취에 대해 보상할 의무가 전혀 없지만, 전자의 학생에 대해 개인적 책임을 지우는 것은 타당하지 않다.

실질적 기회의 평등에 대한 이론을 구성하는 세 가지 기본개념은 환경, 정책, 그리고 개인의 책임이라고 볼 수 있다. 이하에서는 이 세 가지 개념들을 간략히 검토한다.

기회의 평등에 대한 이론에 있어 첫번째 개념은 '환경'이다. 여기서 개인이 직면하는 환경이란 '개인의 의지와 상관없이' 개인에게 밖으로부터 주어지면서 동시에 개인의 성취에 지대한 영향을 미치는 제반 요소들을 말하는데, 개인에게 책임을 물을 수 없는 요소들을 말한다.

환경을 구성하는 변수들이 무엇들인가 하는 것과 각 변수들의 분류방식이 어떠하냐에 따라 각 개인들은 다양한 방식으로 유형화될 수 있다. 예를 들어 개인의 환경을 구성하는 변수가 '부모의 학력'과 '본인의 성' 두 가지이고 부모의 학력은 저학력과 고학력으로 성은 남성과 여성으로 구분된다면 사회전체의 개인들은 총 4가지 유형들(저학력 부모를 둔 남성들, 고학력 부모를 둔 남성들, 저학력 부모를 둔 여성들, 고학력 부모를 둔 여성들)로 구분되게 된다.

기회의 평등에 대한 이론의 두 번째 기본개념은 환경의 차이로 인한 개인들간 경제적 성취의 차이를 보정하기 위한 정부의 '정책'이다. 정책은 다양한 방식으로 규정될 수 있는데, 예를 들어 '교육성취'에서의 기회의 평등을 달성하기 위한 것이 목적인 경우에는 유형별로 다르게 제공되는 교사의 양과 질이나 교육기자재의 양과 질, 유형별로 눈높이에 맞추어 제공되는 교육내용 등을 결정하는 정책 등이 된다. 또 소득획득을 위한 기회의 평등을 달성하기 위한 경우에는 유형별로 다르게 적용되는 소득세율과 정부의 이전지출 등을 결정하는 정책이 예가 되겠다.

기회의 평등에 대한 이론의 세 번째 기본 개념은 개인의 책임을 구성하는 '의지'이다. 우리는 이를 '개인의 노력'이라고 부를 텐데, 개인의 노력이란 '개인에게 책임을 물을 수 있는 요소들'로서 환경에 의해 결정되지 않으면서 개인의 경제적 성취에 영향을 주는 요소들이다.

한 가지 주의해야 할 점은 기회의 평등에 대한 이론에서 개인의 노력이라는 개념은 개인이 '실제 지출한 노력의 양'(예컨대 노동시간, 학습시간 등)과는 차이가 있음에 주의할 필요가 있다. 실제 지출한 노력의 양으로 개인의 책임부분을 규정하는 것은 다음과 같은 두 가지 문제에 직면하게 된다. 첫째, 개인의 노력의 실제 지출량을 정책

입안자가 직접 관측하는 것은 불가능하다. 둘째, 설령 개인의 노력의 양을 관측할 수 있다 하더라도 동일한 노력의 양을 동일하게 평가하는 것이 기회의 평등이라고 할 수는 없다는 점이다. 이는 개인들은 자신이 직면한 개인적 제약(개인적 환경)과 정책적 제약(정책) 하에서 자신의 의지와 선호체계를 갖고 노력의 절대적 지출량을 결정하기 때문인데, 이로 인해 개인이 실제 지출한 노력의 양에는 통상 환경이 영향을 주게 되기 때문이다.

환경을 구성하는 벡터들을 '완전히 구비하고' 같은 유형의 개인들에게는 동일한 정책규칙을 적용하게 되면 동일유형내의 개인들 간에 다르게 나타나는 경제적 성취의 차이는 '정의상' 유형 내 개인들의 노력의 차이에만 기인한 것이라는 점이다. 반면 다른 유형에 속하는 개인들의 경제적 성취의 평균적 차이는 환경의 상이함에 기인한 것으로 볼 수 있다.

기회의 평등에 관한 이론은 출발선의 평등과 과정에 있어서의 공정함을 강조하는 이론이다. 출발선과 과정에 있어서의 공정함이 중요하다는 것은 재론할 필요가 없다. 하지만 그로부터 얻어진 결과가 평등해야 할 것인가에 대해서는 논란이 있을 수 있다. 엄밀하게 말하면 '결과에 있어서의 정의로움'이라는 말 보다는 '결과가 수긍할 만한가'라는 표현이 더 타당하다. 출발선의 평등이 확보되고 결과를 얻기까지의 '모든' 과정이 공정하면 결과는 수긍할 만 한 것이기 때문이다.

우리가 결과의 평등을 옹호하는 경우는 결과에 이르기까지의 모든 과정을 엄격하게 정의하고 실행하기 어려운 경우일 뿐이다.

6. 결론

한국 사회에 공정성을 둘러싼 의견대립과 갈등들이 표출되고 있다. 이러한 대립과 갈등이 우리나라만의 문제도 아니고 현시대만의 문제라고 할 수도 없지만 최근의 대립과 갈등은 심각해 보인다.

'부모의 수저가 자식의 수저를 결정한다'는 체념적 인식과 함께 '시험으로 정하자'는 주장이 동시에 제기되는 건 최근의 독특한 현상이다. 능력이 부모 등의 영향에 기인한다면, 시험을 치러보지 않아도 결과는 예측 가능하기 때문이다. 수저론은 '우리의 출발점은 동등하지 않다'를 보여주는 이론인데, 이상하게도 박탈감을 말할 때만 쓰이고 우리는 이를 능력주의와 연관 지어서는 얘기하지 않는다. 현세대 개인의 경제력 격차에 부모 세대의 영향이 있다면, 이를 보정해줘야 공정한 경쟁이 가능할 텐데 우리는 시험으로 공정성을 획정하려고 시도한다.

차별 없는 일자리, 균등한 교육 여건 등 '공정한 조건'을 마련하려는 노력은 꾸준히 있었다. 문제는 그때마다 역차별 논란 등으로 강한 저항에 부딪혀 왔다는 것이 딜레마이다. 공정을 말해야 할 약자·소수자는 정작 잊히고 약자들을 위한 조치들이 불공정하다는 목소리가 더 커진다. 고졸 청년이 마주한 노동조건 등을 공정과 정의의 잣대로 보아 개선하자는 목소리는 작았고 입시의 공정 문제는 유독 큰 목소리로 불거졌다.

근본적으로 이념적 지향과 종교와 세계관을 달리하는 사람들이 공통기반으로 삼을 수 있는 공정성의 이론은 있을 수 있는가? 이 연구에서 우리는 하나의 공정성의 이론을 제시하는 대신 몇 가지 중요한 그러면서 동시에 경합하는 몇 가지 이론들을 제시하고 각각의 이론들에 대해 코멘트를 하였다.

공정성을 논할 때 항상 제기되는 비판 중의 하나는 공정성이라는 것은 효율성이라는 개념에 비해 막연하고 애매모호하다는 것이다. 혹은 현실적 문제를 해결하는 데 있어서는 공정성의 원칙이 아무런 유용성이 없다고도 한다. 혹은 공정성이라는 잣대는 자신이 주장하고자 하는 바를 입증하기 위해 관습적으로 동원하는 '텅 빈 수사'라는 비판도 제기된다.

하지만 '세상이 공정해야 한다'라고 주장하는 것이 '세상이 내게 유리한 방식으로 돌아가야 한다'라는 주장이나 '세상이 다수가 원하는 대로 운영되어야 한다'라는 주장과 동의어가 아니라면 공정성에 대한 논의는 공허한 것도 무용한 것도 아니다. 공정성에 대한 치열한 논쟁과 문제 제기를 통해 우리 사회의 공정성 담론이 한 단계 성숙해지고 '모두가 행복한 공정한 대한민국'에 한 걸음 다가서기를 기대해본다.

더 읽어야 할 자료들

김우철 · 이우진(2008). 「한국조세재정정책의 기회평등화 효과에 대한 연구: 소득획득에 대한 기회를 중심으로」, 조세연구원 연구보고서.
실질적 기회평등에 대한 쟁점들을 소개한 후 한국의 자료를 가지고 기회불평등을 실증분석한 최초의 작업이다.

Varian, H. (1974). "Equity, efficiency, and envy", *Journal of Economic Theory* 9, 63-91, 1974.

선망부재에 대해 공부하고 싶은 사람은 반드시 읽어야 할 논문이다.

Roemer, John (1988). *Free to Lose, Cambridge*, MA: Harvard University Press.

이 책은 마르크스 경제학 입문서이다. 마르크스주의적 착취 개념을 명확히 정의한 후 완전경쟁시장에서도 착취가 존재할 수 있음을 입증하고 착취/피착취 관계는 자산의 소유 정도에 따라 결정되는 계급관계와 상호 조응함을 보인다.

Roemer, John (1996). *Theories of Distibutive Justice, Cambridge*, MA: Harvard University Press.

이 책은 분배적 정의론에 대한 경제학 및 철학에서의 논의들을 분석적 방법을 사용하여 정리하고 있다. 분배적 정의론에 입문하려는 사람에게는 필독서이다.

Roemer, John (1998). *Equality of Opportunity, Cambridge*, MA: Harvard University Press.

이 책은 기회의 평등에 대한 다양한 입장을 명확하게 정의하고 실질적 기회의 평등을 달성한다는 것이 어떤 의미인지를 분명히 제시하고 있다.

제2부

·

누구나 기본소득을
누리는 사회

제3장

·······

공정 사회와 기본소득

이원재

- 인천국제공항공사 정규직화 논란과 대입 수시와 학종 논란을 거치면서 한국 사회에는 '공정성 인식'이 강화되고 있다.

- 하지만 현재와 같은 방식의 형식적 공정성 인식 강화는 특권층의 세습을 강화함으로써 혐오와 포퓰리즘 정치라는 부작용을 낳을 수 있으며, 특히 경제와 사회를 획일화함으로써 혁신성을 저하시킬 수 있다.

- 따라서 공정성 담론을 실질적 공정성 담론 중심으로 변화시켜 다양성과 혁신을 촉진하도록 변화시켜야 하며, 기본소득제에 대한 인식을 확산시키면서 이런 변화를 만들어낼 수 있다.

---

1. 인국공 사태와 한국 사회의 공정성 인식

다음은 필자가 어느 공기업 인사담당 간부를 인터뷰한 내용이다. 공기업 인사담당자가 회사 입장에서 인천국제공항 사례를 어떻게 생각하는지 알기 위해 진행한 인터뷰였다.[1]

"공항에서 여러 해 동안 청소를 하던 사람이 있다면, 그 사람을 채용해 청소를 하도록 하는 게 가장 좋은 인사 아닌가요?"

"그렇지 않습니다."

"새로 시험을 쳐서 사람을 뽑아야 한다는 말씀인지요?"

"그렇습니다."

"왜 그런가요?"

"(예를 들면) 우리 공사의 채용은 직무에 맞는 사람이 아니라 우리 기업의 어떤 직무든지 잘 할 수 있는 능력 있는 사람을 뽑게 되어 있습니다. 능력 있는 사람을 채용해 무슨 일이든 맡기는 시스템이지요."

"그럼 청소하는 분도 시험을 통과해야 한다는 뜻인가요?"

"시험뿐 아닙니다. 6~7단계의 까다로운 심사 과정이 있습니다."

이 인사담당 간부는 '능력주의 채용 시스템'을 말하고 싶어 했다. 그런데 답변 내용을 보면, 여기서 '능력'이란 특정한 직무를 얼마나 잘 수행하느냐를 뜻하는 '숙련' 또는 '스킬'이 아니라는 사실을 알 수 있다.

오히려 여기서 능력이란 일종의 '자격'이다. 그는 청소라는 특정한 직무를 수행하기 위해 사람을 채용하더라도, 그 직무에 대한 숙련도 대신 일반적 능력을 평가해 채용해야 하며, 이때 이 일반적 능력의 수준은 그 공사의 직무를 대부분 이해하고 수행할 수 있는 것이어야 한다고 답하고 있다. 즉 기획실 소속이든 시설관리부서 소속이든, 표준화된 공기업 입사 시험을 통과하지 않고서는 일할 자격을 얻을 수 없다는 이야기다.

인천국제공항공사는 한국 사회에서 '공정성'을 논의할 때 빼놓을 수 없는 사례가 되고 말았다. 2020년 6월, 공항의 보안검색 관련 업무에 종사하던 협력업체 종사자들을 인천국제공항공사 본사에서 직접 정규직으로 고용하겠다는 방침이 알려지면서, 언론과 취업준비생들은 불공정하다며 들끓었다. 비정규직으로 일하는 분들이 수십 년 일해도 매년 계약을 갱신하며 고용불안에 시달려야 한다는 점이 더 불공정하다고 주장하는 목소리도 있었지만, 널리 들리지는 않았다.

사실 2017년에 정부의 공공부문 비정규직의 정규직화 방침이 발표되면서부터, 인천국제공항공사 정규직 노동조합은 지속적으로 '비정규직을 받아들이려면 공개채용 방식을 채택해야 한다'고 주장했다. 오래 공항에서 일하던 사람이라도 시험에 떨어지면 채용하지 말아야 한다는 이야기였다. 그대로 된다면 비정규직이기는 하지만 멀쩡히 공항에서 계속 일하던 외주 용역 노동자가 갑자기 채용시험에 응시해야 하고, 몇몇은 합격해 공사 직원이 되고 몇몇은 떨어져 일자리를 잃게 될 판이었다.

정부가 내놓은 정규직화 방안의 핵심은 '외주 용역으로 일하던 노동자들의 고용을 안정시키되, 급여나 직급이 높아지지는 않게 한다'는 것이었다. 즉 외주용역으로 일하던 노동자들의 고용을 본사

직원들처럼 안정시키는 것이 목적일 뿐 보상의 크기를 늘리지는 않
겠다는 원칙을 정부도 여러 차례 천명했다.

　그런데 문제가 된 대목은 이들이 공기업 채용 시험을 거치지 않
고, 본사로 소속이 변경될 수 있다는 점이었다. 이 한 가지 항목이
다른 모든 세부사항을 압도하고 말았다. 앞서 인터뷰한 공기업 인
사담당 간부가 말했듯, 시험을 치른 사람과 그렇지 않은 사람은 다
른 자격을 갖춘 것으로 여겨졌다.

　공공부문 채용을 둘러싼 공정성 논란은 반복된다. 2016년 11월
에는 학교 비정규직 관련된 논란이 있었다. 학교의 영양사, 조리원,
교무보조 등을 계약직에서 교육공무원으로 전환하자는 법안이 국
회에 발의되었을 때였다. 수많은 정규직 교사들과 임용시험 준비생
들이 반대에 나섰다. 2017년에는 기간제 교사 정규직화 논의가 있
었다. 정규직 교사들과 임용시험 준비생들은 다시 거세게 반발했
다. 같은 해에는 서울시 지하철을 운영하는 서울교통공사에서도 비
슷한 공정성 시비가 벌어졌다. 서울시는 공사 소속 무기계약직을
정규직으로 전환하려 했다. 그러자 젊은 정규직 공사 직원들이 분
노하며 집단 반발했다.

　한국 사회에서 공정성이란 어떤 의미를 가질까? 공공부문 정규
직 채용과 관련해 벌어진 이 논란들에서 '공정한 절차'를 표면에 내
건 한국인의 공정성 인식의 그 일면을 엿볼 수 있다.

　공정성과 관련된 사회적 논란은 표면적으로는 '공정한 절차'를 앞
세우며 절차공정성을 강조하고 있다. 인천국제공항공사 본사 정규
직 직원들이 비정규직 정규직화를 반대하며, 공기업 공채 시험을
치르지 않고 본사에 입사하는 과정이 '불공정하다'고 주장했다는

데서 드러난다.

하지만 내용적으로는 분배공정성 논리가 숨어 있다. 공사 본사의 업무는 상당부분이 기획과 관리 등 고급 직무이다. 실제 현장에서 실행하는 업무는 대부분 협력업체에 외주화되어 있다. 이런 상황을 감안하면, 공사 본사에 입사한 임직원들은 공사 업무에 고유한 고급 업무능력을 갖추고 있으며 이를 인식하고 있을 것이다. 한편 협력업체 임직원들은 대부분 어디서나 비슷한 일반적 업무능력만을 갖추고 있을 가능성이 높다고 인식될 것이다. 따라서 본사의 핵심 인력들은 실제 공항의 성과에 높은 기여를 하고 있으며 이런 기여에 대한 보상으로 높은 연봉과 정년보장 등의 처우를 보장받고 있다고 여긴다면, 여기에 핵심 직무를 맡지 않는 인력이 진입하는 현상 자체에 대해 분배공정성을 침해한다고 인식할 수 있다.

도화선에 불이 붙듯 사회 전체로 번지며 뜨겁게 펼쳐진 이런 논란들을 지켜보며, 이 논의가 향후 한국 사회 전반의 변화에 상당한 영향을 끼칠 수 있다는 사실을 알 수 있다

이 글은 한국에서 공정성 담론이 한국 사회의 다양성과 혁신에 끼칠 수 있는 영향을 짚어보는 것을 목적으로 한다. 결론적으로 다양성과 혁신이 풍부해져 사회경제적 역동성을 높이려면, 현재 형성되어 있는 공정성 담론을 어떻게 변화시켜야 하는지를 제안할 것이다. 또한 기본소득제가 공정성 담론과 연관지어 어떻게 해석될 수 있는지를 짚어 보고, 전체 공정성 담론의 재구성 과정에서 기본소득제 논의가 끼칠 수 있는 영향을 짚어볼 것이다.

2. 공정성이란 무엇인가

공정성 개념은 대체로 두 가지로 나뉜다.

첫째, 분배공정성이다. 분배공정성은 조직의 자원을 조직원들에게 얼마나 공정하게 분배했는지를 따지는 공정성이다. 결과적으로 공정성이 얼마나 달성되었는지를 묻는다. 기여에 합당한 보상이 돌아온다면 공정한 것이고, 그렇지 않다면 불공정한 것으로 여겨진다.

Homans(1961)는 교환관계에 참여하는 각 주체가 자신의 투입에 해당하는 보상을 받았다고 여길 때 공정성을 느낀다고 했다. Adams(1965)는 자신이 조직에 투입한 기여에 비해 자신이 받은 보상을 비율이 다른 사람과 비교했을 때 비슷한지 또는 차이가 나는지에 따라 공정성 감각이 달라진다고 했다.[2]

분배공정성 논의에서는 공정성 인식이 우선 기여에 따른 보상에 따라 형성되며, 타인과의 비교에 따른 상대적 위치를 인식하며 만들어진다고 봤다. 즉 분배공정성 논의에서는 자원이 결과적으로 공정하게 분배가 되었는지를 중시한다.

둘째, 절차공정성이다. 절차공정성은 결과적으로 분배를 하기 위해 의사결정을 하는 절차가 얼마나 공정한지를 따지는 공정성이다. 과정상의 공정성이 얼마나 잘 준수되었는지를 묻는 것이다.

Leventhal(1980)은 절차가 일관적일 때, 절차에 편견이 없을 때, 절차에 개입해 정정이 가능할 때, 절차를 결정하는 사람들의 대표성이 명확할 때, 절차가 윤리적일 때 공정성이 높아진다고 했다.[3] 또한 Thibaut 외(1975)는 제3의 의사결정자가 분쟁 당사자에게 자신의 결정에 영향을 줄 수 있는 기회를 어떻게 통제하느냐에 따라 절차공정성의 정도가 결정된다고 했다.[4] 전반적으로 투명하고 윤리적인 과정 등 절차의 외형을 갖추는 것도 중요하지만, 당사자들이 절차에 얼마나 영향을 끼칠 수 있는지에 대한 판단도 중요하다고 하겠다.

3. 공정성 담론의 문제점

그러나 분배공정성과 절차공정성 각각의 논의가 갖는 한계도 분명하다. 특히 두 가지 공정성이 강조될수록 획일성과 계층 간 격차가 커질 가능성이 높아진다.

첫째, 분배공정성 논의가 갖는 한계 중 핵심적인 것은 조직의 획일성을 키울 가능성이 높다는 점이다.

이런 문제는 성과주의적 보상의 한계로부터 나온다. 성과주의는 조직의 성과를 높이는 데 대한 기여를 따지고, 그에 대한 보상을 정확하게 하자는 의미에서는 긍정적이다. 그러나 성과주의의 문제는 측정의 문제에서 불거진다. 보통 조직의 성과, 기여, 보상은 총체적으로 측정되고 기록되지 않는다. 일부 명시적 요소만 정확하게 측정되며 나머지는 암묵적으로 인정될 뿐이다. 따라서 성과주의적 보상은 측정되는 기여만 도드라지게 보상하는 결과를 낳기 마련이다.

조직에 대한 개인의 기여는 측정되는 것과 그렇지 않은 것으로 나뉜다. 예를 들어 어떤 기업의 영업사원이 판매에 성공해 매출을 높인다면 그 기여는 명확하게 측정된다. 그러나 그 기업이 소비자를 설득하는 데 성공한 원인 중 하나가 그 기업이 소비자들 사이에 쌓아 둔 신뢰였다면, 여기에는 홍보 담당자나 사회공헌 담당자나 윤리경영 및 법무 담당자도 기여했을 가능성이 높다. 하지만 이는 제대로 측정되기가 어렵다. 성과주의적 보상을 강화 할 경우 당장 쉽게 측정될 수 있는 재무적 성과가 중요한 지표가 될 수밖에 없다.

결과적으로 이 체계 아래서의 보상은 명확히 측정되는 재무적 성과 일변도로 주어질 가능성이 높다. 즉 영업사원에게는 높은 보상이 주어지지만 기업의 신뢰를 쌓는 데 공헌했던 홍보 담당자, 사회공헌 담당자, 윤리경영 및 법무 담당자 등에게 주어지는 보상은 작아질 수 있다. 그러면서도 이런 결정이 분배공정성의 원리상 공정한 결정이라고 여겨질 수 있다.

이를 좀 더 확장해보자.

개인이나 조직이 국가 및 사회공동체에 하는 기여 역시 양적으로 측정되는 것과 그렇지 않은 것으로 나뉜다. 예컨대 기업의 이익은 명확한 회계기준에 따라 정확하게 측정된다. 그러나 기업이 사회나 환경에 끼친 영향은 제대로 측정되지 않는다. 또한 임직원의 수나 그들에게 지급한 임금 총액은 정확하게 측정되고 기록되지만, 직장 내 차별처럼 임직원의 삶에 영향을 주는 다른 요소는 측정되지 않는다.

또 다른 예로 개인이 사업을 하거나 취업을 해서 만들어내는 부가가치는 정확하게 측정되지만, 자원봉사나 지역공동체활동 등을 통해 사회적 신뢰를 높이면서 만들어지는 가치는 측정되지 않는다. 소비자 개인이 상점에서 물건을 구입하면 이는 기여활동으로 기록되지만, 물건을 사용하기 의해 포장지를 뜯어 길가에 버렸다면 이는 기여를 줄이는 행동이지만 제대로 기록되지 않는다. 다른 사람이 자발적으로 그 포장지를 치우더라도, 이 기여활동은 측정되지 않게 된다. 결과적으로 재무적 성과라는 획일적 기준에 따라 기여가 측정되는 것이다.

결과적으로 분배공정성을 강화하려는 노력은, 사회 획일성을 높이게 된다. 표준화된 하나의 기준을 모두에게 적용해야 기여활동을 공정하게 측정할 수 있고, 그래야 공정한 분배가 가능해지기 때문이다. 이런 분배공정성은 측정되는 기여활동을 더 많이 하는 데 보상을 더 주고 측정되지 않는 기여활동에는 오히려 페널티를 주는 결과를 낳을 수 있다.

특히 현대사회는 다양한 가치를 가진 활동이 어우러져야 혁신이 일어나며 역동성을 갖게 된다. 그러나 분배공정성을 지나치게 협소하게 해석하며 적용하는 보상체계는, 당장 시장에서 팔리며 재무적 가치를 가져다줄 수 있는 활동만 활성화하며, 환경, 인권, 문화예술 등 다른 다양한 가치를 억누르는 방향으로 작동한다. 단기적인 재무적 성과만을 획일적으로 추구하는 사회가 될 가능성이 높다.

시장에서 이런 방식의 평가는 그 단기성 때문에 비판받기도 한다. 단기적으로 평가되는 기업 이익이나 주가 변동을 CEO 보수 산정의 기준으로 삼았던 월스트리트식 성과주의가 단기적 시각의 경영관행을 키우고 기업 투명성을 오히려 낮췄다는 주장이 많다. 따라서 이런 평가방식이 최근에는 크게 비판을 받고 있는데, 이런 보상체계 역시 분배공정성을 협소하게 해석해 지나치게 적용한 결과라고 할 수 있다.

둘째, 절차공정성 논의가 갖는 한계는 계층구조를 고착화시킬 가능성이 높다는 점이다.

이런 문제는 능력주의적 보상의 한계에서 나온다. Young(1959)이 처음 사용한 용어인 '능력주의(meritocracy)'는 개인의 능력에 따라 사회적 지위나 권력 등의 보상이 주어지는 사회적 보상 시스템을 뜻한다. 타고난 지위가 아니라 실력에 따라 보상이 주어져야 한다는 의미로 긍정적으로 해석될 수도 있으나, 실제 '성과' 자체가 아니라 '성과를 낼 수 있는 능력'을 중시함으로써, 실제 기여가 아니라 기여할 자격을 취득하는 과정에 더 큰 보상을 주는 보상 시스템이라는 비판을 받는다. Young(1959)이 처음 능력주의라는 용어를 만들 때부터 비판적 의미가 담겨 있었다. 그는 지적 능력과 교육적 성취 등에 따라 지위가 결정되는 사회가 어떻게 계급구조를 고착화시키고 사회를 분열시키는지를 보여주기 위해 '우수성(merit)'과 '지배체제(cracy)'를 합쳐 능력주의(meritocracy)라는 말을 만든 것이다.[5]

Young의 능력주의 비판은 20세기 후반 이후 대부분 선진 자본주의 시장경제에서 현실이 됐다. 이들 선진국 사회는 '시장경제'라는 이름 아래 일정한 능력을 갖춘 사람들에게 엄청난 부를 보상해 준다. 처음에는 능력을 갖추려 노력하는 사람들에게 공정한 보상을 준다는 명분으로 시작한 이 보상체계는, 일정한 시간이 지나면서 대부분 선진국에서 계층 간 소득 격차를 키우고 계층 사이 이동성을 가로막는 원인으로 작동하게 된다. 결과적으로 대부분 선진국에서 소득이 불평등해지고 계층구조가 고착화 되는 게 심각한 사회 문제로 떠오르고 있다. Piketty(2014)는 이를 '세습자본주의'라고 일컫기도 했다.

불평등 심화로 인해 포퓰리즘 정치가 나타나면서 능력주의적 보상체계에 대한 비판의 목소리는 더 높아졌다. Markovitz(2019)는 학벌이 능력의 상징으로 취급되고 있지만, 실은 부모의 유산을 물려주는 한 가지 형태일 뿐이라고 지적한다.[6] Sandel(2020)은 능력주의 윤리가 결국 불평등을 키우고 소수 엘리트에게만 특권적 지위를 부여했고, 결국 대중의 분노와 포퓰리즘 정치의 확산이라는 결과를 가져왔다고 이야기한다. 따라서 '공정한 제도의 마련'이라는 전통적 해법은 결코 불평등과 이에 따른 대중의 분노를 막지 못할 것이고, 혐오와 포퓰리즘 정치를 확산할 뿐이라는 결론을 내린다.

능력주의는 절차공정성과 호환성이 높은 보상 시스템이다. 능력주의는 외형상 더 나은 능력을 가진 사람에게 더 높은 보상을 얻을 기회를 부여하는 평가 시스템으로 구현될 수 있다. 그리고 양적으로 측정되는 능력을 중심으로 그 평가를 구성하면 절차공정성이 높은 보상 시스템으로 인식될 수 있다.

문제는 이 시스템이 실제로 기여를 많이 한 개인보다는 '능력을 취득하는 능력'이 뛰어난 개인들에게 높은 보상을 주도록 설계되어 있다는 데서 발생한다. 따라서 교육 수준처럼 양적으로 측정이 용이한 데다 부모로부터 물려받을 수 있는 요소를 주로 평가하게 된다. 표준화된 평가를 통해 절차공정성을 높일 수는 있지만, 계층 간 격차는 더 커지고 고착화할 가능성이 높아지게 되는 것이다.

분배공정성과 절차공정성은 함께 어우러지며 계층격차 확대의 상승효과를 일으킨다. 두 공정성 원칙을 엮어보면, 기여를 더 많이 개인에게 보상을 더 많이 지급하되, 능력을 미리 갖추고 있는 개인에게 기여할 기회를 부여하는 보상체계가 만들어진다. 능력을 갖추려면 이미 본인이나 부모가 보상을 많이 받은 상태여야 하므로, 한번 획득한 지위는 점점 더 강화될 가능성이 높다. 결과적으로 이 보상체계는 순환하며 계층 간 격차를 점점 더 키운다.

또한 획일성 확대 효과에서도 상승효과가 나타난다. 분배공정성이 갖는 획일화의 문제를 개선하기 위해 다양한 기여 측정 방법을 개발한다고 해도, 절차공정성 강화 과정에서 다양한 가치를 담은 질적 측정지표들은 탈락할 가능성이 높다. 절차공정성을 강화하려면 최대한 표준화가 가능한 요소들을 평가해야 한다. 예를 들어 시험 점수를 비교하는 평가 방법은 절차공정성을 확보하기가 용이하지만, 개인의 인성과 덕성을 비교하는 평가 방법은 절차공정성을 확보하기가 상대적으로 어렵다. 따라서 실제 조직의 장기적 성과에 영향을 끼치는 다양한 질적 요소 대신 측정 가능한 일부—예컨대 표준화된 시험 점수—만을 추려내 획일적으로 평가하게 된다.

결론적으로 분배공정성과 절차공정성을 협소하게 해석한 뒤 한 사회의 보상체계 구성에 강력하게 적용하면, 획일성이 높아지고 다양성이 줄어들게 된다. 분배공정성의 지나친 적용으로 획일성이 높아진 상태에서, 엄격한 절차공정성을 적용하면 그 구조가 바뀌지 않고 고착될 가능성이 높아진다. 결과적으로 그 사회의 혁신활동은 줄어들 수밖에 없다.

이때 저해되는 다양성은 판 파레이스(2016)이 정리한 '비우월적 다양성(undominated diversity)'이다.[7] 판 파레이스가 제안한 '비우월적 다양성'이 구현된 사회는, 모든 사람이 태어나면서부터 지닌 재능이 각각 가치를 인정받아서, 누구도 특별히 불리하게 태어나지 않은 상태인 사회를 뜻한다. 수학을 잘하는 고등학생과 대인관계에 능수능란한 고등학생이 각각 자신의 가치를 동등하게 인정받아 살아갈 수 있는 사회를 뜻하며, 차별 없이 자신이 선호하는 삶을 살아갈 수 있는 사회를 뜻한다. 이런 사회야말로 창조적이고 혁신적인 개인이 더 늘어날 수 있는 사회라고 할 수 있다.

한국 사회에 대한 공정성 담론의 영향력은 점점 더 커지고 있다. 점점 더 공정성을 둘러싼 사회적 논란이 커지는 현재 흐름을 감안할 때, 이 공정성 담론이 지금과 같은 방향으로 계속 확대된다면 다양성과 혁신을 저해하는 요소로 작용할 가능성이 높다. 한국 사회의 다양성과 혁신을 확장하기 위해서는 분배공정성과 절차공정성 담론 모두를 넘어서고 또 보완하는 방식으로, 공정성 담론을 재구성하는 방법을 검토할 필요가 있다.

4. 공정성 담론의 재구성 방향: 다양성과 혁신

분배공정성과 절차공정성을 중심으로 구성되어 있는 공정성 담론이 현재처럼 협소하게 해석되며 적용된다면, 한국 사회 현실에서는 다양성과 혁신의 확대를 저해하는 방향으로 작동할 가능성이 높다. 만일 한 사회의 가치가 다양하지 않고 특정한 가치를 압도적으로 선호하는 특징을 갖고 있다면, 공정성의 강화는 해당 가치의 지위를 더욱 강화할 가능성이 높다.

판 파레이스(2016)는 이를 '열등 다양성(dominated diversity)'이라고 일컬었다. 외견상 다양성을 갖추고 있으나 특정 가치에 의해 획일적으로 지배된 다양성이라는 뜻이다. 모두가 선택의 자유를 누리는 것처럼 보이지만, 결국은 재무적 가치를 극대화하기 위해 다른 수많은 가치를 희생하는 선택을 하게 되는 현대사회가 이런 열등 다양성의 특징을 갖고 있다고 볼 수 있다.

이때 선택의 자유는 실질적 자유가 아니다. 금전적 가치가 유일한 가치인 사회가 있다고 가정해보자. 이 사회에서 어떤 취업준비생이 직장을 구할 때는, 금전적 가치 이외에는 고려할 가치가 없다. 이 취준생에게 어떤 직장이든 선택할 수 있게 된다고 하더라도, 이는 형식적 선택의 자유일 뿐 실질적 자유가 아니다. 금전적 가치가 가장 높은 직장을 선택할 수밖에 없기 때문이다. 열등 다양성이 구현된 사회에서 벌어지는 일이다.

결론적으로 기존의 분배공정성과 절차공정성의 강화는 성공하더라도 이런 열등 다양성을 확대하는 데 그치고 말 것이다. 열등 다양성이 지배하는 사회에서는, 개인에게 외견상 선택의 자유가 폭넓게 존재하더라도 그 자유는 형식적 자유에 그칠 것이다. 반면 비우월적 다양성을 확대하기 위해 공정성의 개념을 재구성할 때, 그 궁극적 목적은 개인의 실질적 자유를 확대하는 것이어야 할 것이다. 이를 기반으로 '개인에게 선택의 기회를 공정하게 부여하는 것'을 핵심으로 한 실질적 자유 중심의 공정성 개념을 다시 구상할 필요가 있다.

이때의 자유 개념은 구교준 외(2018)가 밝히고 있는 것처럼 '해방으로서의 자유(liberation)'보다는 구현해야 할 것으로서의 자유(liberty)에 가깝다.[8] 복지 자유주의자들이 주장한 것처럼 능력(capacity)과 조건(condition)에서의 자유 개념이다. 예컨대 보행이 어려운 장애인에게 이동의 자유를 보장한다는 것은, 단순히 속박하지 않는 데서 그칠 수 없다. 그가 이동할 수 있도록 사람과 장비와 인프라를 지원하는 것이어야 한다.

특히 판 파레이스(2016)가 정리한 '비우월적 다양성'이 많은 영역에서 구현된 사회에서라면, 이런 자유는 진정한 선택의 자유를 포함할 것이다. 예컨대 임금과 처우가 더 좋은 직장 대신 기후변화 대응에 더 적극적인 직장에 취업할 수 있고, 도시에서 치열하게 경쟁하며 살기보다는 농어촌에서 여유롭게 사는 삶을 열등한 취급을 받는다는 느낌 없이(undominated) 선택할 수 있게 된다. 이 사회에서 높은 임금과 기후변화 대응 노력이라는 두 가지 활동은 서로 어느 쪽이 더 우월하다고 할 수 없는 가치를 각각 지니고 있다. 따라서 둘 중 진정으로 자신이 선호하는 가치를 선택하면 된다. 이렇게 진정으로 자신이 선호하는 것을 선택할 수 있는 상태가 바로 실질적 자유가 구현된 상태라고 할 수 있다.

공정성 개념은 이렇게 사회적으로는 비우월적 다양성을 구현하는 방향으로, 개인에게는 실질적 자유를 보장하는 방향으로 재구성되어야 한다.

비우월적 다양성을 통해 개인에게 보장된 실질적 자유는 어떻게 사회 혁신, 경제적 혁신으로 이어질 수 있을까? 구교준 외(2018)는 안정과 자유를 얻은 개인은 긍정적 심리자본이라는 개념을 경유해 혁신적 행동이 나설 수 있다고 설명한다. 생계 등 삶의 안정을 통해 실질적인 선택의 자유를 향유하게 된 개인은, 그 자유로 인해 긍정적 심리자본을 얻게 된다. 이 긍정적 심리자본은 자신감이나 낙관처럼 개인이 자신의 과업을 더 잘 수행할 수 있다는 주관적 믿음에 가까운데, 실질적 자유가 개인의 심리 차원에서 구현된 상태라고 볼 수 있다. 이원재(2019)가 한국인 인식조사 데이터를 통해 논증한 것처럼, 경제적 안정으로 실질적 자유를 획득한 시민이 긍정적 심

리자본을 얻을 가능성이 높다.[9]

긍정적 심리자본을 얻은 사람이 혁신행동에 나설 가능성이 높고, 실질적 자유를 획득한 사람이 긍정적 심리자본을 얻을 가능성이 높으며, 비우월적 다양성이 실질적 자유를 개인에게 부여한다면, 한 사회의 비우월적 다양성을 높이면 그만큼 사회의 혁신 가능성이 높아진다는 결론을 내릴 수 있다.

5. 기본소득제와 새로운 공정성 담론

모든 사람에게 조건 없는 소득을 지급하는 기본소득제는 종종 공정성 담론을 기반으로 한 비판에 직면한다. 가장 흔한 비판은 '기여에 따라 보상을 지급하는' 분배공정성 논리에 입각해 '일하지 않는 사람과 일하는 사람에게 똑같은 보상을 지급하는 불공정한 제도'라는 것이다. 이에 못지않게 흔한 비판은 '특정한 절차를 거쳐 자격을 획득한 이들에게 보상을 지급하는' 절차공정성 논리에 입각해 '빈곤하지도 않은 사람들까지 포함해 모두에게 자격을 따지지도 않고 수급 자격을 부여하는 불공정한 제도'라는 것이다.

사실 기본소득제는 이런 비판을 두 가지 지점에서 정면으로 뒤집는다.

첫째, 기본소득제는 기여에 따른 보상의 불완전성을 오히려 보완해 분배공정성을 강화한다는 주장이다.

기본소득의 핵심적 정당성 가운데 하나가 공유부 논리다. 금민 (2020) 등 다양한 기본소득제 옹호론자들이 기본소득을 공유자산을 분배하는 한 가지 방식으로 해석한다.[10] 그런데 공유부를 기본소득으로 분배하자는 주장은 '기여에 따른 보상'이라는 분배공정성 논리를 뒤집는다. 시공간을 넘어 모든 사람이 현재의 생산에 어떤 방식으로든 같이 기여한 몫이 있다는 논리이기 때문이다. 기본소득의 또다른 정당성은 부불노동에 대한 보상에서 찾는다. 스탠딩(2018) 등 기본소득주의자들은 기본소득이 가사노동 등 부불노동에 대한 공정한 보상이 될 수 있음을 지적한다.

즉 기여에 대한 공정한 보상을 하기 위해서는 모두가 기여해 만든 것으로 추정할 수 있는 공유부는 모두에게 분배하고 대가를 받지 않고 하던 부불노동의 기여를 인정하는 보상을 해야 한다. 기본소득제는 그런 역할을 할 수 있으므로 공정성을 증진하는 제도다.

둘째, 기본소득제는 사회보장 사각지대를 없애 절차공정성을 오히려 높인다는 주장이다.

석재은(2018) 등 다양한 기본소득론자들은 사회보장 사각지대를 해소하는 데 효과적인 제도라는 이유로 기본소득제를 옹호한다.[11] 사회보장 사각지대란, 사회보장제도가 충분히 효과적으로 운용된다면 마땅히 추가 소득을 보장받아야 하지만 자격심사의 문제점 등의 이유로 제도의 보호를 받지 못하는 사람들을 뜻한다. 즉 상당수의 잠재적 복지 수혜자가 공정한 절차를 따라 심사받지 못하는 게 현실이다. 따라서 조건 없는 소득 지급은 복잡한 절차를 간소화함으로써 오히려 절차를 투명하고 이해 가능하게 만든다. 이런 방식으로 절차공정성은 오히려 높아질 수 있다는 것이다.

그러나 공정성을 강화하는 이 두 가지 변화는, 기존의 공정성 담론과는 달리 비우월적 다양성을 확대하는 개념이다. 기본소득제는 모두에게 실질적 자유를 늘림으로써 기존과 다른 선택을 할 수 있는 실질적 기회를 부여하게 된다. 이런 실질적 자유를 얻음으로써 사회는 비우월적 다양성을 확대하게 되며, 개인은 긍정적 심리자본을 얻어 혁신행동을 늘릴 수 있다. 혁신행동이 늘어난 사회에서는 창업을 통한 경제 혁신, 불확실성 높은 투자를 통한 기술 혁신, 사회적기업과 협동조합 신설을 통한 사회 혁신 등 다양한 형태의 혁신이 촉진될 수 있다.

기본소득제가 내포하는 사회는, 이렇게 실질적 공정성이 확대되어 다양성이 커짐으로써 혁신성이 높아진 사회다. 기본소득제는 이런 논리를 바탕으로 새로운 공정성 담론 논의, 그리고 나아가 새로운 경제 혁신 논의의 주춧돌이 될 수 있다.

더 읽어야 할 자료들

대니얼 마코비츠, 서정아 옮김(2020). 『엘리트 세습: 중산층 해체와 엘리트 파멸을 가속하는 능력 위주 사회의 함정』, 세종서적.
이 책은 미국에서 능력주의가 어떻게 불평등 확산에 기여했는지를 지적함으로써 능력 있는 사람이 더 많은 부를 가져가는 것이 공정하다는 능력주의적 공정성 담론의 허구성을 파헤친다.

마이클 샌델, 함규진 옮김(2020). 『공정하다는 착각: 능력주의는 모두에게 같은 기회를 제공하는가』, 와이즈베리.
샌델은 능력주의를 세속적 성공과 도덕적 자격의 결합이라고 일컫는다. 노력과 능력이 개인의 부와 성공에 대한 알리바이가 되고, 귀족사회에조차 있었던 세속적 성공에 대한 겸손함은 오히려 사라지고 만다. 가난한 이들은 존중받는 대신 게으름과 무능을 지탄받는다. 기독교와 미국 정치를 빗대어 든 여러 사례는 너무나 한국적이어서 오히려 낯설다.

이원재(2019). 『소득의 미래』, 어크로스.
소득과 건강의 불평등, 취업의 공정성, 정규직과 비정규직의 갈등 등 한국 사회의 다양한 문제와 그 해법으로서의 기본소득제에 대해 논의한다.

제4장

．．．．．．

분배정의와 기본소득

유종성

- 기본소득은 각자의 기여에 따른 응분의 몫이라고 할 수 없는 토지, 자연환경 등 공유자원과 과거로부터 축적되어 온 지식과 기술, 제도에 의한 공동의 수혜를 모두가 평등하게 누릴 권리에 의해 정당화된다.
- 응분(기여) 원칙으로 정당화하기 어려운 지나친 불평등과 각자의 기여를 측정하기 어려운 사회적 생산에 대해서는 평등 원칙에 의한 분배로서 기본소득이 정당화된다.
- 기본소득의 권리에는 납세의 의무가 전제되어 무임승차를 방지하며, 정액 급여와 소득과 재산에 비례한 납세의 결합은 최소수혜자에게 지속가능한 최대의 혜택을 부여할 수 있게 한다.

일반적으로 기본소득은 "모든 사람에게 (가족 단위가 아닌) 개인 단위로 무조건적으로 자산 심사나 노동 요구 없이 주기적으로 현금으로 지급되는 소득"으로 정의된다. 기본소득을 옹호하는 근거로서 자유, 평등 그리고 분배정의 등의 논리가 제시되어 왔지만, 분배정의와 기본소득의 관계는 대단히 논쟁적이다.

　기본소득 주창자들은 모두가 공유지 또는 역사적으로 축적되고 사회적으로 창출된 공유부에 대한 평등한 권리를 누려야 한다고 주장한다. 즉 기본소득은 공유지의 지대 또는 공유자원으로부터 기인하는 수익에 대한 평등한 분배로서 정당화된다. 또한 실질적 자유를 위한 물질적 기초로서 기본소득을 정당화하기도 한다. 그러나 기본소득 반대론자들은 기본소득이 분배정의와 공정성의 관념에 위배된다고 본다. 즉 무위도식하는 사람에게까지 기본소득을 주는 것은 무임승차(free-riding)를 용인하고 조장한다는 것이다. 존 롤스의 정의론(Rawls, 1971) 중 '차등의 원칙(difference principle)'에 따라 '최소수혜자' 또는 가장 열악한 처지에 놓인 자에게 최대의 혜택이 주어져야 하는데, 부자에게까지 기본소득을 지급하는 것은 자원의 불공정한 분배라고 주장하기도 한다.

　본고는 기본소득이 분배정의의 원칙에 따라 요구됨을 주장하며, 이에 대한 반론들을 검토한다. 또한 기본소득에 대한 비판으로 제기되는 무임승차를 방지하는 한편 실질적 자유의 평등한 보장과 함께 기본적 필요의 충족을 기존 사회보장제도보다 더 잘 실현하는 기본소득의 방식을 제안하고자 한다.

1. 기본소득의 근거와 정당성

기본소득 주창자들이 기본소득의 정당성을 주장해온 공통된 근거는 토지와 같은 공유자원에 대한 만인의 평등한 권리에 있다. 즉 기본소득은 토지, 환경 등 공유자원으로부터의 수익, 또는 공유부 (common wealth)에 대해 공동체의 모든 성원이 누리는 몫으로서 천부적 권리로 보는 것이다. 한 마디로 각자의 몫은 각자에게 귀속시키되, "모두의 몫은 모두에게" 돌리는 것이다.[1]

토마스 페인은 1796년 모두가 21세가 될 때 15파운드를 지급하고 50세부터는 매년 10파운드의 기본소득을 지급할 것을 제안하면서 그 재원은 지대로 마련하자고 하였다. 그는 땅은 인류의 공동재산이며, 따라서 토지 소유자는 공동체에 지대를 내는 것이 마땅하다고 주장했다.[2] 오늘날에는 공유지의 개념을 확장하여 "공동체 성원들이 평등한 권리를 갖는 자연적·역사적·사회경제적 자원 내지 재화"로 확장하는 견해가 설득력을 얻고 있다.[3] 노벨경제학상 수상자인 허버트 사이먼(Herbert Simon)은 공유부의 개념을 확장하여 오늘날 사회적 생산의 90%는 개개인의 노력의 결과라기보다는 과거로부터 축적되어 온 지식과 기술, 정보, 제도 등에 기인한다고 보았다. 따라서 도덕적으로는 90%의 소득세가 마땅하지만 70%의 소득세를 부과하여 세수의 절반은 모두에게 기본소득을 지급하는 데 사용하자고 하였다.[4]

다음으로 기본소득은 자유의 보장을 위해 요청된다고 한다. 라벤토스는 물질적·경제적 독립을 자유의 기초로 보아 경제적 독립의 보편화를 위해 기본소득을 주장한다.[5] 또 기본소득은 자유와

평등을 동시에 실현하는 방안으로 옹호되기도 한다. 제임스 미드
는 재산소유 민주주의(property-owning democracy)를 주창하여 고율
의 상속·증여세로 과도한 사적 재산소유를 억제하고 총자본의 약
50%를 국가가 소유하도록 하여 투자수익을 모든 국민에게 사회배
당(social dividend)으로 지급하자고 하였다.[6] 필리페 판 파레이스는
모두의 '실질적 자유(real freedom)'의 실현을 위해 보편적인 기본소득
의 도입을 주장한다.[7] 판 파레이스는 자유주의 전통의 정의관에 따
라 '평등한 자유의 원칙'을 강조하는데, 여기서 자유란 형식적 자유
가 아닌 실질적 자유, 즉 '원하는 것을 할 수 있는 자유'를 뜻한다.

판 파레이스의 실질적 자유지상주의(real libertarianism)는 기본소
득론자들의 전통적 주장인 공유주의(공유지에 대한 평등한 권리의 분배)
에 자유주의 정치철학의 전통, 특히 롤스의 자유주의적 평등주의
(liberal egalitarianism)를 접목했다고 할 수 있다.[8]

2. 분배정의의 세 가지 관념과 기본소득

분배정의에 대한 하나의 관념 또는 일관된 원칙을 제시하는 철
학적 입장들―가령 공리주의, 자유지상주의 등과 달리 분배정의
에 대해 복수의 관념들이 존재한다. 사회심리학자인 모튼 도이치
(Deutsch, 1975)는 형평(equity), 평등(equality), 필요(need)의 세 가지 분
배정의 원칙이 상황에 따라 다르게 적용되는 것을 발견하였다. 기
여에 따른 비례적 보상을 뜻하는 형평의 원칙은 생산성 또는 효율
성을 목표로 하는 경쟁적인 상황에서, 평등의 원칙은 조화와 통합

을 목표로 하는 연대와 협력의 상황에서, 그리고 필요의 원칙은 개인들의 복지를 목표로 하는 상호 의존과 친밀의 상황에서 적용된다는 것이다.

정치철학자인 데이비드 밀러는 형평(equity)이란 용어 대신에 응분(desert) 또는 기여(contribution)의 원칙이란 용어를 사용하여 사람들이 분배정의를 생각할 때 주로 기여(응분의 몫), 평등, 필요의 세 가지 관념을 적용한다는 경험적 연구들을 분석하였다.[9] 대체로 사람들은 최상위층과 최하위층 간의 소득격차를 줄이고, 최저 밑바닥 소득(floor of income)을 상당히 올릴 것을 선호하였다. 이는 기여에 따른 응분의 몫을 분배의 유일한 원칙으로 삼지 않고 평등의 원칙을 상당한 정도 동시에 적용하는 것을 보여준다.

다음으로 필요의 원칙이 적용되기 위해서는 높은 수준의 신뢰와 연대성이 전제되어야 하는 것으로 보인다. 필요의 원칙은 1976년 국제노동기구(ILO)에 의해 사회정책의 근본원리로 수용되었고, 기본적 필요는 응분(기여) 원칙에 앞서 반드시 충족되어야 하는 사회정의의 최우선 원칙이라고 주장되기도 한다.[10] 그러나 밀러는 필요 원칙을 정의가 아닌 인도주의의 문제로 본다.

기여(응분), 평등, 필요의 세 원칙 중에서 기본소득은 평등의 원칙에 기반한다. 기여에 따른 소득격차를 인정한다 해도 현실의 소득격차가 지나치게 크며 특히 저소득층의 밑바닥 소득이 상당히 더 올라가야 한다는 일반의 관념은 평등원칙에 따른 분배가 보다 강화되어야 한다는 것을 말해준다.

가령 〈표 4-1〉에서 2018년 한 해 동안 한국의 연예인들이 벌어들인 원천징수 사업소득(인적용역에 대한 지급액)을 보면 상위 1%의 가

<표 4-1> 연예인 소득(2018년)

(단위: 백만 원)

구분	배우	모델	가수
전체	36.1	10.6	64.3
상위 1%	1,702.6	492.1	3,447.0
상위 10%	313.0	83.8	599.7
하위 90%	5.4	2.5	4.8

자료: 국세청이 양경숙 의원실에 제출한 자료

수들은 평균 34억 4,700만 원을 벌었고, 상위 10% 가수의 평균 소득이 6억 원 가까이 되는데, 하위 90% 가수의 평균소득은 480만 원(월 평균 40만 원)에 불과하다. 이처럼 큰 격차가 기여에 따른 응분의 몫의 차이로 정당화되기 어렵다면, 평등 원칙에 의한 일정한 교정으로서 기본소득이 요청된다고 할 수 있다.

공유지 또는 공유부에 대한 평등한 권리와 같이 평등 원칙의 적용이 분명하게 요청되는 경우 외에 기여와 필요의 측정이 어려울 때 현실적으로 요청되는 경우를 생각할 수 있다. 새로운 투입에 의해 이루어진 부가가치 중에서 많은 부분은 각 개인들의 기여의 몫을 측정하기가 어렵다. 노력이나 성취, 생산성 또는 한계생산성 등의 어떠한 개념을 사용해도 정확한 측정은 어렵다. 이처럼 개인적 기여를 측정하기 어려운 부분까지 평등분배로 돌린다면 기본소득은 전체 사회적 생산 또는 국민소득 중 상당히 큰 부분을 차지하게 될 것이다.[11]

또한 기본소득은 기여에 따른 응분의 몫을 분배정의의 원칙으로 삼는 관념과도 충돌하거나 모순되지 않는다.[12] 기본소득은 개별적 기여라고 볼 수 없는 부분 또는 측정이 어려운 부분 이외에는 요구하지 않기 때문에 생산적 기여에 따른 몫을 인정하는 것이다.

다음으로 필요의 원칙에 대해 밀러처럼 분배정의의 원칙이 아니라 인도주의로 보는 견해에 따르면 기본적 필요(basic needs)의 충족을 기본원리로 하는 복지국가의 많은 프로그램들은 분배정의가 아닌 인도주의 차원의 응답이 된다. 따라서 분배정의 차원에서 요구되는 기본소득이 필요 또는 욕구의 충족을 위한 공공부조보다 우선되어야 한다. 기본소득 지급 후에도 기본적 필요의 충족이 되지 않을 경우 공공부조가 인도주의 차원에서 요청될 것이다.

3. 존 롤스의 정의론과 기본소득

1) 롤스의 정의론

존 롤스(John Rawls)는 1971년에 출간한 그의 『정의론(A Theory of Justice)』에서 자유주의적 평등주의에 입각한 분배정의의 이론을 설득력 있게 제시하였다. 그는 '평등한 기본적 자유에의 평등한 권리'를 정의의 제1원칙으로 내세우고 사회경제적 불평등에 대해서는 '공정한 기회의 평등'과 최소수혜자에 대한 최대의 혜택이라는 '차등의 원칙'을 정의의 제2원칙으로 제시한다.[13]

평등한 기본적 자유라는 정의의 제1원칙은 자유지상주의자들과 다를 바가 없으나 롤스의 제2원칙은 자유지상주의자들이 등한시하는 평등에 대해서도 중시하는 입장을 보인다. 그러나 롤스는 사회경제적 평등을 절대시하지 않고 공정한 기회균등의 조건 하에서 불평등이 효율성을 증진시켜 모두에게 이익이 된다면 그러한 불평등은 정의롭다고 한다. 즉 가장 열악한 위치에 처한 사람(최소 수혜자)에게 가장 큰 혜택이 주어지는 불평등이라면 정의롭다는 것이다. 그는 이러한 차등의 원칙은 최소극대화 전략에 입각하여 정의뿐만 아니라 효율성도 고려할 것을 요청한다고 말한다. 가령 최소수혜자에 대한 단기적 혜택을 극대화하기 위해 부자에 대한 세율을 지나치게 올린다면 사회적 총생산의 저하로 장기적인 기대 혜택이 오히려 줄어들기 때문에 효율성을 고려한 적정 수준의 세율과 재분배를 선택한다는 것이다.

2) 판 파레이스의 기본소득론과 롤스의 정의론

모두를 위한 실질적 자유를 위해 기본소득을 주장하는 판 파레이스는 자유주의적 평등주의에 입각한 롤스의 정의론을 거의 전폭적으로 수용한다. 즉 그는 평등한 기본적 자유라는 정의의 제1원칙을 수용하되, 형식적 자유가 아닌 실질적 자유의 물질적 조건으로서의 기본소득이 요청된다는 것이다. 뿐만 아니라 판 파레이스는 롤스의 차등의 원칙도 적극 수용하여 실질적 자유를 가장 적게 가진 사람에게 최대의 실질적 자유가 주어지도록 하는 것, 즉 실질적 자유의 최소극대화(maximin real freedom)를 주장한다. 이는 구체적으로는 기본소득의 지급액 수준이 지속가능한 최대의 수준이될 것을 지향하는 것이다. 즉 지나치게 높은 소득세율 등으로 효율성이 저하되지 않고 장기적으로 지속가능한 최대의 수준을 목표로 한다. 이처럼 정의로운 불평등을 허용하는 것은 개인의 책임을 인정하여 결과의 평등이 아닌 기회의 실질적 평등을 주장하는 것이며, 또한 효율성을 증진하여 최소수혜자에게 장기적으로 최대의 이익이 되도록 하자는 것이다.[14]

롤스의 정의론이 기본소득을 지지하느냐 여부는 해석에 따라 다르다. 판 파레이스처럼 롤스의 정의론을 기본소득의 철학적 근거로 삼을 수 있다. 특히 롤스는 분배정의의 대상이 되는 사회적 기본재에 소득, 재산 등과 함께 '자존감의 사회적 기초(social bases of self-respect)'를 포함시켰는데, 자존감을 해치기 쉬운 공공부조와 달리 기본소득은 최소수혜자에게 자존감의 손상 없이 소득을 보전해주는 효과적인 방법이다. 또 롤스는 그의 1971년 저서에서 당시 새로운 정책 아이디어로 떠오르고 있던 부의 소득세(negative income tax)를 분배정의를 실현하는 제도의 하나로서 명시적으로 거론하기도 했다.[15]

그러나 롤스 자신은 후에 기본소득에 대해 반대 입장을 밝혔다. 롤스는 "하루 종일 말리부 해안에서 서핑을 즐기는 이들은 그들 스스로를 부양하는 길을 찾아야 하며 공적 자금을 지원받을 권한이 주어질 수는 없다"고 하였다.[16] 롤스는 기본소득 옹호론자인 제임스 미드의 재산소유 민주주의(property-owning democracy)를 정의로운 자본주의의 유일한 버전으로 간주하였지만, 무조건적 기본소득보다는 고용보장 및 임금 보조를 더 선호하였다.[17]

한편 롤스는 자유방임 자본주의와 국가사회주의는 물론 복지국가 자본주의도 자신의 정의의 원칙을 충족할 수 없는 사회로 보았다. 복지국가의 사후적인 선별적 재분배정책만으로는 재산 소유의 광범한 불평등과 소수 계급에 의한 부의 독점을 막지 못한다는 것이다. 그 결과 복지국가 자본주의는 과도한 소득과 부의 격차, 그리고 정치적 영향력의 차이를 허용하게 되며 이에 따라 차등의 원칙뿐만 아니라 평등한 자유와 공정한 기회균등의 원칙 또한 제대로 실현하지 못할 가능성이 크다는 것이다.[18]

3) 무임승차론에 대한 검토

롤스가 기본소득에 대해 비판적 입장을 취한 것은 무엇보다도 무임승차론에 근거한 것이었다. 즉 기본소득은 노동하지 않는 사람이 타인의 노동에서 발생하는 외부효과를 불공정하게 취하는 무임승차(free-riding)를 허용한다는 것이다. 존 엘스터는 기본소득이 무임승차를 넘어서 착취를 허용한다고 비판한다. 즉 노동하지 않는 사람이 타인의 노동성과를 착취한다는 것이다.[19]

무임승차론 비판에 대해 판 파레이스는 자산조사에 기초한 복지급여가 근로유인을 약화시키는 것과 달리 기본소득을 받고 아무 일도 하지 않을 사람은 극히 일부에 불과할 것이며, 기본소득 수급 후에 유급노동의 공급을 줄이는 경우 게으름보다는 교육, 돌봄노동, 자원봉사 등 넓은 의미의 생산적 활동의 증가를 가져올 것이라고 반박한다. 또한 근로무능력자와 근로회피자를 구별하는 것이 쉽지 않으며 이러한 구별이 유익보다 해를 끼칠 가능성이 더 크며, 기존 사회가 사회적으로 가치 있고 생산적인 무급노동(가사노동, 돌봄노동 등)에 무임승차를 하고 있는 것을 기본소득이 다소나마 완화한다고 주장한다. 대체로 매력적인 직업일수록 급여가 훨씬 더 높은

데, 이들이 자신들이 좋아하는 일을 하면서 받는 과도한 보상은 저임금을 받아들일 수밖에 없는 이들의 고생으로부터 무임승차 내지 착취를 하는 것과 다름없는데, 기본소득은 노동시장에서 가장 열악한 위치에 있는 노동자들의 협상력을 강화시켜 불공정한 무임승차를 줄일 수 있도록 할 것이라고 주장한다.[20]

애킨슨은 무임승차론 비판을 수용하여 기본소득 대신 참여소득을 제안한다. 그는 롤스의 말리부 서퍼에 대한 언급을 인용하면서 '무조건적' 기본소득 대신 자원봉사나 돌봄 노동, 예술활동 등 사회에 기여하는 최소한도의 활동을 조건으로 하는 '참여소득(participation income)'을 주창하였다.[21] 그러나 참여소득의 난점은 모니터링의 어려움과 이에 따른 행정비용 등이다.

필자는 기본소득을 공동체의 모든 성원에게 기본권으로 부여할 때 그에 따른 납세의 의무 부과가 무임승차 방지에 있어 가장 중요하다고 본다.[22] 기본소득이 공유부에 대한 평등한 권한에 근거한 것이라면 최소한 공유부를 해치지 않는 의무와 함께 공유부로부터 얻은 소득이나 상속, 증여받은 재산에 대해 일정한 세금을 납부하여 공유부 수익을 함께 나누는 것이 권리에 따른 의무로 전제되어야 마땅하다.

판 파레이스와 판데보는 기본소득 수급의 권한에 따른 의무이자 무임승차 방지책으로서 납세의 의무를 특별히 강조하지는 않았지만, 납세의 의무를 당연한 것으로 전제하였다. 그들은 기본소득 수급권이 특정한 영토로 정의된 공동체의 성원이라는 조건을 충족해야 한다고 하면서, 이 조건은 시민권이나 영주권이 아닌 재정거주권(fiscal residence)을 의미한다고 하였다. 이는 지역 공동체에 개인소득세를 납부하지 않는 외교관, 관광객, 불법체류자 등을 제외하는 것을 의미하며, 또한 실형을 복역 중인 범죄자들도 이들을 수용하는 비용이 기본소득보다 더 들기 때문에 제외해야 한다고 하였다.[23]

앞에서 인용한 허버트 사이먼의 제안에서 간과하지 말아야 할 것은 모두에게 소득세를 부과하자는 것이다. 즉 사회적 생산(국민총생산) 중 개개인의 기여와 공유자산의 기여의 몫이 따로 구분되지 않고 개인과 법인 등의 소득으로 귀속되기 때문에 이들의 소득에 세금을 부과하지 않고는 공동의 몫을 확보할 수가 없다. 그래서 모두의 몫인 기본소득을 모두에게 제대로 돌려주기 위해서는 공동체의 성원 모두가 세금을 납부해야 한다. 따라서 기본소득이란 기본권에는 납세의 의무가 수반된다. 기본소득이 원리적으로는 재분배가 아니라 선분배라고 해도 실제로는 재분배의 방식을 취하지 않을 수 없기 때문이다.

상습 체납자가 기본소득을 받는다면 부당한 무임승차라고 하겠지만, 소득이 없어 기본소득을 받기만 하는 경우에는 무임승차라고 할 수 없다. 즉 현재 소득이 없어 소득세를 내지 못하고 기본소득을 지급받기만 하는 사람도 전에 소득세를 냈거나 나중에 소득이 생기면 소득세를 낸다는 것을 전제로 하는 것이다. 자산조사에 의해 복지급여의 자격과 수급액이 결정되는 현 제도 하에서는 소득과 재산을 숨기거나 축소신고하고 일을 하지 않거나 비공식부문에서 일하도록 하는 유인을 강하게 제공하지만, 기본소득 하에서는 이러한 유인이 없어지기 때문에 납세의 의무와 연계시키는 방안이 어렵지 않게 실현될 수 있을 것이다.

따라서 각종 비과세 감면으로 근로소득자 중 면세자의 비중을 과다하게 만들고, 농업인들의 재배업 소득을 비과세하는 것을 탈피하여 모두가 종합소득 신고를 하도록 의무화하고, 이를 전제로 기본소득을 수급하도록 하는 것을 적극 고려할 필요가 있다. 이들은 종합소득 신고를 하고 세금을 내어도 대부분이 기본소득 수급으로 인한 혜택이 세부담보다 클 것이므로 순응을 유도할 수 있을 것이다. 이를 통해 국민개세 원칙과 조세정의를 실현함과 아울러 조세와 급여의 통합체계를 만드는 획기적인 계기를 만들 수 있을 것이다.

4) 차등의 원칙에 대한 재검토

롤스 자신은 기본소득에 대한 유보적 입장을 밝힐 때 자신의 '차등의 원칙(difference principle)'을 거론하지 않았다. 오히려 판 파레이스와 판더보는 차등원칙을 적극적으로 수용하여 '최소수혜자에게 실질적 자유의 극대화'를 주장한다. 그러나 사회복지학계 일각에서 기본소득을 비판할 때 롤스의 차등원칙에 비추어 기본소득은 정의롭지 못하다고 비판하기도 한다. '최소수혜자에게 최대의 혜택이 주어져야' 한다는 차등의 법칙에 비추어볼 때 욕구 또는 필요(needs)와 사회적 위험(social risks)에 따라 빈곤층과 실업자, 은퇴자, 병자, 장애인 등에게 복지를 제공하는 것이 정의로우며, 기본소득은 이러한 분배정의의 원칙을 위배한다는 것이다. 특히 부자에게까지 기본소득을 지급하는 것은 자원의 낭비일 뿐 아니라 자원의 불공정한 사용이라고 본다.

그러나 기본소득 자체는 모두에게 동일한 금액으로 지급되지만, 기본소득 지급을 위한 재원은 소득이나 재산이 많은 사람일수록 더 많은 부담을 하게 되므로 사실상 가장 열악한 위치에 있는 사람일수록 더 많은 혜택을 입는다.[24] 롤스가 부의 소득세(negative income tax)를 정의로운 사회의 분배제도로 예시한 것은 부의 소득세가 평등한 자유의 원칙과 공정한 기회의 평등 원칙뿐만 아니라 차등의 원칙도 충족하고 있다고 보았기 때문일 것이다.[25] 부의 소득세는 명시적으로 저소득자일수록 더 큰 급여를 받고, 기본소득은 조세와 함께 고려할 때 실질적으로 저소득자일수록 더 큰 급여를 받는 것이므로 전자가 차등의 원칙을 충족한다면 후자도 마찬가지라고 할 수 있다. 가령 가수들의 2018년 소득에 일률적으로 30%의 세금을 부과하여 세수 전액을 가수 1인당 같은 금액(1,930만 원)의 기본소득으로 지급한다면, 최상위 1%의 가수들은 1인당 평균 10억 3,410만 원의 세금을 내므로 가처분소득은 평균 24억 3,220만 원으로 줄어들게 되며 하위 90%의 가수들은 평균 140만 원의 세금을 내지만 가처분소득은 평균 2,270만 원으로 증가하게 된다. 동일한 금액의 기본소득을 부자에게까지 지급하지만, 정률의

〈표 4-2〉 가수 소득에 세금 30% 부과 및 세수 전액의 기본소득 지급 시 소득계층별 가처분소득

(단위: 백만 원)

구분	평균소득	세금(30%)	기본소득	가처분소득
전체	64.3	19.3	19.3	64.3
최상위 1%	3,447.0	1,034.1	19.3	2,432.2
차상위 9%	258.8	77.6	19.3	200.5
하위 90%	4.8	1.4	19.3	22.7

세금을 부과해도 고소득자일수록 더 큰 금액의 세금을 내게 되니 최소수혜자가 가장 큰 실질적 혜택을 입게 되는 것이다. 기여에 따른 응분의 몫을 인정하지만 평등분배의 원칙을 동시에 적용함으로써 지나친 불평등을 줄이고 모두의 실질적 자유를 증진하는 것이다.

롤스가 차등의 원칙에 앞서 '평등한 자유의 원칙(equal liberty principle)'을 정의의 제1원칙으로 내세운 것을 상기할 필요가 있다. 자산조사에 기반하여 보충급여를 원칙으로 하는 기초생활보장이나 실업부조와 같은 공공부조는 자유를 박탈한다고 볼 수 있다. 영화 〈나, 다니엘 블레이크〉가 그린 영국 복지국가의 현실이 바로 실질적 자유를 박탈당한 복지급여 신청자의 절규이다. 한국에서도 기초생활보장 수급자들은 끊임없이 자신들이 진짜 가난하고 불쌍함을 증명해야 하며, 약간의 수입을 올리거나 저축을 하면 수급액을 깎이거나 수급자격을 아예 박탈당하게 되므로 빈곤의 덫(poverty trap)에 빠지게 된다.[26] 앳킨슨은 기초생활 수급자처럼 정부 정책에 의해 높은 한계세율(marginal tax rates)에 직면해있는 자들은 "자신의 노력에 의해 경제적 처지를 바꾸는 것이 거의 불가능해 일정한 소득구간의 덫에 걸린다"는 점에서 복지국가가 선택의 자유를 빼앗는 것과 같다고 지적하였다.[27] 욕구(필요)와 위험을 판정하여 수급자격과 수급액을 결정하는 과정에서 불가피하게 발생하는 행정비용은 차치하더라도 의심과 자의성과 낙인효과 등의 문제가 롤스의 제1원칙인 평등한 자유의 원칙을 위배한다는 것이다. 또한 사회경제적 불평등과 관련하여 차등의 원칙을 적용할 때 롤스는 소득과 재산뿐만 아니라 권력과 특전 및 자존감의 사회적 기초까지도 그 대상에 포함했음을 상기할 때 자존감을 훼손하는 공적부조에 비해 기본소득이 차등의 원칙도 보다 잘 실현한다고 볼 수 있다.

끝으로 기본소득은 공공부조가 흔히 일으키는 소득역전의 불공정으로부터 자유롭다. 만일 재난지원금을 소득 하위 70% 기준으로 선별 지급하기로 했더라면, 70%와 70.01% 사이에는 소득에 거의 차이가 없을 텐데 이들 사이에 소득역전이 발생했을 것이다. 지금도 기초생활보장 수급자와 미수급 빈곤자 (수급자격이 있지만 낙인효과 등으로 미신청자 또는 부양의무가족 기준 때문에 배제된 경우) 간에는 물론 차상위의 근로빈곤계층과의 소득역전이 일어나고 있다.[28] 또한 고용보험에 가입되지 않은 많은 비정규직 노동자들이 고용보험 실업급여 하한액(월 180만 원)만큼도 못 받고 있는데,[29] 이것이 롤스의 차등의 원칙에 부합한다고 할 수 있을까? 이는 엘스터에 의하면 기초생활보장 수급자와 실업급여 수급자가 차상위와 비정규직 노동자 등의 노동성과를 착취하는 것이라고 할 수 있다. 기본소득은 공공부조의 이러한 불합리와 불공정을 시정할 수 있는 유효한 방안이라고 할 수 있다.

4. 사회보장과 기본소득

1) 필요 원칙과 사회보장제도

필요(needs) 원칙은 분배정의의 원칙이라기보다는 인도주의라고 한 밀러에 의하면 필요 또는 기본적 필요(또는 욕구)의 충족을 강조하는 복지국가의 공공부조보다는 분배정의 차원에서 요구되는 기본소득이 우선되어야 한다. 그러나 모든 인간에게 최소한의 존엄성과 인간다운 생활을 보장하기 위한 인도주의적 요청이 응분과 평등의 분배정의 원칙에 우선한다는 주장도 있다. 여기서 비판적으로 검토해야 할 것은 공공부조와 사회보험 등 복지국가의 양대 사회보장제도가 기본적 필요의 충족을 잘 실현할 수 있는 제도인지, 오히려 기본소득이 기본적 필요를 충족하는 데 더 우월한 제도가 될 수 있는지 하는 질문이다.

먼저 공공부조는 기본적 필요의 충족에 근본적인 문제를 드러내고 있다. 공공부조는 자산심사를 통해 기본적 필요를 충족하지 못하고 있는 사람들을 선별하여 지원하는 제도이다. 자산심사가 낙인효과로 자존감을 해치는 문제 외에 필요(욕구)를 판정하는 데 있어 오류가 발생한다. 도움이 필요한 사람이 누락되기도 하고(사각지대), 필요하지 않은 사람에게 도움이 주어지기도 한다(부정수급). 부자로부터 세금을 걷어 빈자들을 도와주는 개념에서 부자들은 부정수급에 민감하게 되기 때문에 자산조사를 보다 엄격하게 하면 사각지대가 더 커지게 된다. 낙인효과 때문에 또는 제도와 신청절차를 잘 모르거나 신청절차와 준비서류가 복잡하여 신청을 하지 않아서 사각지대가 넓게 발생하기도 한다. 송파 세 모녀 사건과 유사 사건이 끊임없이 일어나게 된다.

그럼 사회적 위험(social risks)으로부터 사회적 보호를 제도화한 사회보험은 어떠한가? 공공부조처럼 낙인효과로 자존감을 해치는 자산심사가 없다는 장점이 있지만 위험 기준의 모호성(가령 자발적 실업과 비자발적 실업의 구분 등)과 판정의 자의성 문제는 여전히 존재한다. 더구나 사회보험은 가장 열악한 처지에 있는 최소수혜자를 포괄하지 못하는 약점이 있다. 실업으로 인한 소득상실을 보전하고 출산휴가 및 육아휴직 급여를 제공하는 고용보험이나 노후소득보장을 위한 공적 연금의 경우 비교적 안정된 고용과 높은 소득을 올리는 대기업 정규직은 가입률이 높지만 중소기업의 비정규직과 영세 자영업자, 특수형태 근로자와 프리랜서 등 불안정 노동계급은 가입률이 낮다. 이들은 당장의 소득이 중요하기 때문에 스스로 사회보험료 납부를 기피하거나 사회보험료를 분담할 고용주가 기피하거나 또는 고용주를 특정할 수가 없어 사회보험에 가입하지 못하는 경우가 많다. 가장 보호가 필요한 이들이 가장 배제되기 쉬운 것이다. 특히 탈산업화와 4차 산업혁명의 도래 속에서 표준고용관계가 해체되고 비정형 근로가 늘어남에 따라 증가하는 불안정 노동계급이 사회보험의 사각지대에 빠지게 된다.

가장 큰 사회적 위험에 직면하여 사회적 보호가 가장 필요한 불안정 저소득 노동자/취업자들이 가장 배제되기 쉬운 사회보험의 약점을 기본소득이 해결할 수 있다. 기본소득은 모두에게 일정한 소득을 보장하므로 사각지대가 없기 때문이다. 그러나 기본소득이 모두에게 기본적 필요를 충족시킬 만큼 충분한 수준이 될 수 있는가, 이를 위해 필요한 막대한 재원이 마련될 수 있는가가 문제이다. 또한 기본적 필요의 충족에 요구되는 소득의 수준이 사람에 따라서 또는 환경과 조건에 따라서 다를 수 있다는 점이다. 즉 장애인이나 노약자에게는 일반인보다는 더 큰 소득이 필요할 수 있는데, 모두에게 정액의 기본소득을 지급하는 방식이 바람직한가 하는 문제가 있다.

2) 기본소득과 기본적 필요의 충족

가장 바람직한 것은 기본소득이 인간다운 생활을 위한 기본적 필요의 충족에 가장 많은 소득이 필요한 사람들(장애인, 노약자 등)에게 충분한 수준으로 지급되고, 이를 위한 재원은 공유부(알라스카 석유기금과 같은)의 수익과 소득세, 재산세 등의 세금으로 지속가능하게 마련되는 상황이다. 즉 지나치게 높은 세금으로 효율성이 저하되지 않는 한도에서 지속가능한 최대한의 기본소득을 실시하는 것이며, 이처럼 지속가능한 기본소득이 모두에게 기본적 필요를 충족할 수 있게 되는 상황이다. 그러나 지속가능한 기본소득이 모든 사람의 인간다운 생활을 위한 기본적 필요를 충족시킬 정도의 수준이 될 수 있을지는 알 수 없다. 가령 판 파레이스가 이상적 수준으로 제시한 1인당 GDP의 25%를 한국에 적용하면 대략 1인당 월 75만 원 수준이 된다. 월 75만 원이 기본적 필요의 충족에 충분한지도 의문이거니와 이 정도 수준의 기본소득 재원과 여타의 공공재와 공공서비스 제공 등에 필요한 재정 소요를 다 충당하는 것이 지속가능할지에 대해서도 확실하게 말하기는 어렵다. 한편 4차 산업혁명의 진전에 따라서는 1인당 GDP의 30% 이상 수준의 기본소득이 지속가능하게 될지도 모른다.

평등 원칙의 기본소득이 응분(기여) 원칙을 일정하게 인정하되 그 남용을 억제하는 한편, 기본적 필요의 충족을 최대한 실현하도록 기본소득을 설계할 필요가 있다. 첫째, 생애주기에 따라 사회적인 위험과 기본적 필요의 정도에 차이가 있으므로 연령에 따라 기본소득의 수준에 다소간의 차등을 둘 필요가 있다. 가령 고령자에게 더 높은 금액의 기본소득을 지급하는 것이다. 둘째, 기본소득만으로 기본적 필요를 충족하기에 부족한 상황에서 사회보험과 공공부조를 전면 폐지하고 기본소득으로 대체하기보다는 사회보험과 공공부조가 보완적인 역할을 하도록 할 필요가 있다.

3) 세대 간 및 지구적 정의와 생태 기본소득, 지구 기본소득

21세기 사회보장에서 새로운 도전으로 환경과 관련한 세대 간의 정의와 이민과 관련한 지구적 정의의 문제가 있다. 현세대의 환경 파괴는 다음 세대에 대해 불공정한 일이며, 국가 간에 기회 및 소득의 격차가 크게 유지되는 한 선진국들은 이민자의 흐름을 억제하기 어려울 것이다. 생태 기본소득과 지구 기본소득은 이러한 문제들을 해결하고 세대 간 정의와 지구적 정의를 실현하는 길이 될 수 있다.

제임스 미드는 자연환경은 공동의 국가자산이므로 국가는 자연환경 사용의 생태적 한계를 지키기 위해 그 사용에 대한 지대, 즉 세금을 부과하여 이를 기본소득 지급에 사용하자고 하였다.[30] 탄소세와 같은 생태세가 생태환경을 위해 필요하지만 다소 역진적인 성격을 띠므로 광범한 조세저항에 부딪히기 쉽다. 따라서 세수를 1/n로 나누어 생태 기본소득으로 지급하는 방법이 기본소득 재원 마련의 한 방법이자 지속가능한 생태환경 보전의 좋은 방안이 된다는 점에서 생태세−생태 기본소득 아이디어가 많은 이의 공감을 얻고 있다.[31]

판 파레이스와 판더보는 지구온난화를 막기 위해 탄소배출의 상한선을 정한 후 탄소배출권을 경매하도록 하여 경매수입을 지구적 차원에서 모두에게 배당할 것을 주장한다.[32] 즉 이들은 생태 기본소득 논의를 지구 기본소득(global basic income) 논의로 확장시킨다. 이들은 지구 기본소득의 도입이 가난한 나라 국민들이 복지 선진국이나 나아가서 기본소득이 도입되는 나라로 이주할 동기를 줄일 수 있음을 지적한다. 초국적 이주에 대한 무조건적 개방이 기존의 재분배 시스템을 무너뜨릴 수 있음을 고려하여 국가 차원의 기본소득과 함께 국가 내부의 지역 차원(가령 농촌기본소득), EU와 같은 권역 차원, 그리고 지구적 차원의 기본소득도 함께 고려할 필요가 있다는 것이다.[33]

5. 결론

이상에서 논한 분배정의 차원에서의 기본소득의 정당성을 요약하는 것으로 결론을 대신하기로 한다. 먼저 기본소득은 각자의 기여에 따른 응분의 몫이라고 할 수 없는 토지, 자연환경 등 공유자원과 과거로부터 축적되어 온 지식과 기술, 제도에 의한 공동의 수혜를 모두가 평등하게 누릴 권리에 의해 정당화된다. 또한 응분(기여) 원칙으로 정당화하기 어려운 지나친 불평등과 각자의 기여를 측정하기 어려운 사회적 생산에 대해서는 평등 원칙에 의한 분배로서 기본소득이 정당화된다.

기본소득이 일하지 않은 사람에게까지 보장되면 무임승차를 조장한다는 비판이 있으나, 기본소득의 권리에는 납세의 의무가 전제되어 무임승차를 방지한다. 오히려 가난함을 지속적으로 입증해야 급여가 지속되며 소득을 올리는 만큼 급여가 삭감되는 공공부조야말로 근로유인을 저해하여 무임승차를 조장한다. 부자에게까지 기본소득을 지급하는 것은 희소한 자원의 낭비라는 비판이 있으나, 정액 급여와 소득과 재산에 비례한 납세의 결합은 최소수혜자에게 지속가능한 최대의 혜택을 부여할 수 있게 하며 부자일수록 기여를 더 많이 하도록 되기 때문에 그릇된 비판이다.

기본적 필요의 충족이 응분(기여) 원칙에 앞선다는 주장이 있으나, 기존 복지국가의 사회보험과 공공부조보다 기본소득이 기본적 필요의 충족에도 더 유효한 접근이 될 수 있다. 사회보험은 보호가 가장 필요한 저소득 불안정 노동자들이 배제되기 쉬우며, 공공부조는 낙인효과에 의한 자존감의 손상과 근로의욕 저하의 문제뿐만 아니라 사각지대를 양산하기 때문이다.

더 읽어야 할 자료들

권정임 · 곽노완 · 강남훈(2020). 『분배정의와 기본소득』, 진인진.
이 책은 다양한 기본소득론과 분배정의론을 소개하고, 기본소득의 근거로서의 분배정의의 쟁점들을 논의한다.

김도균(2020). 『한국 사회에서 정의란 무엇인가: 우리 헌법에 담긴 정의와 공정의 문법』, 아카넷.
이 책은 분배정의의 원칙으로 응분, 필요, 선택의 자유 및 평등의 원칙을 소개하고, 우리 헌법에 담긴 정의관을 논한다.

필리프 판 파레이스, 조현진 옮김(2016). 『모두에게 실질적 자유를: 기본소득에 대한 철학적 옹호』, 후마니타스.
자유와 평등, 성장과 분배, 자본주의와 사회주의 사이의 갈등을 비롯해 서구 정치철학의 오랜 화두와 쟁점들을 정리하고, 정의로운 사회란 '모두에게 실질적인 자유가 보장되는 사회'로서 '무조건적인 기본소득의 도입'을 요청한다고 주장한다.

필리프 판 파레이스 · 야니크 판데르보흐트, 홍기빈 옮김(2018). 『자유로운 사회, 합리적인 경제를 향한 거대한 전환: 21세기 기본소득』, 흐름출판.
이 책은 기본소득의 윤리적 정당성, 경제적 지속가능성과 정치적 실현 가능성을 탄탄한 논리와 객관적 근거를 들어 입증한다.

가이 스탠딩, 안효상 옮김(2018). 『일과 삶의 새로운 패러다임: 기본소득』, 창비.
이 책은 사회정의와 자유 및 안전보장의 관점에서 기본소득을 정당화하고 노동에 대한 함의 등 경제적인 논거를 견고하게 제공한다.

Miller, David (1992). "Distributive Justice: What the People Think", *Ethics* 102(3): 555-593.
이 논문은 일반적으로 사람들이 생각하는 분배정의의 관념들인 응분, 필요, 평등의 원칙에 대해 경험적 자료를 근거로 철학적 성찰을 이해하기 쉽게 전개한다.

제5장
·······
자유안정성과 기본소득

최영준

- 개발주의와 신자유주의로 움직였던 과거의 사회경제체제 패러다임은 수명을 다 하고 있다.
- 개인의 실질적인 자유와 안정을 핵심으로 하는 자유안정성이 새로운 패러다임의 핵심 원리가 되어야 한다.
- 기본소득은 자유안정성을 핵심으로 하는 사회경제체제의 핵심적 역할을 할 수 있다.

---

1. 왜 패러다임의 변화인가?

어떠한 사회경제체제든 일정 정도의 균형 상태를 유지하며 성과를 생산한다. 그 균형 상태가 불완전할 수도 있고, 보다 완성된 형태일 수도 있다. 후자의 경우 경로의존성이 강하여 쉽게 변하지 않는 속성을 보이며, 전자의 경우 특정한 위기를 맞이하게 되었을 때 경로이탈(path departure)을 할 가능성이 매우 높다. 그러면 어떠한 체제가 불완전성이 높을까? 가장 중요한 것은 얼마나 제도와 그 제도들의 합인 체제의 뿌리가 깊이 자리 잡고 있는가일 것이다. 이와 연결된 요인은 체제의 성과이다. 그 체제를 구성하는 이들(때로는 체제의 권력을 가지고 있는 이들)에게 만족스러운 성과를 생산하고 환류하는가 역시 중요하다.

대한민국의 사회경제체제는 20세기 상당한 성과를 도출한 바 있다. 식민지와 전쟁의 아픔을 딛고 저개발국가에서 개발국가로의 이행, 그리고 경제선진국가로의 도약까지 눈부신 성과를 보여준 지난 50년이었다. 그러한 성과가 그 체제를 견고하게 하면서 경로의존성을 강화시켰다. 하지만 제도와 체제의 몰락의 원인은 항상 내부에 있다. 제도와 체제를 둘러싼 맥락이 끊임없이 변화하는데, 그 변화를 거부하고 경로의존을 고집하면 그것은 '소멸의 씨앗(seed of demise)'이 된다. 그래서 '실패는 성공의 어머니'라고 하지만, 동시에 '성공은 실패의 어머니'가 되기도 한다.

현재 대한민국의 사회경제체제의 성과부터 돌아보자. 코로나19 시기를 맞이하면서 가장 큰 삶의 위협은 바이러스가 되었다. 바이러스가 건강에 미치는 영향을 넘어서 고용과 개인들의 소득에 미치는 영향 모두가 그러하다. 이미 아득하게 보이는 2019년을 다시 생각하면 그때도 상황이 좋지는 못했다. 마스크를 쓰지 않고 자유롭게 거리를 활보할 수는 있었지만, 증가하는 산업재해, 장시간 노동, 차별받는 노동자들, 낮은 행복도와 여전히 국제적으로 높은 자살률, 좋은 일자리의 감소, 이에 매년 100만 명에 이르는 자영업 폐업, 소수의 자리에 앉기 위해 무한경쟁을 해야 하는 우리 아이들, 대책 없이 진행되었던 기후변화. 이 모든 것이 2019년에 우리에게 있었던 모습이기도 했다.

제시한 이러한 문제점들은 단순히 지난 몇 년 사이에 시작된 것은 아니다. 문제가 현실화된 시점을 보면 1997년 외환위기가 중요한 시점이었다. 지난 20년 동안 사회와 노동시장에서 가장 많이 논의되었던 비정규직이라는 노동의 이슈나 저출산고령화라는 인구구조의 변화, 높은 자살과 노인빈곤의 이슈 등이 다 이 시기 이후에 등장하게 된 단어들이다. 영세 자영업도 크게 다르지 않다. 1990년대 문헌에 보면 자영업은 직장에서 은퇴하고 노후에 접어들기 전에 가교(bridge) 일자리로서 권장을 하는 모습이 발견된다. 하지만 이내 영세자영업이 하나의 사회문제가 되고 노무현 정부 때부터 본격적으로 영세자영업 종합대책이 발표되기 시작한다.

앞서 나열한 문제들은 이후 매번 선거 때마다 등장한 바 있다. 이를 풀어내겠다는 공약이 제시되고 실제 당선이 되면 종합대책 혹은 기본계획을 지속적으로 제시했었다. 마치 저출산고령사회 기본계획에서 2020년이 되면 출산율이 1.5가 될 것이라고 한 것처럼 말이다.[1] 하지만 지금 상황이 어떠한가? 비정규직 이슈는 또 어떠한가? 우리 일터에서 차별이 산업재해가 사라졌는가? 그동안 사회보험의 사각지대를 해소하겠다는 것은 사회부처들이 초점을 맞추어 온 정책이었다. 이러한 20년간의 노력이 얼마나 헛되었는지는 이번 코로나19 시기가 명확히 보여주었다. 디지털 자본주의와 BTS의 시기를 살아가면서 우리 아이들은 어떤 공부를 하고 있고, 어떻게 평가를 받고 있는가? 창의와 지식기반사회에서 왜 표창장 하나가 우리에게 그렇게 중요한 이슈가 될 수밖에 없는가?

주장하고자 하는 핵심은 ① 20세기에 성공을 거두었다고 믿고 있었던 사회경제체제는 21세기에 들어서 지속적인 문제를 생산했고, ② 지금 사회경제체제는 그 문제를 풀 수 있는 역량과 여력이 없다는 것이다. 그러한 상황 속에서 새로운 문제들이 계속 더해져 가고 있었다. ③ 인구구조의 변화와 디지털 자본주의 등과 같이 빠르게 변화하는 사회경제적 맥락, 쌓여가는 난제들(wicked problems), 미세조정(fine-tuning)만을 시도하는 기존 사회경제체제는 그 자체의 불균형과 불완전성을 더욱 노출하고 있다는 것이다. 그렇기에 어느 때보다 새로운 균형점을 찾고자 하는 목소리와 요구가 높아지고 있다. 거기에 코로나19와 이에 따른 비대면 사회경제체제의 심화는 정책의 창(policy window)을 열어주고 있다. 북구유럽 국가들을 전환의 시기에 과감한 사회경제체제의 변화를 성공적으로 이끌며 21세기 디지털 자본주의 하에서도 선도적 창업국가로 동시에 여전히 최고의 복지국가로 그 위치를 유지하고 있다. 하지만 과거 성공에 집착하며, 사회경제체제의 변화를 주지 못했던 일본은 '서서히 익어가는 개구리' 비유를 받으며 침체되고 있다.

대한민국은 언제 닫힐지 모르는 정책의 창을 바라보며 어떠한 결정을 해야 할까? 그리고 그 결정은 어떠한 원리에 따라 진행되어야 할까?

2. 가부장적 자유주의와 자유안정성

1) 가부장적 자유주의

필자는 지금까지의 균형점을 가부장적 자유주의라고 명명하고자 한다. 현 사회경제체제에 대한 이해를 거슬러 올라가면 보다 역사적 이해를 필요로 하지만, 여기에서는 소위 개발주의 국가(developmental state)로 시작을 해보고자 한다. 개발주의는 위계적 후견주의를 근간으로 하고 있다. 가까이에서는 가부장 사회에서의 남성생계부양자와 그 가족들 사이의 모습이지만, 더 넓게 확장하면 국가가 생산적 대기업을, 대기업이 중소기업들을, 기업들이 남성생계부양자를, 남성생계부양자가 가족구성원들을 돌보는 시스템이다. 반대로 돌봄의 대가는 위계에 대한 존중과 순종이다. 일면 유교주의에서 내려오던 원칙들이 개발주의에 잘 녹아 있는 모습이다.

여기에 경제성장 지상주의가 이러한 위계를 움직이고 정당화하는 핵심적 원리로 자리 잡는다. 20세기 후반 권위적이고 정치적 정당성이 약한 정권에게 경제성장은 가장 중요한 정당성의 근거로 작용하였다. 노동환경, 분배, 복지, 인권 등 현대 국가에서 가장 중요하게 여기는 핵심 가치들은 경제성장이라는 논리에 밀렸던 것이 현실이었다. 개인들의 삶을 안정시키는 핵심적 도구 역시 경제성장이었고, 경제성장이 제공하는 일자리였다. 산업화 단계에서 경제성장

<그림 5-1> 가부장적 자유주의

개발/발전주의 국가	신자유주의

① 경제우선주의
  • 사회정책은 경제성장의 도구
  →재정적 보수주의, 최소주의 사회정책
 	
② 고용중심주의
  • 고용을 통한 경제적 안정성 부여
  →노동의 상품화, 근로유인 강조
 	
③ 위계적 후견주의
  • 위계적 관계의 임의적·반복적 교환관계
  • 기업보호 – 평생고용 – 남성생계부양
	① 경제우선주의
	  • 신자유주의 체제와 목표 일치
	
	② 고용중심주의
	  • 보편적·재분배적 복지에 대한 반감
	  • 일자리를 통한 안정
	  • 낮은 수준의 사회보험, 자산조사 광범위 활용
	
	③ 가부장주의
	  • 위계주의 + 성과주의의 결합
	  • 효율적이고 책무성 있는 복지정책 집행
	  • 국가주도 외주화, 중앙화된 통제, 표준화

은 실제 많은 일자리를 만들어냈고, 노동의 상품화가 가장 중요한 복지의 수단이기도 하였다. 낮은 실업률과 지속적인 성장, 그리고 낮은 고령화 수준과 여성의 무급돌봄노동은 현금성 사회보장 욕구뿐 아니라 돌봄의 사회화에 대한 요구 모두 약하게 하는 효과를 가진 바 있다.

국가주도성장을 핵심으로 하는 개발주의는 시장주도성장을 핵심으로 하는 신자유주의와 1980~1990년에 결합하게 된다. 상반된 성격을 가지고 있는 이 두 흐름이기 때문에 기존 경로를 탈피하여 새로운 사회경제체제로 진통을 겪으며 이행을 했을 것이라 예상할 수 있다. 하지만 우리 사회에서 다른 두 흐름의 결합은 놀랄 정도로 조용하게 이루어졌다. 이렇게 된 이유는 두 흐름이 가지고 있었던 상이성을 부각하지 않고, 공통점을 중심으로 결합이 되었기 때문일 것이다. 경제성장을 최우선에 두는 것, 재분배적이고 보편적 복지에 대한 반감과 일자리를 통한 생활안정을 추구하는 점, 재정에 대한 보수적 입장과 이를 바탕으로 한 성과주의의 확산 등은 개발주의와 신자유주의의 자연스러운 결합을 가능하게 했다.

이러한 흐름과 고용의 탈산업화 그리고 세계화가 결합되면서 수출주도성장은 기존의 이중노동시장을 더욱 견고하게 했으며, 동시에 불안정 노동을 더욱 증가시켰다. 탈상품화 수준이 낮은 복지국가, 약해지는 가족의 역할, 내부 노동시장에 한정된 노동조합, 줄어드는 일자리 속에 개인의 안정성과 협상력은 계속 줄어들어 갔다. 동시에 개인의 실질적 자유는 중요한 정책의 어젠다가 되지 못했다. 그 결과 일가족 양립의 어려움이 심해지고, 심화되는 교육경쟁, 장시간 근로와 지속되는 높은 산업재해율과 사망사고, 주된 일자리에서의 조기퇴직과 영세자영업의 진입이 일상화된 난제가 되었다. 영세자영업의 취약성은 노인빈곤으로 이어질 뿐 아니라 높은 스트레스와 장시간 근로는 OECD에서 가장 취약한 건강수준으로 이어졌다. 일가족양립 어려움과 교육경쟁은 저출생으로 이어졌다. 저출생으로 인해서 장기적인 국가경쟁력에 대해 우려를 표하는 것을 쉽게 찾아볼 수 있지만, 저출생은 우리 사회경제체제가 생산한 하나의 결과물에 지나지 않는다.

그렇기에 단순히 정책의 변화와 같은 미세조정이 필요한 시기가 아니다. 패러다임의 전환이 필요한 시기이다.

2) 자유안정성 패러다임

과거의 패러다임은 집단이 잘 되면 개인이 잘 된다는 것이다. 하지만, 이 패러다임의 문제는 명확해졌다. 집단의 이익이 우리의 것이 아닐 수 있다는 점이 점차 명확해지고 있다. 단적인 예로 1인당 GDP가 3만 달러를 넘었다고 하지만, 1인당 3만 달러를 받고 누리는 이들은 많지 않다. 오히려 불확실한 미래와 높아지는 불안정성에 시달리는 이들이 많다. 또 다른 예로 현 사회경제 패러다임의 핵심적 위치에 있는 대기업은 실제 성공을 했다. 하지만 대기업이 잘된 것이 우리 모두의 행복으로 이어졌을까? 70% 정도가 대학을 가는 사회가 되었지만, 실제 좋은 일자리는 20~30%에 지나지 않는다는 것이 일반적인 관측이다. 성공한 대기업으로 인해서 모두가 따듯해지는 경제구조는 아니다.

앞서 논의한 바와 같이 국가가 지속적으로 사회의 주도적인 권력을 행사하면서 방향을 제시하고 문제를 풀어내려고 했지만 성공하지 못했다. 또한 시장권력 역시 다양한 제품과 서비스, 그리고 고용을 생산하며 문제 해결에 기여를 했었지만, 현재는 불평등을 심화나 불안정노동의 증가와 같이 문제를 더 키우는 역할을 하고 있다. 그렇기에 이제 국가나 시장을 넘어서 시민으로서의 개인부터 출발하는 새로운 패러다임이 필요한 것이다. 각 시민들의 자유와 안정을 확보하는 것, 그리고 이후 개인의 건강한 사회경제 활동 참여를 위한 장을 마련하는 것을 목표로 할 필요가 있다.

여기에서는 이러한 새로운 패러다임의 핵심을 자유안정성에 두고자 하며, 이 원리를 복지국가 개념에 넣어 설명해보고자 한다. 저자는 과거 논문에서 자유안정성을 새로운 복지국가의 핵심원칙으로 소개한 바 있다.[2] 여기에서 자유는 시장적 자유주의나 반공주의로서의 정치적 자유주의를 의미하는 것은 아니다. 해방적 의미로서의 실질적 자유를 의미한다. 안정은 영어로 'security'를 의미하며 보장된 삶을 의미한다. 자유안정성은 이 두 의미의 합성어라고 할 수 있다. 지그문트 바우만(Zygmunt Bauman)은 두 개념이 수레의 양 바퀴라고 지적한 바 있다. 즉 자유가 없는 상태에서 안정은 노예와 같고, 안정이 없는 자유의 상태는 혼돈이라는 것이다.

자유안정성은 복지국가의 전통적 원리와 크게 다르지 않다. 실제 복지국가에서 안정성의 요소로 논의해왔던 탈상품화(decommodification)는 개인에게 안정성을 부여하는 동시에 시장으로부터 협상력을 부여받는 절차이다. 즉 탈상품화가 높은 사회에서 개인은 유급노동으로부터 상대적으로 자율성을 가질 수 있게 되는 것이다. 위험하고 죽을 것 같은 작업환경에 대해 'NO'를 할 수 있는 목소리를 가질 수 있다. 탈가족화 역시 안정이자 자유를 의미한다. 탈가족화는 가사노동과 돌봄노동으로부터 상대적 자율성을 가지고 자신의 일을 추구할 수 있는 안정성과 자유를 동시에 의미한다. 사회투자의 목표로 논의되고 있는 (재)숙련화 역시 마찬가지이다. 숙련화는 고용 가능성(employability)을 높여서 자신의 가진 역량을 십분 발휘하게 하는 동시에 고용을 통한 생활의 안정을 가능하게 한다. 즉 복지국가의 핵심 정책인 사회보호나 사회투자정책 모두 개인에게 자유안정성을 제공하는 도구인 것이다.

자유안정성 복지국가에서는 정책의 경영자적 시선에서 개인의 시선으로의 전환을 의미한다. 개인을 닭이나 토끼처럼 아이를 낳는 도구로 보지 않고, 개인을 기계의 부속품처럼 간주하지 않고, 다 닳아 없어지면 무심코 버려지는 몽당연필 취급을 하지 않으며, 각 개인 자체가 정책의 목적이자 국가의 목적이 되는 국가이다.[3] 그러기 위해 개인에게 조건(conditionality) 없이 안정을 제공하는 것을 가장 우선으로 하며, 개인이 자율적으로 생활하는 것을 막는 장애물을 제거하는 것을 복지국가의 가장 중요한 목적으로 한다. 빈곤해야, 열심히 국가가 제시한 활동을 해야, 혼자 살아야, 자동차가 경차여야 안정을 제공 받는다면 결과적으로 국가로부터 자율성을 누릴 수 없을 것이다. 또한 고용조건을 만족해야 안정을 제공받을 수 있다면 고용주로부터 자율성을 누릴 수 없게 될 것이다. 가족에게 용돈을 받거나 주거비를 받아야만 안정성이 주어진다면 그것 역시 자유롭지 않다.

자유안정성 복지국가에서는 연대가 핵심적인 원리로 작용한다. 연대화된 개인주의는 북유럽 국가를 설명하는 가장 핵심적인 원리이기도 하다. 10대 후반부터 누구나 부모나 고용주에게 의존하지 않고도 독립이 가능하며, 그러한 독립된 개인을 바탕으로 북유럽의 개인과 개인 사이에, 개인과 집단 사이에, 집단과 집단 사이에, 인간과 환경 사이에 연대가 가능해진다.[4] 또한 이러한 자유안정성 체제 속에서 개인의 성공은 사적투자(self-investment)가 아닌 사회투자(social investment)의 결과로 해석되고, 그렇기에 성공의 결과물을 사회가 함께 나누는 것이 어렵지 않게 된다. 함께 만들고, 함께 혜택을 볼 수 있는 체제의 전환이다. 급여는 보편적으로, 조세도 보편적이지만 누진적이고 단순하게 설계함으로 국가의 투명성을 높임과 동시에 내는 자와 받는 자의 구분을 없게 만드는 것이 자유안정성 체제의 핵심이다.

자유안정성 체제에서 국가의 역할은 작고 강하며, 위에서 지시하고 규제하는 국가에서 조건 없는 안정을 제공하고, 개인이 자신의 역량을 십분 발휘하고 유지하며, 자율적으로 살아갈 수 있도록, 또한 자신의 영향력을 공동체에서 공유하며 살아갈 수 있도록 지지하고 토대를 만들어주는 역할로 근본적인 변화가 필요하다. 고용관계가 아닌 시민성을 바탕으로 주어지는 안정은 코로나 이후로 심화되고 있는 소득의 위기, 건강의 위기, 관계의 위기, 돌봄의 위기, 숙련의 위기를 대처할 수 있도록 한다. 또한 불확실성이 극대화되는 시기에 불확실성 속에서 자신의 제한된 합리성을 발휘하여 상황을 수동적으로 대응해 나가는 것이 아니라 국가에서 주어진 안정성을 바탕으로 더 능동적이고 적극적으로 헤쳐나가는 것을 가정한다. 그렇기에 보편적 기본소득과 보편적 기본서비스를 자유안정성 복지국가에서 중요한 요소로 논의하는 이유이기도 하다. 보편적 기본소득은 완전/부분적 기본소득과 기존의 현금성 사회보장으로, 보편적 기본서비스는 돌봄, (재)교육, 정보, 건강, 대중교통과 같은 요소를 포괄한다.

〈그림 5-2〉 국가 역할의 재조정

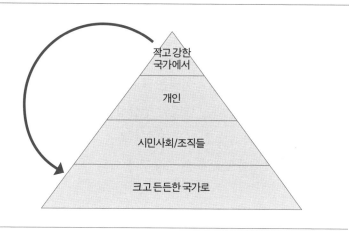

자유안정성이 확보된 개인들에게 기대할 수 있는 것은 무엇일까? 개인들은 자신의 안정을 추구하기 위해 목소리를 내던 개인에서 공적 시민으로 역할을 회복하게 될 것이다. 문제 해결의 주체로서 난제를 풀어가며, 대중권력으로서 국가와 시장을 온전하게 하는 역할을 할 것이다. 앞서 논의한 바와 같이 우리나라에서 개인들은 문제 해결의 주체로 등장하지 못하고 있으며, 마을 만들기나 사회혁신과 같은 시민주도형 프로젝트마저 정부에 의해 주도되고 있는 상황이다. 근로시간이 길고, 안정성을 쫓아 살아가는 이들이 공공성을 구축하고, 연대를 만드는 활동에 적극적일 것을 기대하기는 어렵다. 오히려 자신의 안정성이 침해될 것 같은 이슈들에만(장애 학교가 건립되거나 청년을 위한 기숙사를 짓는다거나) 적극적이다. 사회에 대한 신뢰가 부족하다. 하지만 자유안정성 그리고 그 위에 영향력을 발휘하는 개인은 적극적 시민이 될 가능성이 높다. 시민사회를 활성화하고, 새로운 연대를 추진하는 사회혁신의 주체가 될 수 있다.

여기에 그치지 않는다. 우리 사회는 고질적으로 중소기업과 대기업 간의 생산성 격차가 OECD 국가에서 가장 큰 편에 속한다. 반면 자유안정성을 어느 정도 실현한 국가들은 대부분 대기업과 중소기업 간의 생산성 격차가 크지 않다. 낮은 격차는 낮은 임금불평등으로 이어진다. 대기업이 만들어내는 좋은 일자리 수가 줄어들고, 기존 중소기업이 만들어내는 대량의 생산성 높은 일자리를 기대하기도 쉽지 않다. 결과적으로 높은 교육수준을 가지고 있는 우리나라의 청년들이 지속적으로 좋은 고용주가 되는 구조를 만들어 줄 필요가 있다.

경제적 혁신과 사회적 혁신을 주도하는 새로운 기업들이 지속적

〈그림 5-3〉 포용적 사회정책과 혁신 간의 관계

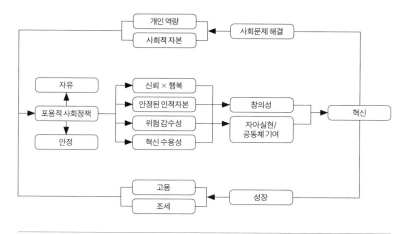

자료: 최영준 외(2019)

으로 창출되고, 이를 통해 고용이 생산되고 부가가치가 창출되는
동시에 기존의 사회문제도 풀리는 선순환 고리를 만들 필요가 있
다. 현재의 양극화는 현재 경제구조에서 복지나 소득보조만으로는
풀어가기가 쉽지 않다. 경제구조의 균열이 필요하며, 가장 긍정적
이면서 생산적인 균열은 기업가정신이 높은 혁신을 통해서이다.

혁신경제로 가는 길에 자유안정성은 개인에게 위험감수(risk-
taking) 태도를 높여주고, 안정적으로 인적자본을 축적할 수 있는
기반을 마련한다. 또한 자유와 안정성은 창의성과 자아실현에 기
반이 되는 신뢰와 행복을 높여준다. 동시에 디지털화나 인공지능
발전이 자신의 안정성을 빼앗아 갈 것이라는 두려움이 적기 때문에
혁신 수용성이 높다. 결과적으로 혁신을 통한 사회문제 해결과 성
장은 다시 자유안정성을 추구하는 복지국가의 기반이 된다.[5]

결과적으로 자유안정성 복지국가는 기존의 적하현상(trickle-down effect) 사회경제체제에서 분수효과(fountain effect) 사회경제체제로의 이전이고, 거기에서 핵심은 개인이며, 그 개인을 지지해주는 국가이다. 개인들이 만들어 나가는 일, 여가, 학습, 그리고 자발적 공동체들, 또한 이들이 풀어가는 난제들을 기대하는 체제이다. 자유로운 개인이 혁신이나 제3섹터 활동 등을 구축하지 않는다는 증거는 이미 충분하다.[6]

3. 기본소득의 역할

1) 사회민주주의 모델

자유안정성은 대한민국에서 매우 새로운 패러다임이 될 것이다. 하지만, 자유안정성을 구현한 모델이 존재하지 않았다고 하기는 쉽지 않다. 자유안정성을 가장 가깝게 구현한 이상적 모델은 이미 북유럽의 사회민주주의 체제가 있다. 일본 역시 초중산사회(middle mass society)를 구축하며 완전고용과 평생고용을 중심으로 자유안정모델에 가까이 간 바 있다. 하지만 일본은 젠더불평등과 권위적 가부장주의를 바탕으로 했다는 점에서 자유안정성 모델과 거리가 멀다. 반면 사회민주주의는 후견주의를 바탕으로 하지 않았으며, 지구에서 가장 젠더평등에 가까운 국가를 만들어내기도 했다. 이뿐만 아니라 높은 사회적 신뢰와 정부 신뢰, 낮은 불평등과 빈곤율, 높은 행복도를 보여주며, 심지어 최근에는 혁신 지표에 있어서도 월등히 우월한 모습을 보이고 있다. 유럽혁신지수 2020년 자료를 보면 가장 혁신성이 높은 경제 최상위에 스웨덴, 핀란드, 덴마크가 자리 잡고 있다. 앞선 자유안정성의 구현된 그림이 현실에서 구현된 모습이다.[7]

어떻게 북유럽 국가들은 자유안정성 모델을 성공적으로 이룩했을까? 비밀은 그다지 새롭지 않다. 높은 탈상품화와 높은 탈가족화 수준을 통해 개인들의 자유안정성을 높였다. 또한 이를 가능하게 하는 보편적 복지국가와 평등하고 높은 재분배가 존재한다. 역량 강화 역시 중요한 어젠다이다. 가장 앞선 적극적 노동시장정책과 교육제도를 가지고 있기도 하다. 분권화된 정치행정 모델과 활발한 노동조합, 다양한 비영리활동이나 지역활동은 자유와 안정을 가지고 있는 개인들이 공적인 영향력을 생활 속에서 발휘할 수 있도록 하였다. 제조업과 대기업들이 휘청거렸을 때 개인으로부터 출발한 혁신경제가 북유럽을 새롭게 하였고, 재정적 압력에 시달렸을 때 숙의를 바탕으로 과감한 개혁에 시민들은 합의해주었다. 『이코노미스트(Economist)』(2013년 2월 2일자)의 특집으로 "The Next Supermodel"이라고 했던 북유럽 국가들은 더 이상 'Next'가 아닌 현재 'Superstar'가 되어 있는 모습이다.

흥미로운 것은 강한 국가가 사회민주주의의 핵심이 아니라 강한 사회(Strong Society)가 이들의 방향성이었다는 점이다. 스웨덴에서 20세기 중반 강한 사회를 주창하면서 사회민주주의를 이끌었던 타게 엘란데르(Tage Erlander) 총리에게 복지국가는 강한 사회를 위한 수단이었던 것이었다. 개인에게 삶의 불안정은 스스로 해결하기에 너무 어렵기 때문에 복지국가가 이 문제를 해결해주고, 자유와 안정을 확보한 시민들이 만들어가는 강한 사회가 종착역이었던 것이다. 자유안정성이 잘 구현된 북유럽 사회를 Rothstein(2002)는 조직화된 개인주의 혹은 연대화된 개인주의라고 명명한 바 있다. 개인이 출발이며, 건강한 개인이 건강한 가족을, 건강한 사회와 국가의 출발이 된다는 것이다.

2) 기본소득 모델

그렇다면 북유럽의 사회민주주의 모델이 우리의 자유안정성 모델이 될 수 있을까? 저자는 사회민주주의모델의 실현이라는 이상은 여전히 유효하다고 판단한다. 하지만, 사회민주주의 복지국가 모델이 한국에서 구현되기에는 여러 장벽이 존재한다. 사회민주주의 모델이 구축되는 동안 기반이 되었던 강한 노동조합과 사회민주당, 이들의 포용적이고 분권화된 정치는 우리의 이상이 될 수는 있어도 이상으로 가기 위한 단계가 되기는 쉽지 않다. 또한 안정된 노동시장과 이를 기반으로 하는 사회보험 역시 21세기 탈산업화와 디지털 경제를 맞이하고 있는 우리 현실에서 달성하기 쉬운 조건이 아니다. 이미 북유럽 국가들의 풀뿌리를 내린 사회보험은 사각지대가 거의 없이 운영되었지만, 우리의 상황은 너무 차이가 크다. 그러한 북유럽 국가들에서조차 변화하는 시대에 실업부조에 기대는 장기실업자에 대한 문제로 인해서 기본소득 실험이 되고 있는 상황이다. 이러한 노동시장의 변화는 디지털 자본주의의 빠른 진행과 함께 더욱 심화될 것으로 예상되기 때문에 전통적 사회민주주의 모델이 한국에 이식될 것이라 낙관하기가 어렵다. 사회민주주의에서는 포용적 정치가 포용적 제도를 만들었다면, 한국에서는 포용적 정치를 먼저 구축하고 제도를 기대하기보다는 포용적 제도가 포용적 사회를 만들어 포용적 정치를 추동하는 방식의 사고전환이 필요하다.

기본소득 모델은 사회민주주의 모델에 비해 간단하다. 일단 모두에게 정기적으로 현금수당을 지급한다. 하나의 제도로 이해할 수도 있고, 기본소득이 가져올 근본적인 체제의 변화를 감안하면 그 자체가 새로운 사회경제체제의 핵심 요소이자 모델이 될 수 있다. 기본소득이 들어오게 되면 복지국가 제도들에 상당한 변화가 일어날 수 있으며, 조세체계와 조세의 양에 있어서 거대한 변화가 필요할 것이다. 동시에 모든 이들에게 자유안정을 제공할 수 있게 된다면 정치적 지형의 변화까지 추동할 수 있다. 앞서 논의한 혁신경제 영향력이 미치게 되고, 그동안 저임금 위험한 일자리를 소멸시키는 역할을 한다면 경제 및 산업 구조 지형에도 근본적 변화를 추동할 수 있다. 그러한 점에서 단순히 제도보다는 모델에 가깝다고 이해가 될 수 있다.

이상적 기본소득 모델이 추동하는 자유안정성을 기본으로 하는 새로운 패러다임은 다음 그림과 같다. 기존의 사회경제 패러다임에서는 개인들이 먼저 가족에 안정을 의존하고, 노동시장에 의존하고, 그래도 채워지지 않는 욕구나 위험을 대응하기 위해 복지국가가 작동을 하는 형태를 취하고 있다. 그렇기 때문에 항상 의존성을 가지고 있다. 반면 기본소득을 중심으로 하는 자유안정성 모델에서 기본소득은 안정을 해결하기 위해 제일 먼저 개인에게 주어진다. 그 이후 고용은 자아실현의 도구로서, 가족은 의미와 유대의

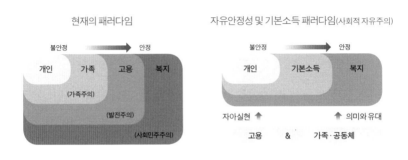

〈그림 5-4〉 이상형으로서의 기본소득체제

현재의 패러다임　　　　　자유안정성 및 기본소득 패러다임(사회적 자유주의)

자료: 최영준·윤성열(2019)

도구로서 개인에게 작용한다. 가족이나 공동체를 통해 자신의 이익을 추구하며, 돈을 벌기 위해 어쩔 수 없이 일을 하는 현재와의 탈피를 의미한다.

　자유안정성을 담보하는 이상적 기본소득은 어떤 형태일까? 가장 기본적인 이상적 모델은 모든 개인들에게 최저생계수준 이상을 보증하는 것일 것이다. 예를 들어 2019년 기준으로 하면 최저생계급여인 50만 1,632원 정도가 될 것이다. 4인 가족이라면 약 2백만 원이 될 것이다. 이 경우에도 기존 복지국가가 필요 없는 것은 아니다. 기여를 통해 권리성 급여로 작용하는 사회보험제도들은 여전히 존재할 것이며, 이것이 기본소득으로 사라질 것이라고 기대하기는 어렵다. 또한 건강보험이나 보건제도 그리고 기본적 사회서비스는 그대로 존재할 것이다. 다만 보편적 기본서비스가 필수적이라고 해도 보편적 서비스가 다 무료라는 의미는 아닐 수 있다. 이는 더 논의가 필요하게 될 것이다. 공공부조는 상당부분 대체될 수 있겠지만, 주거나 의료 등은 추가적으로 제공될 수 있을 것이다.

지속적으로 기본소득은 재정적으로 가능할 것인가에 대한 질문을 받는다. 쉽지 않다. 하지만 그렇기에 패러다임 전환이라고 하는 것이다. 패러다임 전환이 미세조정처럼 이루어질 수는 없다. 기본소득을 위한 증세는 기존의 증세와 다르다. 기존의 증세는 걷지만 어디에 쓰일지를 내가 결정할 수 없다. 국가가 블랙박스 내에서 논의하고 사용되고, 어디에 사용되었는지 역시 불명확하다. 하지만, 기본소득을 위한 증세는 궁극적으로 어디에 쓸 것인가를 내가 결정할 수 있다. 증세된 돈이 1/n 방식으로 나에게 돌아오고 다시 자유의지를 가지고 사용할 수 있다. 이미 재정적 측면에서 밝은 우리 국민들이 이러한 단순한 기본소득의 원리를 이해하지 못 할 리 없다. 불투명한 증세 20조보다 기본소득을 위한 증세 200조가 더 쉬울 수 있는 이유이다.

　또한 코로나 시기를 보내면서 우리 사회가 얼마나 돈이 많은지, 동시에 얼마나 돈을 필요로 하는 이들이 많은지를 보게 되었다. 그 많은 돈들은 생산적이지 않은 방식으로 주거비를 올리고, 또 주식시장으로 움직였다. 갈 곳을 찾지 못해 헤매는 수백조의 돈은 자영업으로 힘들어하고, 직업을 찾지 못해 힘들어하며, 배움을 원하지만 재정적 여력이 없는 이들에게 이동되어야 한다. 위험하고 죽을 것 같아도 이것이 없으면 생계가 위협을 받기 때문에 어쩔 수 없이 일하다가 쓰러져간 이들에게 갔었어야 한다. 재분배는 우리 경제를, 우리 사회를, 그리고 우리 시민들을 정상화시킬 것이다.

　자유롭고 안정된 이들은 비로소 돈을 벌기 위해 일하지 않고, 죽을 듯 경쟁하지 않고, 자녀에게 과도한 사교육을 시키지 않고, 공적인 공간을 더욱 공적일 수 있도록 수호하는 시민들이 될 것이다. 드디어 나를 벗어나 우리 지역을 돌아보고, 우리 환경을 돌아보고, 이웃을 돌아보는 활동에 참여하게 될 것이다. 이 모든 것이 자유안정성 사회에게 기대하는 비전이자 패러다임이 전환된 사회의 모습이다.

4. 2020체제의 시작

1988년부터 시작된 정치체제가 있었고, 1997년부터 시작된 사회경제체제가 지금까지 우리 사회를 지배해왔다. 하지만 이 체제 속에서 개인은 항상 동원의 대상이었고, 궁극적인 목적이 되지 못했다. 하지만, 개인의 실질적 자유는 발전(development)과 진보(progress)의 핵심 개념이다. 수단이 아닌 것이다. 이제 코로나19로 촉발된 2020체제의 시작에는 국가와 시장 혹은 민족이 있는 것이 아닌 개인과 시민이 있어야 한다.

코로나19 시기에도 국가는 부지런하게 '가치가 있는 자들'을 고르려고 노력하고, '가장 좋은 방법'을 찾아서 시민들에게 제공하려 한다. 코로나 시기에 어떤 조건이면 지원금을 받을 수 있고, 어떤 행동을 하면 지원금을 받을 수 있다는 기사들이 계속 나온다. 예를 들어 네 번의 배달음식을 시켜 먹으면 1만 원의 환급금을 받을 수 있다는 뉴스 기사를 막 접했다. 하지만 필자가 50명 이상의 노동자들을 인터뷰하고 주변 시민들과 이야기를 해보면, 꼭 필요한 이들에게 지원이 되지 않고 행동에 기반한 지원금은 이내 웃음거리가 되곤 한다. 왜 기민하고 민첩한(agile) 개인들에게 결정을 맡기는 것을 당국은 두려워하는가? 과연 개인보다 더 잘 결정을 대리해줄 수 있을까?

자유와 안정을 주자. 기본소득이 만병통치약은 아니지만, 자유안정성 체제의 킹핀이 될 수 있을 것이다. 이를 통해 새로운 국가가 존재하는 이유를 명확히 하고, 연대와 공존의 사회 내로 시장을 배태시킬 수 있을 것이다. 정책의 창이 아직 열려 있다. 그리고 우리를 행복하지 않게 만드는 난제들은 계속 쌓여만 간다. 하지만 언제까지 열려 있을지 알 수 없다. 자유안정성을 향한 정치와 정책이 지금 바로 필요한 이유이다.

더 읽어야 할 자료들

최영준(2018). 「한국 복지국가의 새로운 DNA: 사회적 자유주의와 자유안정성을 향하여」, 『한국 사회정책』 25(4), 39-67.
이 논문은 사회적 자유주의와 자유안정성에 대해 보다 상세한 배경적 논의를 제공한다.

김교성 · 백승호 · 서정희 · 이승윤(2018). 『기본소득이 온다』, 사회평론아카데미.
이 책은 기본소득에 대한 지금까지의 논의들을 체계적으로 제시하고, 향후의 방향에 대한 다양한 아이디어들도 함께 제시하고 있다.

우치다 다쓰루(2019). 『인구감소 사회는 위험하다는 착각』, 위즈덤하우스.
인구감소를 선제적으로 경험하고 있는 일본의 학자들이 진짜 문제는 무엇인지, 해결책은 어디에 있는지에 대한 지혜를 제시해주는 책이다.

제6장

기본소득'들'의 특성과 쟁점

은민수

- 기여와 보험원리에 기반한 사회보장 시스템의 지속가능성에 의문이 제기되면서 기본소득의 필요성에 공감대가 형성됐다.
- 다양한 기본소득'들'이 경합하고 국민들이 토론을 통해 선택할 수 있는 사회적 분위기가 중요하다.
- 기본소득의 '이념형'에서 벗어나 현실적으로 도입 가능한 과도기적 기본소득 방안을 구상해야 한다.

---

1. 서론

현재 많은 국가에서 기본소득을 실험하고 있거나 계획 중에 있으며, 국내에서도 '완전한 기본소득'이라고 할 수는 없지만, 사회수당 형태의 서울시 청년수당, 경기도 청년기본소득 등이 시행되면서 기본소득 관련 논의가 확장되고 있다. 게다가 국내에서도 최근 코로나19로 인한 긴급재난지원금의 실시와 그 효과를 근거로 소비증대와 소득보장의 차원에서 기본소득의 도입 가능성에 관심이 집중되고 있다. 많은 국가들이 보수와 진보를 떠나 기존의 기여와 보험원리에 기반한 사회보장 시스템의 지속가능성에 의문을 제기하면서 그 대안을 기본소득에서 찾는 이유는 과거에 경험하지 못했던 자본주의 생산체제의 질적 변화 때문일 것이다. 자본주의 생산체제의 질적인 변화는 4차 산업혁명과 디지털 자본주의의 도래라고 할 수 있으며 그 중심에는 인공지능과 같은 기술혁신이 존재한다. 이러한 거시적 변화로 인해 제조업의 기술력은 집약화되었고, 고용기회와 고용기간은 대폭 축소되었으며, 다양한 형태의 불안정 노동계층들은 빠르게 증가하였다. 반면 인간의 수명은 계속 길어지고 은퇴 후 삶의 기간도 늘어나고 있다. 단축된 고용기간과 줄어든 고용기회에 비해 길어진 삶의 변화는 엄격한 조건 없이 모두에게 정기적으로 일정한 급여를 각 개인들에게 지급하겠다는 기본소득제도에 주목하게 만들고 있는 것이다.

이처럼 자본주의의 질적 변화에 따른 정책 대안으로서 등장한 기본소득이지만 기본소득은 그 개념적 단순함에도 불구하고 극복해야 할 윤리적·논리적·정치적·재정적 장애물이 많다. 특히 이상적이고 완전한 형태의 무조건적 기본소득(UBI: unconditional basic income) 모델은 아직 존재하지 않고 당분간 실현되기를 기대하기도 어려울 것 같다. 국내에서도 기본소득에 대한 논의가 완전한 무조건적 기본소득이라는 '이념형'으로부터 다소 불완전하지만 도입 가능한 '변형적'1 혹은 '유사 기본소득'을 검토하는 것이 보다 현실적이라고 판단하는 듯하다. 이러한 변화는 기본소득제도라는 것이 처음부터 완벽하게 설계된 것이 아니며, 그 효과도 확실하게 증명된 것이 아니라는 점에서 긍정적으로 해석된다.

본 장은 크게 네 가지의 부문으로 나뉘어 진행될 것이다. 첫째, 무조건적 기본소득의 이론적 개념과 제도적 특징을 소개한 이후 이와 관련된 쟁점들을 분석한다. 둘째, 부(-) 소득세를 이용한 기초소득(guaranteed income)의 이론적 개념과 제도적 특징을 소개한 이후 이와 관련된 쟁점들을 분석한다. 셋째, 참여소득(participation income)의 이론적 개념과 제도적 특징을 소개한 이후 이와 관련된 쟁점들을 분석한다. 넷째, 제한된 조건과 상황에서 과도기적 기본소득으로 간주될 수 있는 방안을 검토하고자 한다

2. 기본소득의 개념적·제도적 특성과 쟁점

1) 무조건적 기본소득의 개념적·제도적 특성

무조건적 기본소득(UBI)의 주창자인 판 파레이스가 초기에 제시했던, 가장 단순하고 강력한 기본소득의 개념은 '만인의 실질적 자

유'를 위해 기본적인 소득을 보장한다는 것이다. 모든 사람에게 그 사람의 상황이나 욕구에 상관없이, 근로의무 등의 자격조건도 없이, 가구가 아닌 개인에게, 국가가 정기적으로 현금을 제공하는 소득이라는 점이 이 제도의 주요 특징이다. 따라서 무조건적 기본소득의 주요 특징은 보편성, 무조건성, 개별성, 정기성, 현금성이다.[2]

무조건적 기본소득의 첫 번째 특징은 보편성(universality)이다. 기본소득은 특정한 인구집단이 아니라 전체 인구집단을 대상으로 한다. 유일한 조건은 구체적인 영토로 규정되는 특정한 공동체의 성원이어야 한다는 점이다. 여기서 특정한 공동체의 성원이 의미하는 바는 영주권이나 시민권 여부가 아니라 어느 정부에 세금을 납부하고 있느냐 하는 차원에서의 거주지를 의미한다. 따라서 외국인의 경우에는 최소한의 거주기간이나 납세 등의 거주요건을 충족시켜야 한다.

두 번째 특징은 무조건성(unconditionality)이다. 기본소득은 소득조사 혹은 재산조사를 필요로 하지 않을 뿐만 아니라 근로 의무를 부과하거나 근로 의사를 확인하지 않는다. 판 파레이스 등의 기본소득은 바로 이러한 무조건적으로 주어지는 소득을 의미하며 다른 변형적 혹은 유사 기본소득과 구분되는 가장 대표적인 특징이라고 할 수 있다. 소득 수준과 관계없이 지급하기 때문에 일자리 제안이 들어왔을 때 쉽게 수용할 수 있는 반면, 근로 여부와 상관없이 지급하기 때문에 원하지 않는 일자리를 쉽게 그만둘 수 있다.

세 번째 특징은 개별성(individual base)이다. 기본소득은 가구 상황과 무관하게 개인에게 직접 지급하는 개별적 소득이다. 가구에게 지급된 급여는 가구 구성원 모두에게 균등하게 배분되지 않을 수도 있다는 점이 항상 지적되어 왔다. 따라서 기본소득은 가장의 계좌에 돈을 몰아주는 대신 가구 내 수급권자들의 계좌에 개별적으로 직접 돈을 지급하는 방식을 선호한다. 또한 한 개인이 받는 수급액수가 가구 규모와 무관하게 결정되어야 하는 이유는 동거 여부를 확인하기 사실상 어렵고, 가구 구성에 따라 차별을 두면 가족의 분가를 조장할 수 있기 때문이다.

네 번째 특징은 현금소득 지급(cash income)이다. 기본소득은 현금 지급을 원칙으로 한다. 그렇다고 기본소득이 다른 모든 이전 소득을 완전히 대체하는 것은 아니며, 교육과 의료서비스 등 사회서비스를 대체하는 것은 더욱 아니다. 또한 현금 지급 원칙을 교조적으로 받아들여서도 안 된다. 저축이 불가능하면서 현재 소비해야만 하는, 용도가 제한된 특정 화폐의 형태로 제공될 수도 있다. 충분히 개방되고 투명한 시장이 존재하지 않는 곳이나 비상 상황 등에서는 식료품과 거주지 등을 현물로 직접 공급할 수밖에 없을 것이다.

다섯 번째 특징은 주기성이다. 기본소득은 지속가능한 삶을 유지할 수 있도록 주기적으로 지급하는 급여이다. 일회성 지급으로 끝난다면 기본소득을 일시에 탕진하여 삶이 지속가능하지 않을 것이기 때문이다. 그렇다고 기본소득의 주기성이 일정하게 정해진 것은 아니다. 대체로 '월' 단위 지급을 제안하고 있지만, 합의되거나 고정적인 것은 아니다. 기본적인 생활보장을 강조하는 사람들은 짧은 간격으로 지급되는 것으로 선호하지만, 가부장주의적 통제의 위험성을 걱정하는 사람들은 긴 간격으로 지급하는 것을 선호한다.[3] 하지만 지급의 주기성만큼이나 중요한 것은 급여의 안정성이다. 특히 급여가 갑자기 줄어드는 일은 없어야 하며 이런 점에서 물가지수나 1인당 GDP와 연동시키는 것은 의미가 있다.[4]

2) 무조건적 기본소득의 쟁점

(1) 일하지 않는 자가 일한 사람의 노동 결과를 기본소득으로 받는 것은 공정한가?

이러한 질문은 금전적 보수를 받는 노동만이 유일한 노동이므로 보수를 받는 유급직에 종사하지 않는 사람은 아무것도 하지 않는 사람이라는 잘못된 전제에서 비롯된 것이다. 인간의 노동을 노동시장에서의 노동만으로 협소하게 정의하지 않고 가사, 자원봉사 등 사회적으로 의미있는 활동으로 확장할 필요가 있다. 이렇게 노동의 의미를 적극적으로 확대해서 해석하면 아무 일도 하지 않고서 돈만 받아가는 사람보다 상당한 노동을 하고서도 아무런 소득을 얻지 못하는 무수히 많은 사람들이 존재한다는 사실을 알 수 있다. 또한 일하지 않거나 매우 적은 일을 하면서도 소득과 여가를 누리는 부자들도 많다. 이들은 매우 높은 보수를 받으며 본인이 원하던 매력적인 일들을 즐기고 있는데, 이들의 즐거운 노동을 받쳐주는 것은 보수도 낮고 매력적이지 않은 일들을 묵묵히 받아들일 수밖에 없는 저임금노동자들이다. 따라서 "일하지 않은 자여, 먹지도 마라"를 정의로운 원칙으로 주장하려면 가난한 자뿐만 아니라 부자들을 포함하여 모두를 향해 외쳐야 한다.

(2) 무조건적 기본소득은 기존의 사회보장과 사회서비스를 축소시키지 않을까?

기본소득과 관련된 구도의 배치 논쟁에서 기본소득의 반대 진영에 의해 의도적으로 설정된 잘못된 구도가 있다. 가장 대표적인 구도가 '기본소득 대 사회보장', '기본소득 대 복지국가', '기본소득 국가 대 사민주의 복지국가'와 같은 경우이다. 마치 기본소득이 도입되면 다른 사회보장제도를 포기하는 것이며, 복지국가가 아닌 다른 독특한 국가를 추구하는 것이고 사민주의 복지국가의 경로를 부정하는 것으로 몰고 가려는 일종의 프레임이다. 기본소득은 사회보장, 복지국가, 사민주의 복지국가를 부정하거나 포기하지 않으며 대립적이지도 않고 오히려 그와 같은 목적지에 빠르고 효과적으로 도달하려는 정책적 선택지이다. 따라서 기본소득을 도입한다고 사회보장제도가 축소되거나 복지국가가 후퇴하지 않는다. 기본소득은 일자리가 줄어들고 불평등이 증가하는 현재의 상황에 대응하기 위한 소득보장 수단 중 하나이기 때문이다.

또한 기본소득과 공공사회서비스도 대립적으로 파악해서는 안 되고 보완관계로 이해해야 한다. 공공사회서비스가 전면적으로 시장화된다면 기본소득 규모는 그만큼 급격하게 증가할 수밖에 없지만, 반대로 의료, 주거, 교육, 돌봄 등의 공공사회서비스가 완비되어 보편적 기본서비스(Unconditional Basic Service)처럼 모두에게 제공된다면 기본소득 규모가 증가할 유인은 적어질 것이기 때문이다. 기본소득과 공공사회서비스는 서로 다른 욕구를 다루고 다른 근거에서 비롯된 것으로 상호 충돌하거나 모순되지 않으며, 오히려 양자의 결합과 상호 보완을 통해 경제적 기본권과 사회적 기본권을 충실히 보장할 수 있다.

(3) 어떻게 막대한 재원을 조달할 것이며 그것은 지속가능할까?

기본소득의 지속가능성을 위한 재원마련은 기본소득의 아킬레스건이라 할 수 있으며 현재 백가쟁명식으로 다양한 방안들이 논의되고 있다. 하지만 짚고 넘어가야 할 중요한 지점은 이른바 '재정환상'에 관한 것이다. 기본소득의 실현 불가능성을 거론할 때 어김없이 기본소득 도입에 따른 소요 재정만 부각시킬 뿐 세수 증대 가능성에 대해서는 침묵하는 경향이 있다.

기본소득의 실시에 필요한 재원확보를 위해 가장 손쉽게 생각할 수 있는 방법은 증세이다. 크게 자본에 대한 과세, 자연에 대한 과세, 소비에 대한 과세를 고려해볼 수 있다. 자본에 대한 과세를 통해 재원을 확보하는 방안에는 수많은 자본이득을 과세소득에 포함시키는 방법, 탈세 경로를 막고 불필요한 면세 혜택을 철폐하는 방법, 세율이 매우 누진적인 개인 부유세를 부과하는 방법, 그 외에 법인세와 상속세를 올리는 방법들이 검토될 수 있다. 또한 자연에 대한 과세 방안으로는 국가가 토지와 같은 재생 가능한 천연자원을 국유화하고 그 임대에 대한 지대를 부과하거나 석유 등 비재생 천연자원을 판매하여 얻은 수익으로 재원을 확보하는 방법 등이 있다. 소비에 대한 증세도 고려해볼 수 있는데, 대표적인 소비세인 부가세가 역진적이라는 이유로 쉽게 포기할 필요는 없다고 주장한다.[5]

급여 수준과 대상 범위, 현행 다른 급여들과의 통합 여부, 세금감면 등의 폐지 여부에 따라 소요재정이 큰 차이가 있겠지만, 기본소득의 재원을 안정적으로 조성하기 위해서는 높은 누진적 소득세와 종합부동산세, 나아가 부가가치세와 같은 소비세 인상 등이 모두 검토의 대상이 될 수 있다. 그러나 적어도 증세의 정당성 확보를 위해서는 세금감면과 같은 각종 조세지출의 폐지 → 소득세와 재산세 인상 → 소비세 인상의 순서로 단계적 조치가 불가피하다. 관건은 정치적 선택권을 쥐고 있는 중간계층의 부담 여부이다. 그리고 이에 따라 자연스럽게 기본소득제도에 대한 정치적 지지와 성공 여부가 결정될 것이다.

3. 부의 소득세의 개념적·제도적 특성과 쟁점

1) 부의 소득세의 개념적·제도적 특성

부의 소득세(NIT)의 기본 아이디어는 매우 단순하다. 즉 형편이 좋을 때에는 정부에 세금을 내고, 좋지 않을 때에는 정부가 세금을 돌려준다는 것이다.[6] 연말에 소득성과를 보고 국가가 정한 일정 수준 이상의 소득자로부터 받은 세금으로 일정 수준 이하의 소득자에게 지출한다는 점에서 일종의 환급형 세액공제라고 할 수 있다. 이 방식이 완벽하게 실행되려면, 면세점을 기준으로 정(+)의 소득세 납세자와 부(−)의 소득세 수혜자가 분명하게 구분되어야 한다. 이 제도가 주목받는 이유는 빈곤을 근절시키고, 근로빈곤층에 불리한 복지의 덫을 제거하며, 복잡하고 고비용이 드는 행정 시스템을 단순화시킬 수 있을 것으로 기대되기 때문이다.[7]

부의 소득세는 조정이 불가능한 특성이 있고, 조정이 가능한 특성이 있다. 먼저 조정이 불가능한 고유의 특성은 바로 부의 소득세가 일부 조건적이란 점이다. 가령 미국 닉슨 대통령의 가족지원계획(Family Assistant Plan) 경우 노동능력이 있는 성인들에게는 오로지 일한 의사가 분명히 있을 때에만 이전소득이 지급되는 것으로 설계하였다. 캐나다에서 실시된 민컴 실험에서도 일정 수준 이하의 저소득층에게만 지급하였다. 이런 식으로 부의 소득세가 소득상의 조건을 내걸게 되면서 무조건적인 기본소득과 중요한 차이가 발생하게 된다.[8]

조정 가능한 특성으로는 첫째, 부의 소득세는 원칙적으로 세율이 선형적인 개인소득세를 기반으로 하지만, 누진세 제도나 역진세 제도와 양립하도록 조정할 수 있다. 둘째, 기본소득과 달리 부의 소득세는 통상 세금 부과와 지급 단위를 가구로 설정하고 있지만, 행정 기술력의 향상으로 부의 소득세도 개인 단위로 설계할 수 있다. 셋째, 부의 소득세는 연말에 세금정산을 통해 지출이 이루어지는 일종의 일률적 환급형 세액공제 방식이기 때문에 연말정산 이후 지급된다는 후불적 성격을 갖고 있지만 기술발전으로 얼마든지 반기, 분기 지급 등이 가능하다. 반기 혹은 분기 지급은 매달 지급하는 기본소득과 생애 한번 지급하는 사회적 지분급여(stakeholder grant)의 장단점을 절충하여 오히려 수급자에게 도움이 될 수도 있다.[9]

이렇게 원칙적으로 보면 기본소득에 비해 차이가 큰 것처럼 보이지만 과연 얼마나 큰 차이가 나는지는 부분적으로 경제적·행정적 환경에 달린 문제이다. 판 파레이스와 판데르보흐트의 부의 소득세에 대한 평가를 그대로 옮겨오면 다음과 같다.

"공정하게 말해, 정치적인 실현 가능성의 관점에서 보면 부의 소득세 제도 쪽이 중요한 이점을 가지고 있음을 인정하지 않을 수 없다. 첫째, 다양한 유형의 가구마다 똑같은 한계세율과 순과세액이 적용된다고 해도, 부의 소득세는 그에 상응하는 기본소득 제도와 비교해볼 때 조세와 지출의 총량이 훨씬 작을 수밖에 없다. 이는 부의 소득세 쪽이 훨씬 비용이 덜 드는 제도인 것처럼 보이게 만들어주며, 따라서 사람들이 받아들이기도 쉬워진다. 둘째, 같은 양이라고 해도 세액공제는 기본소득과 달리 노동자의 순임금을 늘려주기 때문에 그렇게 늘어나는 소득 수급권의 원천이 노동자 스스로가 행한 노동에 있는 것 같은 인상을 계속 주게 된다. 이 때문에 노동조합 측에서는 세액공제 쪽을 더 선호한다. 노동조합의 권력기초는 정부가 아니라 기업에 있기 때문이다. 셋째, 표준적인 조건부 최저소득 제도에서 부의 소득세 제도로 이행하는 쪽이 행정적으로 볼 때 더 순조롭다. 부의 소득세 제도에서는 모든 기존의 사회보험 이전액은 현행 그대로 유지하면서 단지 사람마다 세금이 마이너스인지 플러스인지만 결정하면 되는 반면, 기본소득을 도입하게 되면 다른 모든 수당의 순지급액을 하향조정할 필요가 있기 때문이다."[10]

상황에 따라서는 이러한 정치적 이점들로 인해 부의 소득세가 달성 가능한 최선의 결과이며 기대를 걸 만한 미래의 이행경로라고 받아들일 충분한 이유가 될 수 있다는 것이 그들의 결론이다.

2) 부의 소득세의 쟁점

(1) 무조건적 기본소득과는 원리적으로 어떤 관계인가?

모든 NIT 모델은 크게 보장수준(guarantee level), 급여감액률(withdrawal rate), 급여중단점(break-even point) 이라는 세 가지 요소로 구성되어 있다. 먼저 보장수준은 국가가 수급자에게 보장하려는 소득수준을 의미하며, 급여감액률은 수급자가 기본소득급여 외에 추가소득이 증가할수록 급여가 줄어드는 비율을 뜻하고, 급여중단점은 급여를 제공하지 않는 소득수준을 말한다. 이 세 가지 요소의 결합이 부의 소득세인 것이다. 즉 부의 소득세는 국가의 보장수준 소득에 급여감액률을 적용한 금액을 제외한 금액이며, 기초소득이 0이 되는 지점은 급여를 받지 못하는 급여중단점이 된다.[11] 국가 사정에 따라 보장수준을 높게 설정할 경우에는 수급자의 소득을 충분히 보장할 수 있고, 감액률을 낮게 설정할 경우에는 근로를 독려하는 데 도움이 될 것이다. 물론 이와 반대의 설계도 가능하다.

만약에 급여감액률과 일반세율이 동일하다면, 무조건적 기본소득과 부의 소득세는 적어도 국가가 설정한 시장소득 수준까지는 급여액이 정확히 일치한다. 즉 기본소득을 먼저 지급하고 사후에 과세를 하느냐, 처음부터 급여감액이 적용된 기본소득을 지급하느냐의 차이만 존재할 뿐이다. 다만 과세이전까지는 외형상 무조건적 기본소득은 동일금액을 지급하는 것으로 보이고, 부의 소득세는 차등금액을 지급하는 것으로 보일 뿐이다. 그러나 위의 가정처럼 급여감액률과 소득세율을 일치시킨다는 것은 현실적으로 불가능하다. 개인소득세는 통상 누진적이기 때문이다. 따라서 급여중단점(소득분기점), 급여감액률과 소득세율에 따라 기본소득과 부의 소득세 간 차이는 발생할 수밖에 없다.

(2) 부의 소득세가 근로장려세제와 차이는 무엇인가?

부의 소득세와 근로장려세제(EITC) 사이의 결정적 차이점은 EITC가 오로지 일을 하는 빈민들에게만 초점을 맞춘다는 사실이다. 일자리가 없는 사람에게는 아무것도 해주는 게 없다. EITC는 부의 소득세와 마찬가지로 일부에게는 세금감면의 형태로, 다른 일부에게는 조세당국이 지급하는 수당의 형태로 지급된다. 하지만 이 세액공제는 획일적인 것이 아니며, 총소득이 아니라 오로지 근로소득에만 연계되어 있다. 근로소득이 늘어나면 EITC도 증가하지만, 특정 범위에서는 일정하게 유지되며, 그다음에는 점진적으로 줄어들다가 결국 사라진다.

부의 소득세는 일정 소득수준 이하일 때에만 급여를 받도록 설계되어 있으며, 근로를 유인하기 위해 소득이 늘어날수록 급여액의 감소폭이 줄어드는 감액구조로 설계되는 것이 일반적인 방식이다. 따라서 소득수준을 고려하지 않고 아무런 조건 없이 균등한 소득을 지급하는 기본소득의 '이념형'과는 차이가 있는 것이 사실이지만, 어느 수준의 소득에 자격을 부여하느냐, 급여감소율을 어느 정도로 설정하느냐 등의 제도설계에 따라 기본소득의 이념형에 '가까워질' 수도 있다. 전통적인 자산조사 프로그램과 달리 부의 소득세 제도는 저소득층과 빈자들만을 위한 제도라고 할 수 없다. 왜냐하면 무조건적 기본소득에 비해 '부자 배제적'인 특성은 있지만, 공공

148

부조처럼 '빈자 선별적'이지 않기 때문이다. 따라서 정치적·재정적 차원에서 상대적으로 이점이 많다. 먼저 이 제도는 재정이 덜 소요되며, 근로 인센티브를 강화시킬 수 있고, 급여 대상의 제한과 차등급여로 인해 중도주의와 자유주의 진영으로부터도 지지를 견인해낼 수 있다. 다만 1970년대 미국의 부의 소득세 실험에서 나타난 것처럼 소득을 낮게 신고할수록 보충소득이 높아지기 때문에 소득을 줄여서 신고할 가능성은 있다. 이러한 점들은 기본소득에 비해 불리한 점이다.[12]

4. 참여소득제의 개념적·제도적 특성과 쟁점

1) 참여소득제의 개념적·제도적 특성

빈곤과 기본소득에 대한 논쟁이 시작된 이후 소득지원이 '사회에 기여하는' 조건부적이어야 한다는 주장이 제기되었다. 대표적으로 안소니 앳킨슨(Anthony Atkinson)과 앙드레 고르(Andre Gorz)는 참여소득을 주창했으며, 사회적으로 유용한 노동을 하는 것을 조건으로 급여를 받는 형태이다. 대표적으로 돌봄과 같은 서비스 일자리와 공익적인 자원봉사 활동이 참여소득의 자격조건이 될 수 있다.

앳킨슨은 참여소득을 주장하면서 기본소득이 가지고 있는 무조건적인 특성을 받아들일 수 없는 두 가지 이유에 대해 다음과 같이 언급하고 있다. 첫 번째는 기본소득이 사회보장에 대한 근본적인 대안이 아니라 자산조사 급여에 대한 의존성을 줄이는 목적, 즉 사회보장제도를 개선하고 보충하는 목적을 가져야 한다는 것이고, 두 번째는 기본소득이 정치적 지지를 획득하기 위해서는 무조건적 원칙을 고수해서는 곤란하고, 기본소득이 노동시장을 활성화시키는 목적으로 작동해야만 한다는 것이다.

"시민소득이 모든 정당에서 지지자들을 두고 있음에도 불구하고 어째서 아직까지 도입되지 않았는지를 생각해보아야 한다. 나는 이 질문을 고민해본 결과, 시민소득이 정치적 지지를 확보하기 위해서는 그 지지자들이 타협할 수 있어야만 한다는 결론에 도달했다. 재산조사가 없어야 한다는 원리나 개인의 독립성 원리를 타협하자는 게 아니다. 무조건적 지급이라는 원리를 타협하자는 것이다."[13]

기본소득과 마찬가지로 참여소득 또한 개인에게 획일적으로 지급되는 수당이며, 개개인은 여기에 자신이 원하는 대로 다른 소득을 추가로 얻을 수 있다. 하지만 기본소득과 결정적으로 다른 점은 이것이 일정한 사회적 기여를 요구한다는 것에 있다. 앳킨슨이 마지막으로 정식화한 바에 따르면, 경제활동 연령에 있는 이들에게 이러한 조건을 충족시키는 활동은 "전일제 혹은 시간제 유급고용 혹은 자유업이거나, 교육 및 훈련 혹은 적극적인 구직활동이거나, 가정에서 아기나 노약자를 돕는 돌봄 활동이거나, 사회적으로 인정된 결사체에 정기적으로 출근하는 자원봉사 활동 등이 모두 포함된다. 질병이나 장애 등의 이유로 참여할 수 없는 이들에 대해서는 수당이 제공될 것이다."[14]

앳킨슨은 참여소득이 현재의 사회보장제도에서 발생하는 다양한 문제점들, 즉 저소득 가구나 한 부모 가구 등과 고소득 가구 간에 발생하는 소득 격차의 문제를 일정 정도 완화시킬 수 있다고 보았다. 기본소득이 기존의 사회보험과 자산조사 프로그램을 중심으로 운영되던 복지국가 시스템의 근본적인 대안이 아니라 보충적으로 기존의 사회보장제도를 개선하는 데 활용될 수 있다는 주장이다. 또한 참여소득은 노동의 영역을 무급노동까지 확대함으로써 현재 노동시장에서의 실업의 문제를 완화할 수 있는 혁신적인 대안이 될 수 있다고 강조한다. 참여를 급여의 조건으로 설정함으로서 참여소득이 '상호 호혜적 노동시장 윤리'를 벗어나지 않았음을 보여준다는 식이다.

일반적으로 참여소득은 기본소득의 변형 또는 완전한 기본소득으로 이행 과정에서 나타날 수 있는 과도기적 유형으로 검토되는 수준에 머물러 있다. 참여소득을 기본소득의 변형 중 하나로 바라보는 견해는 비록 참여소득이 수급자에게 노동참여 조건을 부과함으로서 기본소득의 핵심적 특성인 무조건성을 위배한 것으로 보이지만 그 참여의 인정범위를 넓히고 인정조건을 관대하게 적용할 경우 두 제도 간 차이는 줄어들 수 있다고 이해한다. 참여소득을 사회적 기여활동에 대한 '소득보장'이라는 특성에만 주목하는 경향이 있는데, 소득보장의 전제조건인 '사회적 기여' 자체도 사회적으로 기여하는 바가 크다. 예컨대 지역사회에 필요한 보편적 사회서비스의 보장이나 지역사회 통합의 중요한 자원으로 여겨지는 사회자본의 활성화 등이 이에 해당될 것이다.[15]

참여소득제(PI)의 특징을 무조건적 기본소득 및 기존 사회보장제도와 비교하면 다음과 같다. 첫째, 무조건성 여부에서 차이가 존재한다. 무조건적인 기본소득과 달리 참여소득은 조건적이다. 그러나 참여소득은 근로연계복지와 같은 기존의 소득보장정책처럼 엄격한

'노동시장' 참여를 요구하지 않는다. 대신 수급자에게 본인이 선택한 사회적 기여활동을 요구한다. 둘째, 보편성에서 차이가 있다. 무조건적 기본소득과 달리 참여소득은 모두에게 지급하지는 않는다. 그러나 참여소득은 빈곤층과 실업자를 수급대상으로 삼는 다른 소득 재분배정책과 달리 특정 집단을 선별하여 자격을 부여하지 않는다. 셋째, 무조건적 기본소득과 마찬가지로 참여소득은 개인단위로 지급한다. 일반 사회보장제도는 대체로 가구를 지급단위로 삼고 있다. 넷째, 중요한 특징이라고 할 수 있는데, 기본소득은 적어도 형식적으로는 일과 소득 간 분리를 설정하고 있는 반면 참여소득은 사회에서 필요로 하는 일과 소득을 통합적으로 연계해서 접근하고 있다.

2) 참여소득제의 쟁점

(1) 사회적으로 가치 있는 활동은 무엇이며, 어떻게 그 많은 사람을 모니터링할 것인가?

참여소득에서 가장 문제로 제기되는 것은 사회적으로 가치 있는 활동을 어떻게 구분하고 모니터링할 것인가 하는 부분이다. 특정 활동이 과연 사회적으로 유용한지를 판단할 수 있는 기준들을 사회적으로 마련해야 하는데, 현실적으로 쉽지 않은 문제이다. 사회적으로 가치 있는 활동의 범주를 넓힐수록 앳킨슨이 비판한 무조건적 기본소득의 개념에 가까워질 것이고, 활동의 범주를 좁힐수록 근로연계복지와 차이가 없어지게 될 것이다. 앳킨슨이 주장한 최소한 일주일에 35시간 '인정받는' 일을 하는 것은 언뜻 보면 공정해 보여도 실상은 공정하지 않을 수 있다. 이 조건은 이미 풀타임 일자리가 있거나 고소득자들에게는 영향을 미치지 않지만, 힘든 육체노동을 하거나 매우 낮은 임금을 받는 일자리에 종사할 수밖에 없는 사람들에게는 수행하기 어렵고 비용이 들며 까다로운 일이 될 것이다.[16]

다음으로 참여소득제는 피츠패트릭(Fitzpatrick)의 주장처럼 사람들의 일상 행위들을 모니터링하는 과정에서 행정적인 비효율성과 과도한 감시를 유발할 위험이 있다.[17] 사회적으로 유용한 활동이 제대로 수행되고 있는지를 점검하다 보면 불가피하게 수급자의 사생활에 지속적으로 관여하게 된다는 지적인데 매우 개연성이 높은 비판이다. 결국 이러한 수급자 통제의 문제로 인하여 여러 분쟁이 발생하게 될 것이며 그것을 운영하는 비용이 기본소득 제도보다 더 높을 수도 있다.

(2) 참여소득이 점차 무조건적 기본소득으로 발전할 가능성은 없는가?

참여소득 도입은 처음에는 사회적으로 유용한 일에 대한 조건부적 소득지급으로 시작하여 점차 아무 의무도 부과되지 않는 기본소득으로 나아가도록 재촉하는 계기가 될 수 있다. 일단 제도를 시행한 이후에 참여라는 조건을 계속 완화시키거나 아예 철폐하는 것이 차라리 엄격한 조건을 유지하는 것보다 경제적으로 이익이 된다는 점을 설득하는 것도 한 방법일 것이다. 참여소득의 강한 버전이든 약한 버전이든 참여라는 조건 때문에 자유를 제한하는 것이 사실이지만, 판 파레이스의 말 대로 순수주의야말로 현실적으로 아무것도 하지 못하게 만드는 최고의 비법이다. 기본소득을 도입할 때는 형식적인 참여라는 조건을 강제하는 것과 상관없이 반드시 공동체에 대한 기여에 가치를 부여하는 공적 담론과 결합되어야만 한다.[18]

　사실 선금으로 지급되는 기본소득은 사람들에게 강력한 두 가지 착각을 심어주어 정치적 실현 가능성을 크게 약화시킨다. 첫 번째 착각은 국가가 시민들에게 부과하는 세금부담이 막중하게 늘어날 것이라는 착각이며, 두 번째 착각은 세금으로 걷은 돈을 부자들에게까지 헛되이 낭비하게 될 것이라는 착각이다. 하지만 부의 소득세나 참여소득제를 경유하는 방법을 택하게 되면 그러한 두 가지 오해를 불식시킬 수 있게 되어 장기적으로 기본소득의 장기적 실현 가능성이 높아지게 될 것이다. 다만 캐롤 페이트만(Carol Pateman)은 무임승차 문제의 해결책으로서 제시된 참여소득이 정작 가구 내 남성들의 무임승차 문제는 제대로 해결하지 못한다고 비판한다. 기여 개념이 앳킨슨의 제안과 같이 타인을 돌보는 노동을 포함하는 것으로 확대될 수는 있지만 결혼, 고용, 남편들의 무임승차 사이의 관계를 둘러싼 구조적인 문제에 초점을 맞추기에는 불충분하다는 것이다.[19] 초기에는 사회서비스와 연계된 참여소득을 제안했다가 이후에 무조건적 기본소득으로 전향한 고르(Gorz)는 지식이 곧 생산력이 전환됨으로 인해 이전처럼 노동시간을 통해 노동의 양을 측정하는 것이 어려워졌기 때문에 참여소득과 같이 노동의 양을 측정해서 급여를 제공하는 방식은 불가능하다고 주장한다. 그리고 참여소득이나 조건적 기본소득이 사회봉사활동과 가정 돌봄노동을 급여를 받기 위한 활동으로 전락시켜 그 본질적 가치를 타락시킬 수 있다고 비판하였다.[20]

154

5. 결론

기본소득을 명확하고 엄격하게 구분하는 것은 학문적으로 이론적으로 필요하지만 지나치게 '감별'에 치우칠 경우 온전한 기본소득에 한 발짝도 나아가지 못할 수 있다. 이러한 우를 범하지 않기 위해서는 완전한 무조건적 기본소득과 불완전한 과도기적 기본소득의 관계를 연계적·전략적으로 판단하는 것이 중요하다. 앞서 설명했듯이 참여소득과 부의 소득세는 기본소득의 '이념형'에서는 벗어난 것으로 평가할 수도 있지만, 어느 수준의 소득까지 자격을 부여하느냐 또는 어떤 일을 사회적으로 가치 있는 일로 인정하느냐 등의 제도설계에 따라 얼마든지 완전한 기본소득에 가까이 다가갈 수 있다.

따라서 몇몇 기본소득 주창자가 제시한 조건들을 얼마나 충족시켰느냐에 따라 기본소득과 기본소득이 아닌 것을 기계적으로 구분하는 것은 현실적으로 큰 의미가 없다. 현실에서는 완전한 기본소득의 다양한 변형과 과도기적·부분적 모습이 나타날 수밖에 없기 때문이다. 기본소득은 열려 있는 제도로서 현재 진행 중인 구상이지 완성된 제도가 아니라는 점에서 궁극적으로 도달하려는 목표(종착지)가 무엇이냐에 따라 얼마든지 변형적이고 과도기적인 형태의 기본소득을 상정할 수 있다. 그러므로 중요한 점은 그 제도가 이념적 기본소득을 지향하고 있는가, 기본소득의 '원칙들'에 접근할 가능성과 잠재력을 보이는 제도인가, 궁극적 목표가 완전한 기본소득인가를 판별하는 것이다. 이렇게 보았을 때 현재 논의되고 있는 부의 소득세와 참여소득세는 그 제도설계의 내용에 따라 기본소득의 하위 유형으로 인정되어야 한다. 그리고 이들과 이념적으로 모델화 된 완전한(혹은 무조건적인) 기본소득과의 구별을 위해 과도기적(혹은 전환기적) 기본소득이라 지칭하는 것이 필요하다. "순수주의야말로 현실적으로 아무것도 하지 못하게 만드는 최고의 비법이다"라고 말 한 판 파레이스의 주장처럼 무조건적 기본소득이 어느 날 갑자기 혜성처럼 등장할 수는 없다. 모든 정책과 제도는 진화를 통해 발전 해왔다는 점에서 무조건적 기본소득 역시 참여소득이나 부의 소득 세와 같은 과도기적 제도를 경과할 가능성이 현실적으로 매우 높다.

더 읽어야 할 자료들

가이 스탠딩, 안효상 옮김(2018). 『기본소득: 일과 삶의 새로운 패러다임』, 창비.
기본소득이 무엇인지, 어떻게 정당화될 수 있는지를 정의-자유-보장이라 는 세 가지 관점에서 검토하고 경제적 근거를 제시한다. 특히 기본소득이 경제, 빈곤, 일/노동에 미치는 효과가 무엇이고 이에 대한 반대 논리를 어 떻게 반박할 수 있는지, 기본소득을 왜 많은 국가들이 도입하려고 노력하 며 그러한 움직임이 현재 전 세계적으로 어떻게 나타나고 있는지 등을 간 명하고 명쾌하게 설명한다.

필리프 판 파레이스, 야니크 판데르보흐트, 홍기빈 옮김(2018). 『21세기 기 본소득』, 흐름출판.
기본소득의 주창자이자 기본소득지구네트워크의 전신인 기본소득유럽네트워크의 창립자인 필리프 판 파레이스와 젊은 학자인 야니크 판데르보호트가 무려 12년의 집필 기간을 거쳐 2017년 출간한 기본소득의 바이블과 같은 책이다. 세계 각국의 조세정책과 분배정책에 대한 철학적·이론적·역사적 고찰을 통해 기본소득의 윤리적 정당성, 역사적 연원, 이론적 근거와 실현 가능성 등을 종합적으로 다루고 있다.

앤서니 앳킨슨. 장경덕 옮김(2015). 『불평등을 넘어: 정의를 위해 무엇을 할 것인가』, 글항아리.

『21세기 자본』 토마 피케티의 멘토이자, 50년간 부의 분배와 사회적 불평등 문제에 천착해온 대학자 앤서니 앳킨슨의 연구를 총결산한 저서이다. 앳킨슨 교수는 불평등이 무엇을 의미하며 현재의 불평등은 어느 정도 수준인지를 역사적 자료에 대한 새로운 관점에서 분석하면서 불평등을 반전시킬 실행 방안들을 15가지로 정리하여 제시한다. 특히 모든 시민에게 인간다운 삶을 살아가기 위한 소득을 조건 없이 정부가 보장하는 현금급여의 정당성과 가능성을 검토한다.

제3부

·

누구나 건강하고, 쉴 곳이 있는 사회

제7장

·······

공공의료 인프라와 일차 의료

홍승권

- 코로나19 시대 지속가능한 의료체계는 공공의료 인프라 강화와 일차 의료를 정점으로 한 의료전달체계의 확립이다.
- 그런데 시장 중심의 자본 의료체계가 점점 확장될수록 일차 의료의 설 자리가 없어지고, 비효율적인 의료전달체계 때문에 건강보험의 지속가능성은 위협받고 있다.
- 따라서 의료서비스 이용을 국민 개개인의 문제로 바라보는 게 아니라, 이에 앞서 국가가 마땅히 감당해야 할 부분을 책임지는 기본 의료체계를 확립하려는 노력을 우선해야 한다.

'보건'은 인구집단대상의 건강서비스(population health service), '의

료'는 개인에 대한 건강서비스(personal health service)를 일컫는다. 신종감염병 시대에서 제일 중요한 화두다. 방역과 백신은 보건영역이고, 치료와 개인 예방책은 의료영역이다. 인류의 보편적인 건강 문제를 다루는 국제기구가 세계보건기구(WHO)인데, 이 거대한 국제기구가 추구하는 간결한 목표는 '모든 이에게 건강을(Health for All)'이다. 그런데 코로나19(SARS-CoV 19) 바이러스가 가져온 범유행(pandemic)으로 인해 세계가 '공중보건위기'를 맞았다. 또한 경제위기의 방아쇠를 당겼다.

1. 공공성과 공공의료 인프라

원래 영어 퍼블릭(public)의 어원은 성숙함(pubes)이다. 개인의 행동이 타인에게 미치는 영향을 이해하고 전체적인 입장에서 평가하고 판단할 수 있는 능력이고 그 반대는 미성숙함(privatus)이다. 공동체에서 공공선을 추구하는 것이 과거 공공성의 개념이었다면, 중세 이후 공공성은 사람과 관련된 다수의 이익으로 변해왔다. 보건의료 영역에서의 '공공성'은 질병의 고통으로 인한 병태생리와 경제적 고통이 다시 평형의 상태로 돌아오도록 작동하는 기제가 포함되어 있다. '다수의 이익과 관련 되어 있다'라는 속성(attribute)을 내포한다. 임의영(2003)에 의하면 공공성에는 정치적 차원과 윤리적 차원이 존재하는데, 공동체의 조화로서 공공성의 이념은 윤리적으로 '사회정의' 또는 '공익'을 의미한다고 하였다.[1]

공공성의 가치는 주로 '개인 가치'와 '사회 가치'의 틀로 분석한다.

개인의 가치는 자율성, 독립, 자아 표현, 자유, 자유주의, 세속적·합리적 가치를 중요 속성으로 가지며 사회 가치는 연대성, 공동체 의식, 참여, 협력, 평등, 보편주의, 만민평등주의, 관용, 신뢰 같은 특성을 갖는다. 공공성은 한자로 公共性이다. 다시 대비되는 말로 公 ↔ 私(private), 共 ↔ 個(individual)의 대비되는 글자로 풀어서 보면 모든 사람이 알 수 있어야 하고, 접근할 수 있어야 하고, 이용할 수 있어야 하는 속성이 '공공성'이다. 기본 공공의료는 누구든지 접근할 수 있고 건강 형평성을 달성하기 위한 필수 기본 의료다. 건강 형평성은 '모든 이에게 건강'을 추구하는 세계보건기구의 목표이기도 하다. 보건의료 공공성에 대한 철학적 근거로는 건강권을 드는데, 건강에 대한 권리가 원초적인 기본 권리 측면을 가지며, 보건의료는 한 사회에서 건강권을 보장하는 유력한 수단. 보건의료 분야의 다양한 사익에 대해 국민의 건강권을 보장이나 보건의료의 공공성 보장 우선의 원칙은 정당성을 가진다.

국가의 보건의료체계의 세 가지 목표는 '보편적 건강권의 확보, 지속가능한 보건의료체계 유지, 의학 기술의 발전 도모'이다. 보편적 건강권의 명시는 이미 헌법에 나와 있다. 헌법 34조의 "모든 국민은 인간다운 생활을 할 권리를 갖는다" 등의 부속 조항을 보더라도 기본적으로 인간 존재의 가장 기본적 요소인 생명과 육체적·정신적 통합성을 유지하기 위한 건강 형평성은 제한이나 양도될 수 있는 성질의 것이 아닌 인간의 기본적 인권으로 보아야 한다. 이를 위해 필요한 것이 공공의료 인프라다. 그런데 우리나라 보건의료 인프라의 큰 특징 중의 하나는 공공기관보다는 민간의료기관에 의해 의료서비스가 제공된다는 점이다.

1) 공공의료의 정의

우리나라에서 공공의료(또는 공공보건의료)에 관한 정의는 2000년 1월 '공공보건의료에 관한 법률'에서다. 우리나라 헌법은 이미 의료(건강)를 기본권으로 인식하고, 이러한 헌법적인 권리 보장을 위해 국가가 의료를 건강보험제도를 통해 제공하기 때문에 외국의 사례와 같이 공적재정으로 제공되는 의료로 정의를 내려야 한다고 주장하기도 한다. 한편 의료공공성을 흔히 이야기할 때, 공공의료 병상 기준을 든다. 1970년대 병상 기준으로 40%에 달하던 공공의료는 대기업들의 병원 사업 진출과 사립대학병원들의 경쟁적인 몸집 부풀리기로 2000년대에 들어서면 이미 10% 정도로 축소되었다고 한다.[2]

또한 의료비 지출 수준이 높지 않은 상황에서 전체 의료비 중 공공재원이 차지하는 비중도 매우 낮다. 의료비 증가율은 OECD 국가 중 가장 높다는 것도 잘 알려진 사실이다. 결과적으로 적은 공공의료 병상과 낮은 공공재원의 비중은 한국 공공의료의 문제점이라고 지적해왔다. 한국의 병상 수와 급성기 병상 수가 많다는 지적이 많았다. 우리나라에 인구당 병상은 영국보다 5배, 미국보다 4배, 독일보다 1.5배로 많다. 하지만 코로나 범유행 상황에서 민간병원이 병상을 내어놓아 총검사 건수나 인구 100만 명당 진단검사 건수를 보정하더라도 그나마 여분의 병상 수가 사망자를 줄이는 데 역할을 하고 있다. 공공의료의 인프라는 부실하지만, 우리나라 의사들은 사적인 역할을 넘어서 공적인 역할을 하고 있다.

2) 2020년 여름. 사일로(silo)에 무릎 꿇은 포퓰리즘

'사일로(silo)'는 곡물을 저장하기 위해 만든 굴뚝 모양의 거대한 원통형 탑이다. 이 구조물은 제러미 벤담이 1791년 제안한 파놉티콘(panopticon)과 반대의 구조다. 파놉티콘은 소수가 다수를 감시할 수 있는 빅 브러더와 같은 개념이다. 하지만 사일로는 조직 내에서 개별 부서끼리 서로 담을 쌓고 각자의 이익에만 몰두하고 꼴통 직역 이기주의를 일컫는다. '의료이기주의' 사일로와 '공공성 강화'라는 포퓰리즘 정책으로 선거공약을 내걸고 집권 기간 동안 실현하려고 한 민주당 정부와 싸움이었다. 2000년 의약 분쟁으로 인한 의사 파업은 하향적(탑다운: Top-down) 정책 제안이 어젠다가 파업으로 이어진 경우고, 2020년의 의사 파업은 상향적(바텀업: bottom-up)으로 시작되었다는 점이 다르다고 볼 수 있다. 의료의 공공성이라는 대안과 지향은 반영리화의 토대에서 커왔다. 의료민영화 논쟁은 신자유주의적인 뿌리, 노무현 민주당 정부에서 시민사회단체의 반대로 나선형으로 폭발력을 지니며 사회적 의제가 강화됐고, 2012년에는 '공공의료 인력 확충'을 위한 토론회를 개최하고 청원입법을 준비하면서 서서히 시민사회의 어젠다로 부상하였다. 한국의 의료민영화는 길게 보자면 87년 민주항쟁과 노동자 대투쟁으로 89년 전 국민건강보험이 도입되어 의료수요가 폭발적으로 늘어났음에도 불구하고, 역대 정부가 공공의료기관을 늘리지 않았던 정부에서 기인한다고 볼 수 있다. 당시 민영화 반대 운동이라는 것은 사익을 추구하는 정부에 반대한 신자유주의 운동 물결의 한 측면이었고, 의사협회가 파업하며 주장한 소위 '4대 정책' 프레임을 해

체하여 분석해보면 '공공의대, 공공의료 등의 많은 사람과 관련된
것', '공공재적 성격으로서의 공공에 관련한 정부의 정책'에 대한 반
기를 든 거대한 사일로 '의료이기주의'의 결정판이었다. 그 사일로
라는 거대 구조에 정부는 무릎을 꿇은 셈이다.

3) 안티테제와 테제

과거의 역사는 현실을 반영한다. 어디까지나 대상의 모순을 드러
내기 위한 것은 존재한다. 영리병원 시도와 그 변형인 부대사업 허
가 등의 다양한 시도들이 존재했다. 안티테제(antithese)는 그 자체가
테제(these)로 발전할 수는 있어도 기본적으로 테제가 있어야만 존
재할 수 있는 것이다. 자본주의 사회경제체제 안에서 기본적인 조
건은 "그래도 의료는 상품과 같은 교환 논리를 그대로 따라서는 안
되지!" 하는 사회적 규범을 지니고 있다. 그래서 비필수 의료인 미
용 목적의 성형수술이나 피부관리 등의 의료 시술을 제외하고는
공공의료 영역이 '필수 의료'로서 시대에 따라 자리매김해왔다. '공
공성'이라는 테제를 이야기할 때 홍준표 전 경남지사의 악명을 드
높인 계기가 된 2013~2014년 '진주 의료원 사태'가 우리의 뇌리에
아직 생생하게 남아 있다. 지방의료원의 공공성에서 좁은 의미로
공공의료원을 이야기할 때는 특수하고 구체적인 영역에서의 이론
과 현실이 톱니바퀴처럼 맞아 들어가는 경우가 많지만, 일반적인
수준에서의 공공성 논의는 칸트의 규제적 이념에 가깝다. 마치 역
사의 이념과 같이 구성적 이념에 따라 실현되지는 않지만, 우리가
다가가려고 노력하는 지표로서 계속 존재하는 것이다.

인간의 삶에서 고통의 문제는 여러 가지 이유가 있지만, 그 근본인 몸에서 시작한다. 고통에서 해방되는 적절한 상태가 '건강'이고 연속선상에 '불건강' 상태가 존재한다. 정(테제)이 그것과 상반되는 반(안티테제)과의 갈등을 통해 건강하기도 하고 건강하지 않기도 한다. '공공의료'는 시대가 바뀜에 따라서 사회적 합의에 따라 속성이 변하기도 하지만, 기능은 구조의 변화에 따라가기도 하고 기능의 불편함을 사회구성원이 합의 과정을 통해 구조를 변화시키기도 한다. 공공의료의 인프라를 바꿔야 한다고 한때 그 인프라는 공공적 성격을 가진 구조로 변경시켜야 한다는 뜻과 같다. 부분적인 논의의 '공공성'은 구체적이고 부분적인 문제에서 출발하여 그 대안으로 공공의료를 제시하는 경우가 많다. 즉 빈곤층이나 노숙인 의료대책 취약지역 응급의료, 중증외상환자 치료를 위한 공공병원 역할을 강화해야 한다는 제안하는 정도다. 전면적인 공공성의 주장은 체제의 공공성을 나타내기도 한다. '의료영리화를 넘어선 의료공공성 강화와 같은 주장'이다.

보건의료 서비스의 시장 실패 요인 다음과 같이 제시할 수 있다. 체제의 공공성이란 'Health for all'과 같은 구호로 건강 결정요인까지 포함한다. 사회적 결정요인은 공공성과 불가분의 관계이고 사회경제체제의 성격도 포함되기 때문에 체제개혁론도 대두되기 마련이다.[3] 보건의료는 보건의료 서비스가 여타 재화와는 다른 특수한 성질을 갖고 있어서 보건의료 서비스의 수요·공급을 경쟁 시장에 맡겨 두면, 시장 실패 혹은 사회적 후생 감소를 초래할 수 있다. 이러한 시장 실패 요인 때문에 공공의료의 필요성이 제기된다. 따라서 국민 누구나 생존에 필요한 최소한의 보건의료 서비스를 향유

할 권리가 있으며 헌법에 명시된 건강권이 이를 뒷받침한다. 국가 전체에 장기적 편익을 가져다주기 때문에 국가의 책임 하에 기본적인 서비스의 제공이 이루어져야 한다.

2. 미래형 공공의료 인프라의 구축

우리나라 건강보험의 보장성 수준은 여전히 낮은 수준이며, 민간 중심의 공급 시스템을 유지하고 있으면서 재정 운영은 공공성을 강화하여 균형을 맞추는 기형적인 우리나라의 공급체계에서 경제 규모와 비교해 공적 투입이 적다는 것이다. 〈표 7-1〉에서 보는 바와 같이 2019년의 한국 의료 지표가 2020년 6월 국회 보고서에 일부 발표되었는데, 조사 결과에 따르면 보장성이 2018년 63.8%로 전해와 비교해 1.1% 상승하였다. 보건의료 분야 정부지출은 OECD 가입국 중 정부지출과 사회보험비를 합한 공공재원은 평균 71%보다 한국이 59.8%로 낮았다. 2018년 경상 의료비(잠정치)는 144.4조원, GDP 대비 8.1%. 1인당 경상 의료비는 270만 6,000원으로 최근 10년간 연평균(실질) 증가율이 지난 10년 사이에 최고 증가율을 기록하였는데. 국민 의료비는 지난 2008년부터 2018년까지 GDP 대비 6.8%의 가파른 경상의료비 지출 수준이다. 이런 증가율을 본다면 GDP 증가율을 훨씬 상회하여 향후 의료서비스의 국내 전체 비중도 차차 높아질 것으로 예상하고 있다(《표 7-1》).

특이할 만한 것은 OECD 통계를 기반으로 각국의 코로나19 상황을 분석한 결과, 병상 수와 급성기 병상 수가 OECD 평균에 비

	2012	2013	2014	2015	2016	2017	2018
경상의료비	88.6	94	101.3	110.2	120.5	131.6	144.4
- (GDP 대비, %)	6.4	6.6	6.8	7	7.3	7.6	8.1
정부 의무가입제도	52.2	55.4	59.5	64.9	71.3	77.5	86.3
- (구성비, %)	58.9	59	58.8	58.9	59.2	58.9	59.8
민간의료비	36.4	38.6	41.8	45.3	49.2	54.1	58.1
- (구성비, %)	41.1	41	41.2	41.1	40.8	41.1	40.2

자료: OECD Health Statistics 2019

해 낮은 국가는 치명률이 높고, 반대로 OECD 평균보다 높거나 비슷한 곳은 치명률이 낮아 병상 수가 코로나19 치명률에 영향을 미치고 있었다. 이는 특수한 상황에서 총검사 건수나 인구 100만 명당 진단검사 건수를 보정하더라도 그 병상 수가 사망자를 줄일 수 있는데, 역할을 하고 있다는 것을 방증하고 있다.

2020년 12월 12일자 기준으로 950명, 최고 기록을 갱신한 후 12월 24일 1,241명이다. 한국의 재난 의료에 대처하는 공공의료 인프라의 가장 큰 단점을 신종감염병 위기로 더욱 환부가 드러나기 시작하였다. 우리나라 공공의료 인프라의 대표적인 지표는 2018년 기준으로 의료기관 수로 5.7%, 병상 수로는 10%이다. 일산병원은 국민건강보험공단의 산하병원으로 그나마 수도권의 부족한 1,000개의 병상을 동원하여 2차 유행에 대비하고 있다니 그나마 다행이다.

근본적인 국가정책으로서 공공의료 인프라는 일반적으로 경제학적 공공재의 요건을 충족하지 않지만, 공공재라기보다 공공적인 것으로 간주하는 경향이 있다. 의료는 서양 국가에서는 미국을 제외하고, 공공재는 아니지만 당연히 공공적이 이야 한다는 것이 역사적으로 증명되고 있다. 공공의료 인프라는 공공적인 개념에서 구축해야 한다.

공공의료냐 사적 의료냐를 따지기 전에 '공공적 의료'는 공공적이고 범유행이 발생하면 공중보건과 환경재난을 극복하기 위한 사회의 회복탄력성(resilience)에 투자되는 인프라로 정의해야 한다. 청년이나 기성세대에게 사회공동체를 복원하고 회복 탄력성에 이바지하는 '공공적 의료 인프라'야말로 의료영리화를 지양하고 미래지향적인 '공공의료' 성격을 지니는 용어로 표현된다. 공공의료 인프라의 선택과 집중만이 건강기본권을 지켜나가는 데 비용이 들지 않는다. "정부는 사회 각 기능의 생태적 전환과 혁신, 공공서비스(의료, 교육 등) 확대를 위한 일차적 투자를 대대적으로 단행하고, 탄소배출을 촉발하는 모든 활동을 신속히 저지해야 한다"라는 토마 피케티의 말처럼 코로나와 같이 살아가야 할 시대에 손 가리고 아웅 하는 격으로 그때마다 땜질 처방은 지양해야 한다. 만일 정부가 의도된 편향성을 통해 '무의사결정 전략을 취하고 있다'면 미래는 없다.

코로나 사태는 한 번으로 끝나는 사건이 아니다. 지구 생태계에서 일어난 장기전 전환 과정의 일부일 뿐이다. 지난 지구의 개발과 산업화 방식으로 전체 종의 22%가 사라졌다고 한다. 과학자들은 수십 년 후 야생동물 멸종의 위험성을 예언하고 있다. 이런 팬데믹은 '진보의 시대'에서 '회복(resilience)의 시대'로 대전환이 일어나는 초기에 있다고 보고 있다. 문명의 대전환이 이루어지고 있다.

이러한 미래 세계에 대처하고 경제 변화에 맞먹는 의료 인프라를 완전히 새롭게 구상하고, 범유행과 기후변화 시대에 지구와 같이 살아가기 위해 '회복탄력성'을 키우는 건강의 새로운 기준을 만들 때다. 신종감염병의 위기로 공공의료기관을 빠른 시일 내에 확충한다는 것은 어려운 일이다. 한국은 '전 국민 건강보험'으로 상징되는 공공의료의 성격과 세계 최고 수준의 민간 의료시설로 대변되는 민영 의료 성격이 극단적으로 공존하는 체계다. 국가나 지방자치단체와 공공기관이 개설한 것이 공공병원이다. 이는 공공병원의 설립 주체에 따른 정의다. 이런 공공병원의 병상 수가 10% 미만이다. 민간주도의 병원이 90년 이후에 폭발적으로 늘어났기 때문이기도 하다. 그러나 포스트 코로나 시대에는 민간부문 의존적 의료공급체계와 미흡한 공공보건의료 기반을 극복하기 위하여 '소유'에서 '기능' 중심으로 공공병원, 공공의료의 개념을 변화시켜야 한다. 자기 완결성 추구에 파묻혀 수단화되어 온 공공의료 인프라의 확충 논리는 조심하여야 한다. 참여정부 시절의 '도시형 보건지소, 공공병원 병상 30% 확충' 구호가 그 예다.

우리는 '사람 중심 욕구'에 논의가 필요하다. 그 근거와 정당성은 살아 움직이는 사람들과 사회의 '충족되지 않은 수요', 수요(demand)가 아닌 필요(needs) 중심으로 접근해야 한다.

1) 기능적 공공의료 인프라로의 재편

비효율적인 우리나라 의료공급체계로는 수년마다 반복될 급격히 증가하는 신종감염병에 대해 통제도 하기 어렵고 의료기관 간 역할과 기능 재정립을 이루기 어렵다. 환자들은 언제든지 원하는 의료기관을 자유롭게 이용할 수 있으며 상급종합병원 선호 성향이 매우 강한 상황에서 공공의료에 대한 답이 없다. 공공의료 인프라 공급자 연합을 통한 통합 지역사회 돌봄 서비스를 제공하고, 아무리 신종감염병이 창궐한다고 하더라도 지역의 의료 인프라가 건실하다면 만성질환과 신종감염병을 동시에 잡는 혁신적인 '기능적 공공의료'의 재편이 이루어질 수도 있다. 공공보건의료가 소유 중심에서 기능 중심으로 개편하여 민간의료기관도 일정한 기준만 충족된다면 공공보건의료사업을 수행하게 해야 한다. 한국의료복지사회적협동조합연합회(의료사협)이나 사의련(한국 사회적의료기관연합회)인 녹색병원, 신천연합병원 같은 민간부문의 의료기관 설립 주체 중 공익성과 비영리성을 대표하는 의료법인 등의 공공성 강화가 현실적인 대안이다. 의료법인 등의 역할 및 기능 재정립으로 공공보건의료체계 기반을 강화하고 신종감염병 시대에 재정립해야 한다.

2) 의료법인의 개혁

기존의 공공성을 띤 의료법인이나 새로 일본과 같은 보건 법인을 고려하는 것도 하나의 개혁 방법이다. 현재 의료법인처럼 가족이나 친족, 지인이 이사회를 차지하고 있는 병원은 공공적 성격을 가질 수 없다. 이사진이 의료법인 운영에 관한 전문성 및 독립성이 보장되었다고 보기 어려울 것이다. 따라서 거버넌스 구조에서 볼 때, 의료법인은 사실상 가족주의, 연고주의와 같은 우리나라 풍토에 기인하여 이사장 개인의 사유물로 운영될 수밖에 없다. 이런 관점에서 민간 의료시장 중심의 의료 현실에서 공공성 제고를 위해 의료법인

제도를 도입한 취지가 무색하게 되었다.

3) 일차 의료의 확충

지속적인 의료비 증가는 '국가경쟁력'의 저해 요인이 된다. 따라서
선진국들은 의료의 효과성, 효율성, 비용 절감, 형평성, 질의 향상
을 위해 '일차 의료 강화'를 의료 개혁의 중심에 두고 있다. 일차 의
료 강화는 의료비를 줄이면서 의료의 질을 최대한 유지하는 방법이
라는 데에 이견은 없다. 따라서 향후 의료비 지출의 효율성을 증대
시키기 위해서는 일차 의료의 강화를 위한 방안이 적극적으로 추
진되어야 한다. 국가 의료정책의 목표를 달성하는 데 일차 의료가
핵심적이고 효과적인 수단이라는 명제는 여전히 유효하다.

질병의 경중에 따라 의료이용의 단계화를 설정함으로써 의료비
절감을 얻을 수 있고, 포괄성이나 지속성 등과 같은 일차 의료의
속성이 발휘될 경우 환자의 만족도는 높아지며 불필요한 입원이 줄
고 진료비가 절감되는 것으로 나타났다.

여기서 전제가 되어야 할 것은 바로 일차 의료에 대한 정의와 역
할, 기능에 대한 합의가 이루어져야 한다. 의료법상에서는 '병상 숫
자' 및 '의료행위의 대상이 주로 입원환자냐 외래환자냐'에 따라 의
료기관을 구분하고 있다. 통상 이를 각각 1, 2, 3차 의료기관이라
고 부르고 있다. 그러나 기능적으로 흔한 질환을 포괄적으로 다루
고, 보험진료를 하는 '동네 의원'이 진정한 의미의 일차 의료기관이
며, 주요 질환의 대부분을 포괄하여 볼 수 있는 소위 가정의/내과
의가 '일차 의료 의사'로 보는 견해가 우세하다.

우리나라 일차 의료는 의료전달체계만 있고 서로의 연계체계가 없다. 1차 진료 범위에 속하는 환자를 유치하기 위해 종합병원은 물론 한의원, 일부 약국과도 경쟁 관계에 있다. 동네 의원에 종사하는 의사들은 사기 저하는 물론 일차 의료가 가지는 포괄성, 지속성, 조정 등의 가치를 실현하지 못해 그 기능이 위축되고 있다. 요양급여 비용의 지난 몇 년 사이의 상대적 감소는 수익과 경영의 악화로 이어지고 있다. 따라서 전반적인 일차 의료 개념의 정의에 따른 일차 의료기관의 규모와 분포의 파악은 일차 의료 활성화를 위한 방안을 도출하는 데 필요하다. 일차 의료의 개념에 대한 새로운 정의는 선언적 의미만 가질 수가 있고, 이러한 정의가 구체화하고 실제의 모습으로 실현되기 전까지는 큰 의미가 없을 수도 있다. 특히 일차 의료의 정의는 워낙 쓰이는 상황에 따라 다르게 해석되어질 수 있고 여러 가지 의미가 있으므로 기본적인 가정이 필요하다.

공공의료 인프라와 연계된 일차 의료는 주치의에게 자료가 서로 전달되는 시스템이 도입되어야 한다. 이용자가 지역을 떠나게 되더라도 '주치의 핫라인'을 통해 응급의료로밍 서비스 등을 받고, 각각의 네트워크 의원은 지역의 환자를 공동 관리하게 되고, 국민으로서는 평소 자기의 병력을 잘 아는 주치의 또는 병력이 공동 익명화된 데이터베이스화가 되어 주치의와 연계된 네트워크에 언제 어디서든지 접근하여 훨씬 안심하고 의료서비스 이용을 하게 될 것이다. 평생 생애 주기에 맞추어 최초접촉, 지속성, 포괄성, 조정성, 지역사회 지향성 등이 포함된 일차 의료의 강화만이 공공적인 의료 인프라의 강력한 주춧돌이 될 수 있을 것이다.

3. 일차 의료의 개혁

1) 일차 의료 개혁의 필요성

우리나라는 1964년부터 시행된 산재보험을 시작으로 1977년의 건강보험, 1988년의 국민연금, 1995년의 고용보험에 이르기까지 주요 사회보험제도가 모두 시행되고 있다. 그러나 보건의료 전달체계로서의 일차 의료가 취약한 우리나라는 단일 사회보험제도의 강점을 희석시키는 측면이 있다. 그리고 일차 의료가 취약하다는 점은 최소한의 사회적 안전망의 기초인 필수 보건 의료서비스가 제대로 이루어지지 않는다는 이야기와 같다. 그러므로 대중의 관심과 의제의 중요성을 떠나 지속가능하고 공평한 보건의료체계가 되도록 개혁하는 것이 공공의료 인프라의 완성을 의미한다. 국가 보건의료체계인 영국, 덴마크, 스웨덴, 이탈리아, 스페인과 사회보험제도 체계인 네덜란드, 프랑스 독일 등 선진국의 보건의료 시스템은 각국의 형편에 따라 다르게 발전했지만 일차 의료를 기반으로 한 공공성 강화가 공통분모다. 이런 사실을 보면 미래 초고령 시대에는 통합적이고도 정합성을 지난 국가 보건 의료정책이 필요한 시기이면서, 동시에 이를 달성하기 위해 실현 가능한 정책실현을 통해 지속가능한 보건의료체계가 유지될 수 있어야 하며 보편적 국민 건강권을 충분히 확보해야만 하는 중요시기다. 불공정한 사회, 시장적 보건의료체계를 유지한 상태에서는 건강 형평성을 기대하기 어렵기 때문에 일차 의료의 구조와 기능을 강화함으로써 이러한 폐해를 줄일 수 있다. 강력한 일차 의료는 불공정한 사회의 소득 불평등으로 인한 부정적 건강 영향을 줄일 수 있는 강력한 도구이다. 우리나라는 일차 의료보다는 전문 의료에 더 많은 자원을 소모하고 있다. 하지만 일차 의료를 강화함으로써 취약 집단도 보건의료에 접근 가능하고, 치료보다는 예방에 초점을 맞춤으로써 건강 문제를 조기에 관리하는 한편 불필요한 과도하게 특수화·집중화된 전문 의료 이용에 따른 건강 피해도 줄일 수 있다.

코로나19에 대한 위험 인식과 행태에 대한 2020년 발간한 한국의 사회 동향자료를 보면 '경제적 피해로부터 보상받을 기회'나 '감염 예방을 위한 유연 근무 기회'에 있어서 불평등하다는 인식이 가장 높았으며, '감염증을 치료받을 기회'에서는 평등인 식이 높게 나타났다. 일반 국민 중 일자리를 보존했고 코로나19 이전과 동일한 임금을 받았다는 답변은 50.3%에 불과하여, 앞으로 국민의 생애주기의 총체적 위기를 극복하여야 할 필요성이 많아졌다.

또한 병·의원 서비스에 대한 만족도 조사에서도 OECD 몇몇 국가들이 보고한 최근의 조사 결과를 보면 한국은 여타 국가들과 비교해 환자 경험으로 측정한 만족도가 뒤처지는 편이다. 예를 들어 의사와 충분한 상담 시간을 가졌는가에 대하여 유럽 국가들은 모두 우리보다 만족도가 10% 이상 높다. 의사의 설명이 이해하기 쉬웠는가에 대해서도 비교해보면 타 국가들에 비해 낮은 만족도를 보였다. 의사에게 질문할 기회가 주어졌는지, 그리고 치료에 관련된 의사결정에 참여했는지도 상대적으로 낮은 만족도를 보였다. 이러한 결과는 우리나라 의료서비스가 질적으로 개선될 필요성이 있다는 것을 방증한다.

2) 일차 의료의 개혁방안

의료서비스의 질적인 개선과 함께 이는 우리나라 일차 의료의 현상을 설명해주는 데이터가 있다. 지난 30년간 의료인력과 의료기관의 증가와 함께 건강보험제도의 정착으로 의료접근도가 높아졌지만, 병상과 의료장비 등의 과잉공급 양상으로 이런 특성과 추세는 국민의 의료이용 증가를 초래했다. 고비용 비효율 구조다. 보건의료 제공의 양과 외형에 치중한 나머지 보건의료 제공의 효율성과 서비스 질에 대해서는 상대적으로 소홀히 다루어 온 측면이 간과되고 있던 것이 사실이다. 이러한 결과는 우리나라 의료서비스가 질적으로 개선될 필요성이 요구된다. 이런 이유가 왜 생긴 것일까?

(1) 분절적인 의사 환자 관계와 상업화

우리나라에서는 의원급 의료기관에 대한 국민의 만족도와 신뢰도가 낮은 관계로 환자가 여러 의료기관을 전전하고, 환자의뢰체계의 부재로 인해 병원 의료이용에서 종별을 뛰어넘는 무차별적 경쟁으로 공급이 수요를 창출하는 PID(Physician Induced Demand) 특성을 보인다. 또한 같은 의료진에게 계속 진료와 돌봄 서비스를 받거나, 이를 통해 환자에 관한 각종 진료 정보가 체계적으로 누적되고 이어지는 지속성이 떨어진다. 그러나 관계의 지속성은 일반적으로 환자−의사 관계에서 지향하는 목표이므로, 웬만해서는 단골로 이어지지 않는 것은 어렵다. 하지만 여러 질환이 동시에 있는 환자는 하나의 전문의원과만 지속적 관계를 유지하기 어려울 수 있는데, 이 경우 다약제 복용과 포괄적인 치료전략의 부재로 인한 중복진료의 문제가 발생한다.

(2) 포괄성의 문제

의료서비스는 건강 증진과 질병 예방, 질병의 조기 발견, 조기 치료, 재활 등을 모두 포괄하는 것이어야 하는데, 현재의 의료서비스는 물론이고 신종감염병에 대처하고 여러 문제를 감별하는 가장 중요한 환자의 증상을 감별하여 진단의 선별(Triage) 역할을 하는 최초접촉 주치의가 중요하게 되었다. 주치의는 평소 전염병 예방을 위한 생활수칙을 환자에게 교육하여 감염 위험을 낮추기도 하려니와 코로나19 의심 증상이 나타났을 때는 바로 주치의에게 전화하거나 만나 상담을 받을 수 있기에 이 병원, 저 병원에 다닐 일도 없고, 1339콜센터와 응급실의 과부하도 없다. 주치의를 통하면 지역사회 감염이나 병원 감염은 일차적으로 거르고 차단된다.

(3) 조정성과 책임성의 문제

유럽의 많은 나라에서는 일차 의료 담당 의사의 역할로서 포괄적이고 지속적인 건강관리뿐만 아니라 조정자로서 해야 할 역할을 담당한다. 일차 의료 의사가 환자에게 요구되는 최상의 서비스를 제공하는 데 필요할 경우 다른 의료기관에 환자를 의뢰하고 사후 관리를 하는 등의 지속적인 책임을 지고 있다. 하지만 우리나라에서는 환자 개인이 스스로 이를 수행하고 책임을 지고 있는 것이 현실이다. 보건의료체계의 중심에서 국민 건강증진의 중심적 임무를 수행할 수 있도록 일차 의료가 강화되어야 하며 이를 위해서는 보건의료정책의 우선순위에 놓아야 한다.

3) 공공의료 인프라와 일차 의료

한국은 어느 국가보다 초고령화가 빠르게 진행되고 있다. 어르신들이 처음 병의원에 가서 진료비를 내고, 의뢰 후 전문의에게 가서 다시 진료비를 내야 한다면 진료비가 두 배가 될 것이다. 그러나 지금의 진료비 지불제도인 행위 별수가제를 그대로 둔다면 맞는 이야기다. 그러나 중복진료와 과잉진료를 미리 방지하는 특정 의료이용체계를 만들고, 수가체계를 변경하면 이야기는 달라진다. 인당 정액제(capitation, 인두제)로 제공하게 되면 불편도 줄어들게 되고 적정 수준으로 환자가 부담하는 비용도 절감할 수 있다. 우리나라 국민의 의료비용 지출은 2000년부터 2019년까지 OECD 국가 중에서 가장 많이 증가했고, 가계 소비지출에서 의료비용이 차지하는 비중은 OECD 국가 중 매우 높았다. 이는 의료기술 발전에 따른 비용 증가를 국민에게 전가한 결과로 의료서비스의 질을 향상시키는 것이 아니라 오히려 그 반대로 의료서비스의 질을 하락시킬 가능성이 크다. 고령화와 빠른 의료과학 기술 발전은 동시에 그만큼 빠르게 의료서비스에 대한 가격을 상승시키고 의사와 환자 사이의 소통을 줄어들게 만든다. 우리나라 보건의료체계의 주요 문제점은 효율성의 문제, 형평성의 문제, 포괄성과 지속성 문제, 그리고 질 향상의 문제 등이다. 이러한 문제를 모두 내포하고 있는 한국의 일차 의료다. 공공의료 인프라 강화의 추진 방향은 보건의료에 대한 국가 투자 증대와 재정 강화를 통한 재정지원 등 보건의료의 환경적 조건 강화, 지역 보건의료 사업에 참여 개선, 보건 의료사업 관련 기관과의 관계 개선, 개별 기관이나 제공자의 행태 개선 등의 민간부문 의료 제공자의 행태적 조건 강화, 보건의료체계 또는 제도의 개선, 의료자원의 지역적 불균형 개선, 포괄적 보건의료 서비스의 제공 등을 중심으로 한 조직 및 제도적 조건 강화, 서비스의 질적 수준의 유지 강화 등의 측면으로 이루어져야 한다.[4]

일차 의료의 개선 방향 및 관련 제도 제안은 지금까지 무수히 많이 있었다. 의료전달체계의 재구축, 주치의제도의 도입과 일차 의료인력의 확충, 일차 의료특별법 도입 등이 제안되었으나, 현재 이루어지거나 진행 중인 것은 없다. 도리어 전공의가 잘 충원되지 않는 일부 과목의 전공의에게 혜택을 주는 수당 보조 정책에서 보듯이 정책개입의 방향이 일차 의료와는 점점 더 먼 방향으로 나타나기도 한다. 국가와 지방자치단체는 지역사회 일차 보건의료에 필요한 인력을 확보하기 위해 노력해야 한다. 또한 일차 의료 수련 기관에서 수련에 필요한 시설 등을 설치하는 경우 정부 예산으로 지원받을 수 있도록 해야 한다. 이를 통해 국민이 신뢰할 수 있는 양질의 일차 의료의사들이 양성될 수 있을 것이다.

전 세계적으로 일차 의료의 기반을 구축하기 위해 애쓰는 선진국 사례를 타산지석으로 삼아야 할 뿐만이 아니라 새롭고 포괄적인 프레임의 구축이 필요하다. 일차 의료 인력은 공공재다. 전공의가 잘 충원되지 않는 일부 과목의 전공의에게 혜택을 주는 수당 보조를 하는 대신 미국과 유럽 대부분의 나라에서 일차 의료를 담당할 전공의에게 수당을 제공해주는 정책이 필요하다. 우리나라의 사법연수원과 같이 짧은 기간이기는 하지만 미래 율사들의 숙식과 연구 교육비를 국가에서 보조해주는 것과 마찬가지다. 보건의료체계의 미래지향적 모습은 '보편적 국민건강권의 확보'와 '지속가능한

의료체계'에 있다. 하지만 의료자원의 효율적 배치를 위해 조정기
능을 해야 할 정부의 역할이 사실상 매우 부족했던 것이 사실이다.

　일차 의료의 가장 중요한 영역은 일차 예방이다. 이는 공공의료
인프라의 구축이 인프라인 하드웨어라면 일차 의료는 기능적인 소
프트웨어다. 치료뿐만 아니라 예방, 재활, 건강 증진에 이르는 광범
위한 서비스를 제공해야 한다는 맥락이다. 이것이 바로 '모든 이에
게 건강을(Health for All)'이라는 궁극적인 목표를 달성할 수 있을뿐
더러 공공성의 역할을 깊숙이 접목할 가능성이 크고 건강수명을
늘리고 초고령사회를 대비한 미래형 제도가 될 수 있다. 핀란드의
국립보건연구원에 의하면 국가의 모든 정책을 수립하는 데 있어서
접근 방법으로서 건강 자체보다는 다른 영역들(예: 교통, 농업, 교육, 고
용 등)에 의해 수립된 정책들이 국민의 건강과 건강의 결정 요소, 건
강상의 미충족 요구 등에 영향을 끼친다는 것이다. 이에 대한 전략
은 건강과 관련된 고려를 건강 부문 이외의 다른 부문들의 정책들
과 통합을 시도하거나 각종 정부의 정책에는 건강 정책적 관점에서
얻은 정보와 증거를 제공하려고 한다. 또한 여러 정책과 중재들이
건강의 결정 요소들, 위험/보호 요인들, 건강상의 결과물들, 건강
체계들, 그와 동시에 다양한 인구집단에 걸친 이들 효과의 분포 등
에 관한 영향들과 어떻게 연결되는가를 분석하려고 노력하며 어느
한 부문에서, 혹은 여러 부문에서 일하는 정책수립자들, 정치인들,
그리고 일반인들에게 정책 결정들이 건강의 분포와 건강 체계들에
서의 형평을 포함하여, 건강과 건강 체계들에 어떻게 영향을 미치
는가에 대한 정보를 제공하려고 하는 것 등이다. 그러므로 국가와
공공부문의 정책에 '건강 요소'를 반드시 포함해 정책을 수립해야

한다. 또한 보건의료 부문은 사회적 공통 자본의 역할을 다하는 광의의 공익성에 있으며, '의료를 가치재로 보는 합의 하에 도입된 공적 보험, 사회적 연대 구조에 기반을 둔 제도' 하에서 존재한다는 점에서 거버넌스 구조를 일차 의료에 도입하는 것이 정부와 공공의 역할을 조명하는 데 도움이 된다.

역사적으로 볼 때, 공공병원은 보건의료 안전망의 임무를 수행했던 공공의료의 인프라다. 정부가 조세를 통해 재원을 조달하여 국가 보건의료 시스템을 유지하고, 민간의료기관들이 의료서비스를 제공하기 어려운 계층, 특수질환, 특수집단 등에 대해 의료서비스를 제공한다. 예기치 않은 감염병 대처나 치료에 유리하다. 이는 수익성을 기준으로 하는 것이 아니라 공공성을 우선시하기 때문이다.

공공재원 비중은 지속해서 증가했지만, 공공부문의 의료공급 비중은 감소하고 있다. 시장 중심의 자본 의료체계가 점점 확장될수록 일차 의료의 설 자리가 없어지고, 비효율적인 의료전달체계 때문에 건강보험의 지속가능성은 위협받고 있다. 의료서비스 이용을 국민 개개인의 문제로 바라보는 게 아니라, 이에 앞서 국가가 마땅히 감당해야 할 부분을 책임지는 의료체계를 확립하려는 노력을 우선해야 한다. 과감하게 일차 의료정책에 국가와 공공의 역할을 바탕으로 한국 의료체계에 맞는 재정적 보조와 제도적인 뒷받침이 마련되어야 한다. 구조적 측면과 일차 의료 실행 능력인 질의 담보는 물론이고, 건강의 개념을 모든 정부 정책에 담기를 비롯한 지역 공공 거버넌스의 일차 의료 참여 등의 장기 전략도 필요하다. 그러한 체계가 바로 공공의료 인프라가 확립된 체계이며, 한국의 일차 의료에 필요한 의료체계이자, 역방향의 명제도 성립된다. 즉 일차의료의 개혁과 확립은 국가의 공공의료 인프라를 이루는 핵심이라는 인식의 전환이 시급하다.

더 읽어야 할 자료들

고병수 외(2018). 『주치의제도 바로 알기』, 한국일차보건의료학회.

시민과 의사들의 주치의제도에 대한 궁금증에 자주 묻는 질문과 답하기로 구성되어 있다. 동네의원은 곧 일차 의료기관이라야 하고, 그곳에서는 지역주민들의 많은 건강 문제들을 해결하고 의뢰와 조정을 통해 양질의 의료서비스를 받게끔 해야 하지만 한국에서는 동네의원은 개원한 수많은 전문과들이지 일차 의료기관이 아님으로 인해 그러한 일차 의료 서비스가 제대로 전달되고 있지 못하다. 주치의제도는 일차 의료 중에서 등록(registration)을 통해 지속적인 주민-의사 관계를 맺으면서 좋은 진료를 하게 하고, 필요 시 적절한 전문의에게 의뢰(refer)를 하여 전문 의료를 받게 하는 것을 말하는데 의사와 시민들에게 그 궁금증을 시원하게 답해준다.

임종한 외(2020). 『주치의가 답이다』, 스토리플래너.

초고령사회, 건강 불평등 시대 주치의제도를 갈망하는 모든 이의 염원을 담았다. 주치의는 환자의 질병에 대해 누구보다도 잘 파악하며 관찰하고 있어 불필요한 병원진료를 막고, 만성질환자에 대한 효과적 관리와 예방진료가 가능해 결과적으로 만성질환 진료비 증가를 억제한다. 이 책 1부에서는 주치의로 의료복지의 패러다임을 바꿀 필요성에 대해, 그리고 2부에서는 주치의 활동을 하는 협동조합의 활동을 통해 어린이·어르신·장애인 돌봄과 의료가 어떻게 연결, 통합되는지를 살펴보았고, 3부에서는 외국의 사회적 돌봄, 주치의 실시 현황을 조망하였다.

백재중(2018). 『자유가 치료다』, 건강미디어협동조합.
바살리아와 이탈리아 정신보건 혁명에 대해 설명하고 있다. 1978년 바살리아 법을 통해 전국의 공공 정신병원을 폐쇄하고 지역사회 정신보건을 확립한 이탈리아의 사례를 다루고 있다. 이탈리아는 이제 '정신병원 없는 나라'로 불린다. 그 중심에 정신과 의사 바살리아가 있었다. 정신병원 폐쇄를 규정한 '바살리아 법'에 대한 역사적 고찰과 정신건강과 공공의료에 대한 함의를 제안한다

제8장

······

돌봄 사회와 공정한
노인장기요양정책

남현주

- 인구의 고령화, 가족 규모와 기능의 변화, 여성들의 노동시장 참여 등으로 인하여 노인 돌봄은 가족 책임의 한계에 도달하였다.
- 돌봄의 사회화 과정에서 노인장기요양보험제도가 도입되었음에도 불구하고 돌봄 수혜자인 노인의 자율성과 결정권은 여전히 부족하다.
- 공정한 돌봄 사회로 나아가기 위해 돌봄제공자인 가족 돌봄제공자와 전문요양인력의 돌봄 노동의 가치를 인정하고 존중할 필요가 있다.

2020년 코로나19로 인해 누구도 예상하지 못한 시기를 전 세계가 겪고 있다. 사회경제 영역에서 여러 어려움이 있지만 특히 일상생활에서 다른 사람의 돌봄을 필요로 하는 장애인이나 노인, 그리

고 이들의 가족은 생존과의 싸움을 하고 있다고 해도 과언이 아니다. 그동안 사회복지기관은 개인이 감당하지 못하는 돌봄을 담당해왔지만 이번 코로나19로 말미암아 돌봄기관과 돌봄노동자의 공백이 명백히 드러났다.

필자는 노인 돌봄을 우리사회가 함께 책임져야 할 과제로 본다. 2008년 7월 우리나라는 노인장기요양보험을 다섯 번째 사회보험으로 도입하였다. 이로써 전통적으로 가족이 책임져오던 노인 돌봄이 공적인 영역으로 옮겨오는 계기가 마련되었고, 돌봄노동의 사회화가 아동보육 영역에서 노인 돌봄 영역으로 확대되었다. 이번 장에서는 노인장기요양보험제도의 도입 배경 및 주요 내용을 살펴보고, 돌봄노동에 대해 돌봄을 받는 노인과 돌봄을 제공하는 사람, 구체적으로 가족수발자와 장기요양인력의 입장에서 논의할 것이다. 그리고 공정성을 보장하는 돌봄의 사회가 되기 위하여 장기요양정책이 나아가야 할 방향을 제시하고자 한다.

1. 사회적 돌봄을 필요로 하는 사회

20세기 후반 산업화가 빠르게 진행된 한국은 인구구조와 가족의 규모 및 기능 면에서 급격한 변화를 겪었다. 특히 저출산·고령화는 급속히 진행되었다. 2020년 한국에서 65세 이상 고령인구의 비율은 전체 인구의 15.7%(812만 5,000명)이며, 이 추세는 2025년 20.3%까지 계속 증가하여 초고령사회로의 진입이 전망된다.[1] 인구고령화는 전 세계의 공통적인 현상이지만 그 속도는 국가별로 차이

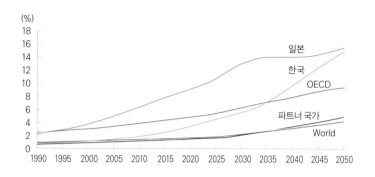

〈그림 8-1〉 80세 이상 인구 추이(1990-2050년)

주: 파트너 국가 – 브라질, 중국, 콜롬비아, 코스타리카, 인디아, 인도네시아, 러시아, 남아프리카.
자료: OECD(2019). p.219.

가 크다. OECD 회원국 중 한국은 80세 이상 연령이 차지하는 비율이 2017년 현재 3%로 아직 상대적으로 젊은 국가에 속한다. 그러나 2050년에는 80세 이상 인구가 전체 인구의 15.1%로 OECD 평균인 10.1%보다 5%p나 더 높을 것으로 전망된다.[2]

한국에서는 고령자 가구와 독거노인 가구 또한 빠르게 증가하고 있다. 2020년 가구주 연령이 65세 이상인 고령자 가구는 전체 가구의 22.8%(464만 2,000가구)를 차지하였으나 2047년에는 전체 가구의 약 절반(49.6%)이 고령자 가구가 될 것으로 전망된다. 가구 유형별로 살펴보면 독거노인 가구는 2020년 현재 총 고령가구의 34.2%를 차지하였으며, 향후 2047년에는 36.6%까지 증가할 것으로 예측된다. 반면 65세 이상 고령자의 사회관계망은 연령대가 높을수록 축소되는 경향이 있다. 2020년 고령자 통계에 따르면 2019년 65세 이상 노인 10명 중 약 3명은 어려운 상황이 발생했을 때 도움을 받을 수 있는 사람이 없다고 응답하였다.[3] 이러한 인구학적·사회경제적 변화로 한국 사회는 그동안 전통적으로 가족이 담당해온 '돌봄'을 사회화할 필요성이 공론화되었고, 이를 통해 '돌봄의 사회화'를 주요 사회정책 중 하나로 설정할 수 있게 되었다.

2. 돌봄의 사회화: 노인장기요양보험제도

1) 도입 배경 및 목적

한국에서 노인장기요양보험을 도입한 배경에는 선진 복지국가와 유사한 인구사회적 변화(의료기술의 발전으로 인한 인구고령화, 가족구조 및 가족에 대한 가치관의 변화 등)와 보건의료적 변화(노인의 사회적 입원으로 인한 노인의료비 증가, 만성질환자 및 치매환자 수의 증가 등)의 요인이 있다.

2008년 7월부터 시행된 노인장기요양보험은 돌봄대상자인 노인뿐 아니라 노인을 돌보는 가족의 부담을 덜어줌으로써 보호하고 지원하는 것을 목적으로 한다.[4] 노인장기요양보험이 다섯 번째 사회보험으로 시행되면서 지금까지 빈곤한 기초생활보장 수급 노인에게만 선별적으로 제공되던 노인장기요양서비스는 65세 이상 모든 노인이 보편적으로 이용할 수 있게 되었다.

2) 주요 내용

(1) 기본 원칙

노인장기요양보험제도는 장기요양급여를 제공함에 있어 노인장기요양보험법 제3조에 근거하여 네 가지 기본원칙을 제시한다. 첫째, 장기요양급여는 장기요양 대상자가 자신의 의사와 능력에 따라 최대한 자립적으로 일상생활을 수행할 수 있도록 제공하여야 한다. 둘째, 장기요양급여는 장기요양 대상자의 심신상태·생활환경과 대상자 및 그 가족의 욕구·선택을 종합적으로 고려하여 필요한 범위 안에서 이를 적정하게 제공하여야 한다. 셋째, 장기요양급여는 대상자와 가족이 함께 생활하면서 재가급여를 우선적으로 제공하여야 한다. 넷째, 장기요양급여는 대상자의 심신상태나 건강이 악화되지 않도록 의료서비스와 연계하여 이를 제공하여야 한다. 이러한 원칙은 장기요양대상자인 노인과 가족의 선택권을 보장하고 노인들이 가능한 오랫동안 본인이 거주하던 지역에서 노화할 수 있도록 해야 한다는 이른바 'Ageing in Place'라는 서구 복지국가의 노인복지 흐름에 한국도 함께하기 시작했음을 보여준다.

(2) 적용 대상 및 이용 절차

노인장기요양보험의 가입자는 국민건강보험 가입자와 동일하다. 의료급여 수급권자와 같은 공공부조 대상자는 국민건강보험과 노인장기요양보험의 가입대상에서는 제외되지만 공공부조 수급권자로서 장기요양보험 급여대상에는 포함된다. 한국의 노인장기요양보험은 65세 이상의 노인 또는 65세 미만의 경우 노인성 질병 등의 사유로 6개월 이상 일상생활을 혼자서 수행하기 어려운 사람이 인정절차를 거쳐 급여를 이용할 수 있다. 국민건강보험공단의 인정조사원은 신청자를 그의 거주지에 직접 방문하여 인정조사표를 작성한다. 국민건강보험공단은 지사별로 설치된 장기요양등급판정위원회를 통하여 등급판정기준에 따라 신청자의 장기요양등급을 판정한다. 장기요양등급은 1~5등급과 인지지원등급으로 구분된다. 1등급이 일상생활에서 전적으로 다른 사람의 도움을 필요로 하는 정도가 가장 높으며, 5등급과 인지지원등급은 치매환자이면서 도움필요도 정도가 상대적으로 낮은 사람이 판정받는다.

(3) 급여

장기요양급여는 크게 재가급여, 시설급여, 특별현금급여로 구분된다. 재가급여는 수급자가 본인의 주거지에 거주하면서 받을 수 있는 서비스이다. 재가급여는 요양보호사가 가정에서 제공하는 신체활동 및 가사활동 등의 방문요양, 치매환자를 위한 훈련서비스인 인지활동형 방문요양, 방문목욕, 간호사나 간호조무사 또는 치위생사가 제공하는 방문간호, 하루 중 일정 시간 동안 장기요양기관에서 보호하는 주·야간보호, 월 9일 이내 이용 가능한 단기보호와 휠체어나 욕창방지 매트리스와 같은 복지용구 구입이나 대여하는 급여가 있다.

시설급여는 장기요양기관에 장기간 입소한 수급자에게 신체활동지원 및 심신기능의 유지·향상을 위한 교육과 훈련 등을 제공하는 급여로 노인요양시설과 노인요양공동생활가정이 있다. 노인요양시설의 입소정원은 10명 이상이며 노인요양공동생활가정의 입소정원은 5~9명이다.

특별현금급여는 가족요양비, 특례요양비, 요양병원간병비로 구분된다. 그러나 제도 도입 이후 특별한 사유로 인하여 수급자가 가족으로부터 상당한 돌봄을 받을 때에 한하여 가족요양비만 월

15만 원을 지급하고 있다.

(4) 재정

장기요양보험의 재정은 보험가입자, 정부, 서비스이용자 3자가 부담하는 것을 원칙으로 한다. 가장 큰 부분을 차지하는 장기요양보험료는 건강보험료에 장기요양보험료율을 곱하여 산정된다. 2008년 4.05%로 시작한 장기요양보험료율은 2021년 현재 11.52%로 꾸준히 증가하는 추세이다. 국가는 해당 연도 장기요양보험료 예상수입액의 20%를 공단에 지원하는 것을 원칙으로 하고 있다. 서비스이용자 중 의료급여 수급자는 본인부담이 없으며, 일반 이용자는 재가급여는 15%, 시설급여는 20%를 부담한다.

3. 돌봄의 상호 의존적 맥락에서 돌봄노동의 사회화

돌봄의 사회화가 노인장기요양보험이라는 새로운 사회보험제도를 통해 본격적으로 시작되면서 노인의 돌봄 필요성은 우리사회가 함께 해결해야하는 보편적인 사회적 위험으로 받아들여졌다. 돌봄은 새로운 사회보험제도를 통해 사회화가 되거나 또는 되어가고 있지만, 과연 '돌봄노동' 또한 사회화가 이루어지고 있는가? 돌봄은 상호 의존적인 행위이다. 따라서 돌봄의 사회화를 돌봄을 받는 당사자 노인뿐만 아니라 돌봄을 제공하는 가족과 전문요양인력인 요양보호사의 관점에서 논의해볼 필요가 있다.

1) 돌봄 수혜자: 노인

우리사회는 그동안 노인과 고령화를 부정적인 시각에서만 바라본 것은 아닌지 묻지 않을 수 없다. 우리는 노인을 문제해결의 대상이나 정책의 수혜대상으로만 인식해온 것은 아닌가? 그래서 돌봄 당사자인 노인의 의사가 중요함에도 불구하고 노인이 이용할 서비스의 결정권과 선택권을 제한한 것은 아닌가?

「2017년 노인실태조사」의 결과에 따르면 거동이 불편해지더라도 재가서비스를 받으며 현재 살고 있는 집에서 계속 살고 싶다는 노인은 57.6%로 나타났으며, 시설에 입소하겠다는 노인은 31.9%에 불과했다. 이처럼 노인에게 자기결정권이 주어진다면 최대한 오래 자신의 집에 머물기를 원하는 것은 당연하다.[5] 그러나 우리사회에서 노인의 자기결정권은 여전히 반영되지 않는 것으로 보인다. 2019년 보건복지부가 발표한 「장기요양실태조사」에 따르면 장기요양 급여이용의 주된 결정 주체는 자녀나 손자녀가 68.8%로 가장 높았으며, 배우자가 11.7%였다. 본인이 결정한 비율은 8.6%에 불과했다. 2018년 아셈노인인권정책센터가 노인의료복지시설 거주노인 800명을 대상으로 진행한 연구결과에서도 60%의 거주자가 본인의 의사에 반하여 입소한 것으로 나타났다.[6] 이를 감안할 때 대부분의 노인은 가족 및 보호자의 상황과 결정에 따라 시설에 입소하는 것으로 보인다. 그러나 본인의 의사에 반하여 시설에 입소한 노인의 경우 그렇지 않은 노인에 비하여 시설에 적응하는 데 많은 어려움을 겪고 있으며, 삶의 만족도는 낮게 나타나는 반면 우울의 수준은 높게 나타났다.[7] 안타까운 것은 가정 내 돌봄이 사회적 돌봄으로 전환되는 과정에서 우리사회가 노인요양시설에 입소할 때 노인의 의사가 존중되어야 한다는 법적 근거를 아직까지 마련하지 못했다는 사실이다.

2) 돌봄제공자: 가족과 요양보호사

(1) 돌봄제공자: 가족

재가보호를 시설보호에 우선하는 한국 장기요양정책은 여전히 가족의 돌봄능력과 의지에 의존한다. 「2017년도 노인실태조사」에 따르면 신체기능이 저하되어 수발을 받는 노인 중 89.4%가 가족으로부터 수발을 받고 있는 것으로 나타났다. 가족수발자는 배우자, 딸, 아들의 순으로 높게 나타났으며, 69%가 노인과 동거하는 가족인 것으로 파악되었다.[8] 가족수발자, 친척, 이웃, 친구, 자원봉사자 등을 포함한 개념인 '비공식수발자'의 역할은 한국 뿐 아니라 다른 국가에서도 매우 중요하다.[9] 그러나 돌봄이 필요한 사람의 수발(돌봄) 욕구가 커지고 그 기간이 길어질수록 돌보는 사람의 부담은 더 커질 수밖에 없다. 실제로 「2019년 장기요양실태조사」에서 재가서비스를 이용하는 노인의 건강이 악화되는 경우 이용자 가족의 68.3%가 노인요양시설로 모실 계획이라고 응답하였다.[10]

재가보호를 기반으로 하는 장기요양제도는 가족수발자에 대한 지원이 부족할 경우 가족수발자 개인이 감당하는 부담의 상당부분을 은폐할 수 있다. 가족의 수발은 국내외 많은 연구에서 노동시장 참여에 부정적 영향을 미치는 것으로 나타났다.[11] 가족수발자의 고용 감소 또는 중단은 가족수발자에게 추가 비용과 재정적 손실을 초래한다. 특히 가족돌봄을 풀타임으로 하면서 추가 근로소득이 없는 가족수발자는 본인의 노후보장에 대한 대책이 부족하여 고용된 상태에 있던 사람들에 비해 노후소득이 낮거나 공공부조 수급자로 전락할 가능성이 높다.

해외 사례를 살펴보면 핀란드나 영국 등 일부 EU 회원국과 스위스에서는 비공식수발자에게 직접 현금급여를 지급함으로써 사회보장과 관련된 비공식수발자의 소득손실을 대체하고 돌봄노동의 가치를 인정한다. 이처럼 비공식수발자에게 현금을 지급할 경우 비공식수발자의 생업활동이나 근무시간에 제한을 두기도 한다. 이밖에 많은 EU 회원국에서 비공식수발자를 위한 근로시간 단축제도나 사회보험료 지원 또는 경감제도를 시행하고 있다.[12]

한국 노인장기요양보험제도에서 가족수발자를 위한 급여는 전무하다. 이러한 상황에서 가족돌봄에 기반을 둔 '재가보호를 시설에 우선'하는 장기요양제도가 앞으로 얼마나 지속가능할지에 대한 의문이 제기된다.

(2) 돌봄제공자: 요양보호사

이미 고령화가 한국보다 훨씬 오래전부터 시작된 유럽 복지국가는 지난 30년 동안 노인장기요양 영역이 빠르게 성장하면서 노인요양인력이 하나의 독립적인 전문 직업으로 발전하였다. 그럼에도 대부분의 EU 회원 국가에서 장기요양부문 종사자의 근무조건은 다른 직업군에 비해 상대적으로 열악하고 소득수준 또한 낮은 것으로 보고된다.[13] 한국도 예외는 아니다. 한국은 2008년 장기요양보험이 시행되면서 장기요양이 부분적으로 전문적인 사회서비스가 되는 과정을 가속화하였다. 이 과정에서 '요양보호사'라는 새로운 '전문직'이 생겼다. 장기요양기관에는 요양보호사 외에도 사회복지사, 간호사, 간호조무사, 물리치료사 등의 인력이 근무하지만 요양보호사가 전체 인력의 91%를 넘게 차지한다. 구체적으로 살펴보면 장기요양기관에서 근무하는 요양보호사의 수는 2008년 11만 4,000명에서 2018년 44만 4,525명으로 빠르게 늘어났다. 그러나 요양보호사 자격증 발급자 누적 수(2019년 170만 8,000명) 대비 장기요양기관 근무자 비율은 26%에 불과하다. 이처럼 요양보호사 자격취득자는 많은데 현장에서 근무하는 요양보호사의 수가 적은 것은 요양보호사라는 직업이 매력적이지 않기 때문이다.

장기요양이 도입될 당시 한국에는 장기요양서비스를 제공할 기관과 인력이 턱없이 부족했다. 정부는 이를 빠르게 확보하기 위해 '장기요양의 시장화'를 추진하였으며, 이로 인해 비영리기관뿐 아니라 영리목적의 소규모 개인시설이 과잉 공급되었다. 장기요양기관은 사업운영의 지속가능성을 위해 요양보호사의 노동조건과 임금수준을 악화시켰다.

2019년 고용된 요양보호사 중 근로계약서를 작성하지 않은 경우가 2.2%로 다른 직종에 비해 높았다. 특히 개인이 운영하는 재가기관인 방문요양과 방문목욕, 노인요양공동생활가정에서 근로계약서를 작성하지 않는 비율이 비교적 높게 나타났다. 급여명세서를 받고 있지 않다고 응답한 요양보호사도 4.8%로 높게 나타났으며, 요양보호사의 연령이 높을수록 그 비율은 높았다. 요양보호사들의 고용형태를 살펴보면 시간제 계약직 비율이 53%, 계약직 전일제 비율이 13.4%로 정규직은 33.6%에 불과했다. 이는 요양보호사의 고용상태가 매우 불안함을 말해준다. 특히 개인사업자가 운영하는 기관에 종사하는 요양보호사들의 시간제 계약직 비율이 비영리법 인 시설 종사자들보다 약 두 배나 높았다. 또한 2019년 요양보호사 의 임금은 월 107.6만 원으로 다른 직종에 비해 월 평균 임금이 낮 아 전체적으로 요양보호사들의 근무조건이 매우 열악함을 확인할 수 있다.[14]

(3) 돌봄제공자: 가족인 요양보호사

노인장기요양정책의 시장화 전략으로 생겨난 또 다른 새로운 돌 봄제공자는 '가족인 요양보호사'이다. 이미 언급했다시피 노인장기 요양보험은 가족의 부양 부담을 덜어주는 것을 목적으로 하고 있 다. 그러나 제도 도입 후 정부가 의도하지 않은 뜻밖의 상황이 발생 하였는데, 그것은 바로 명칭도 애매한 '가족인 요양보호사'라는 기 형적인 직업군이 생겨난 것이다.

장기요양기관, 특히 재가기관이 과잉 공급된 상황에서 요양보호 사 양성 교육기관을 포함한 공급주체들은 가족을 돌보고 있는 가 족구성원들을 통해 장기요양서비스 이용자를 확보함으로써 수익창 출의 수단으로 유인했다. 즉 서비스 공급주체들이 부모나 배우자 를 돌보고 있는 가족 돌봄제공자들을 요양보호사 교육을 받고 자 격증을 취득하게 한 뒤 재가기관에 요양보호사로 등록하고 서비스 를 제공하도록 한 것이다. 2008년 2,651명이었던 가족인 요양보호 사 수는 10년이 지난 2018년 7만 5,269명에 달했으며, 매년 증가하 는 경향을 보인다. 재가기관에 등록된 가족인 요양보호사들 중 가 족인 요양보호사로만 근무하는 경우 70세 이상이 차지하는 비율이

40.6%로 다른 연령대보다 훨씬 높았다. 가족인 요양보호사 중 장기 요양서비스 이용자의 자녀가 전체의 62.2%이며, 배우자는 34.5%로 부모를 돌보는 자녀가 전체의 다수를 차지했다. 2020년 1월 현재 전체 방문요양 수급자 중 약 20%가 가족인 요양보호사를 통해 서비스를 이용하고 있다.

가족인 요양보호사와 관련하여 제기되고 있는 문제는 다음과 같다. 첫째, 동일한 돌봄노동을 제공함에도 불구하고 가족인 요양보호사는 산정되는 시간에 따라 월 약 35만~75만 원을 수령하는데 다른 일반 가족 돌봄자들은 어떠한 보상도 받지 못한다. 이 경제적 보상의 차이는 단순히 요양보호사라는 자격증 취득 여부만으로 제도적으로 정당화되는데 이것이 과연 공정한 것인가. 그나마 가족 요양비 수급 대상자로 인정받는 경우에 한해 월 15만 원을 지급받지만 이 또한 제도 도입 이후 13년 동안 월 15만 원을 지급하는 것이 공정한가하는 질문을 던지지 않을 수 없다. 둘째, 일반 요양보호사와 가족인 요양보호사는 동일한 교육을 받고 동일한 요양보호사 자격증을 취득했음에도 불구하고 수가인정은 다르게 하고 있어 불평등 문제가 제기될 수밖에 없다. 셋째, 가족인 요양보호사들이 요양보호사로서 가족을 돌보는 동기가 경제적 이유일 가능성이 높다는 것이다. 2020년 진행된 연구에 따르면 가족인 요양보호사의 평균연령은 64세이며 이들 중 약 88%는 여성이었다. 가족인 요양보호사의 월평균 본인소득은 100만 원 미만이 72%로 상당히 높은 비중을 차지했다. 이를 통해 소득이 낮은 가족 돌봄자가 수입보완의 수단으로서 가족인 요양보호사로 활동하고 있는 것을 유추해 볼 수 있다. 특히 자녀보다 배우자가 경제적 이유로 가족인 요양보호사를 선택했다는 응답이 자녀에 비해 세 배 이상 높아 노후소득 보장이 잘 갖춰지지 않은 노인이 부족한 소득을 보충하기 위해 가족인 요양보호사를 선택한 것으로 보인다.[15] 그러나 이 경우 돌봄의 사회화라는 노인장기요양보험의 기본취지를 왜곡하고 '노인 돌봄의 재가족화'가 진행되게 함과 동시에 돌봄노동의 가치를 공식화하는 데 역기능적으로 작동하게 하는 결과로 이어지게 될 것이다. 넷째, 노인의 삶에 직접적으로 영향을 주는 서비스 제공과 품질관리 문제이다. 가족인 요양보호사는 재가기관에 등록하고 서비스를 제공한다. 따라서 가족인 요양보호사는 근로계약을 체결한 종사자로서 직원관리 규정에 따라 관리되어야 함에도 불구하고 관리가 어려운 것이 현실이다. 따라서 가족인 요양보호사가 서비스를 제공하지 않거나 서비스 제공시간과 일수를 늘려 청구하는 경우가 발생할 수 있다. 다른 한편으로 요양서비스 품질관리의 어려움이다. 일반 요양보호사가 제공하는 요양서비스에 대해서는 3년마다 객관적인 평가가 이루어지지만 가족 간 이루어지는 서비스에 대한 품질평가는 제한적일 수밖에 없다. 결과적으로 장기요양 급여수급자인 노인은 돌봄의 사각지대에 놓일 확률이 상대적으로 높다.

마지막으로 강조하고 싶은 문제점은 다른 장기요양보험 급여와 마찬가지로 가족인 요양보호에서도 노인장기요양보험 급여의 당사자인 노인에게 선택권이 거의 보장되지 않는다는 것이다. 2018년 건강보험공단연구원에서 진행한 연구에 따르면 재가센터장들은 수급자인 노인이 재가서비스 이용에 대한 정보를 잘 모른 상태에서 보호자(가족)의 결정에 의해 서비스가 선택되고 제공된다는 의견을 개진하였다.[16] 양난주 외(2020)의 연구도 이를 증명하는데, 934명의 가족인 요양보호사에게 가족인 요양보호 이용을 누가 결정했는지 물어본 결과 돌봄을 필요로 하는 노인(15%)보다 가족인 요양보호사 본인이었다고 응답한 비율이 80%로 훨씬 높은 것으로 나타났다.

4. 비전: 공정한 돌봄 사회

한국 사회는 세계에서 가장 빠르게 초고령사회로 가고 있다. 돌봄노동의 필요성은 지난 수십 년 동안 우리사회에서 증가하고 있으며 향후 30년 동안은 계속될 전망이다. 동시에 가족은 이전보다 필요해진 돌봄노동을 스스로 수행할 능력이 부족할 것으로 보인다. 독거노인 및 부부노인가구는 더 증가할 것이며, 이들은 주로 공적 돌봄 체계에서 필요한 지원을 받을 것으로 예상된다.

장기적으로 노인 돌봄 문제에 안정적으로 대응하고 공정한 돌봄 사회로 나아가기 위해서는 한국의 장기요양정책에 근본적인 변화가 요구된다. 필자는 돌봄 수혜자인 노인에게 공정한 기회를 제공하고, 돌봄제공자인 가족과 장기요양인력, 특히 요양보호사의 노동 가치를 합당하게 인정하는 공정한 돌봄 사회의 비전을 제시하고자 한다. 이를 실현하기 위한 정책 제언은 다음과 같다.

첫째, 장기요양을 필요로 하는 당사자인 노인의 자율성을 강화하고 자기결정권을 보장하여야 한다. 사회서비스 제공이 공급자 중심에서 수요자 중심으로 전환되는 과정에서 소비자의 주권에 대한 인식은 높아지고 있다. 노인복지가 발전해온 과정에서 노인을 돌보고 보호하는 데 집중하다 보니 가장 본질적인 노인의 존엄성과 자기결정권에 대한 관심은 소홀해진 것으로 보인다. 특히 노인 돌봄 영역에서는 가족이 결정권을 대신 행사함으로써 노인의 결정권은 없는 것처럼 간주된다. 따라서 의사결정능력에 문제가 없는 노인에게는 여러 차례의 상담을 통해 충분한 정보를 주고 본인 스스로 필요한 서비스를 선택할 수 있게 하여야 한다. 의사결정 능력에 문제가 있는 노인의 경우 법적 근거를 마련하여 현장에서 적용 가능한 성년후견제도나 다른 국가적 감독 시스템 도입에 대한 현실적인 대안이 마련되어야 한다.

둘째, 노인들이 거주해온 지역에서 필요한 사회서비스를 이용하면서 자연스럽게 노화하고 살아갈 수 있도록 지원하여야 한다. 「2017년도 노인실태조사」에서 확인할 수 있듯이 건강이 유지되는 경우는 물론이고 거동이 불편해도 살던 곳에서 재가서비스를 이용하며 여생을 마치고 싶어 하는 노인이 10명 중 6명이었다. 노인장기요양보험이 시행되면서 활발히 논의되어온 커뮤니티 케어는 돌봄을 필요로 하는 노인, 장애인 등 주민이 필요한 서비스를 이용하면서 본인이 거주하는 곳에서 살아갈 수 있도록 하는 것이다. 정부는 2018년 11월 '지역사회 통합 돌봄 기본계획'을 발표하고 '어르신이 살던 곳에서 건강한 노후를 보낼 수 있는 포용국가'라는 비전을 제시하면서 지역주도형 사회서비스정책을 시작하였다. 이를 실현하기 위하여 현재 국민건강보험공단은 '통합재가급여 시범사업'을 시행하고 있다. 통합재가서비스는 재가기관과 한 번의 계약으로 노인의 욕구를 반영해 두 가지 이상의 재가서비스를 제공하고 간호사, 사회복지사, 요양보호사가 협업으로 노인 맞춤형 서비스를 제공하는 것이다. 또한 지금까지와 달리 하루 여러 차례 필요한 서비스를 이용할 수 있어 독거노인이나 장기요양필요도가 높은 노인이 집에서 거주하기를 원한다면 독립성을 유지하며 생활할 수 있다. 매월 사회복지사와 간호사가 가정을 방문하여 적절한 급여가 제공되고 있는지 확인함으로써 질적 관리도 가능하다. 따라서 노인의 필요를 반영한 통합재가급여사업이 원래 취지에 맞게 시행되기를 기대해 본다.

셋째, 일상적인 돌봄 상황에서 가족돌봄자의 수발부담을 경감하는 장기요양서비스의 종류를 확대하고 이에 대한 정보를 충분히 제공하여 이용접근성을 개선하여야 한다. 가족 속에서 이루어지는 돌봄은 여전히 규범적 영향력을 가지고 있는 것이 현실이다. 돌봄의 사회화가 진행되어도 가족돌봄은 사라지지 않을 것이며, 한국 장기요양 시스템에서 중요한 역할을 계속할 것이다. 그렇다면 가족돌봄자가 더 이상 혼자 수발을 담당하지 않도록 전문적이고 자발적인 지원을 제공받을 수 있는 지역네트워크를 구축하여야 한다. 농어촌 지역의 경우, 서비스 제공기관과의 먼 거리와 인구학적 상황을 반영하여 인프라가 부족한 지역에 재정지원을 확대하여 공공 장기요양기관을 확충하는 것을 검토할 필요가 있다. 우리사회에서 가족 및 친지에 의한 광범위한 돌봄은 가족연대의 의지를 보여준다. 이를 감안할 때 돌봄노동은 돌봄이 필요한 사람과 돌보는 사람이 원하는 좋은 기본 조건에서 수행될 경우 가족친밀감과 의사소통의 기회로서 더욱 풍성한 경험을 제공할 수 있다.

넷째, 가족돌봄의 노동 가치를 인정하고 가족돌봄자는 사회적으로 보장되어야 한다. 가족수발은 이미 여러 선행연구에서 증명되었듯이 수발자의 노동시장 참여에 부정적인 영향을 미친다. 국민연금

제도에서 출산과 군복무에 대해 연금 가입기간을 인정해주는 크레딧 제도를 운영하고 있다. 그렇다면 부모나 배우자를 돌봄으로써 노동시장 참여를 축소하거나 포기할 경우, 이 또한 연금가입기간으로 인정해주어야 하는 것이 아닐까. 이와 더불어 양육에서와 유사한 정도의 일·가족돌봄 양립정책 시행을 위한 돌봄휴직, 시간제 또는 단축 근무 등의 제도 도입과 같은 정책적 개입에 대한 논의도 진행되어야 한다.[17]

다섯째, 가족요양비와 가족인 요양보호사 제도의 개선이다. 가족인 요양보호사와 관련하여 동일 노동에 대한 불평등한 보상, 요양서비스의 품질관리 등 많은 문제점을 앞서 확인하였다. 개선방안으로 가족요양비와 가족인 요양보호사제도를 현금급여로 통합하는 방안이 있다. 이 경우 가족돌봄을 공식적으로 인정하고 사회적 보상을 하는 것이다. 그러나 현금급여 도입은 장기요양보험 가입자와 수급자, 장기요양서비스 공급자와 정책결정자 등 이해관계자 간의 사회적 합의를 필요로 하며 가족지원정책이 동시에 진행되어야만 성공할 수 있을 것이라 예상된다.[18] 다른 방안으로는 가족이 돌볼 경우 가족요양비를 신청해 심사받고 지급하는 방식이다. 이 경우 현재 월 15만 원의 가족요양비는 현실적으로 인상되어야 한다. 더불어 가족돌봄자를 지원하는 사회서비스를 제공하여야 한다. 장기적으로는 가족인 요양보호사제도를 폐지하되 공적돌봄이 어려운 경우에 한해 제한적으로 인정하는 방안이 있다.[19]

여섯째, 노인요양인력의 돌봄노동 가치는 좋은 근로조건과 공정한 임금으로 표현되어야 한다. 노인 돌봄이 가족이나 개인의 영역을 넘어 사회적으로 해결해야 할 과제라는 인식이 확산됨에도 불구하고 주요 노인 돌봄인력인 요양보호사 직종은 사회적으로 평가절하되고 있으며, 이들의 근무환경은 열악하고 임금수준은 낮다. 이러한 이유로 요양보호사의 인력부족 문제는 이미 심각한 수준이다. 이제는 정부가 장기요양인력의 노동조건을 개선하고 양질의 일자리를 보장하기 위하여 법적 근거를 마련하여야 한다. 교육, 돌봄노동에 대한 사회적 인식을 향상하고 요양보호사라는 직업의 매력을 높일 수 있는 정책이 수립되어야 한다.

더 읽어야 할 자료들

루이즈 애런스, 최가영 옮김(2020). 『나이듦에 관하여: 나이듦을 재정의하고 의료 서비스를 혁신하여 우리 삶을 재구상하다』, 비잉.
이 책은 나이 듦의 가치와 동시에 이에 따르는 고통에 대한 통찰을 담고 있다. 노인의학전문의이자 미국 캘리포니아 대학교 샌프란시스코 캠퍼스 이과대학의 교수인 저자는 의사로 활동하며 경험한 사례들을 이야기하듯 소개한다. 노인을 향한 노화에 대한 긍정적인 메시지는 물론 노인 돌봄 제공과 관련된 모든 주체들에게 올바른 돌봄에 대한 방향을 제시한다.

도쿄대 고령사회 종합연구소(2019). 『도쿄대 고령사회 교과서: 인생 100세 시대, 무엇을 준비할 것인가』, 행성B.
도쿄대 고령사회 종합연구소는 일본의 대표적인 고령화 연구기관이다. 일본은 한국에 앞서 세계에서 가장 빠른 속도로 고령화를 겪고 있음에도 불구하고 일본 사회의 고령화 인식이 낮은 것에 주목하여 고령화에 대한 올바른 이해와 대응 마련을 돕기 위해 펴냈다. 이 책에서는 일본에서 노화,

경제, 건강, 돌봄, 기술 활용 등 다양한 영역에서 시행되고 있는 정책을 노년학 측면에서 분석하고 개선점을 제시함으로써 한국에 시사점을 제공한다.

로빈 웨커, 카렌 엘슨, 유영미 옮김(2019). 『국제비교 노인복지정책: 노인의 복지체감도를 중심으로』, 학지사.

이 책은 선진 복지국가들의 노후소득 보장, 보건의료정책, 정신보건정책, 가족돌봄정책 등 다양한 노인복지정책을 비교를 통해 분석하고 고령사회의 정책과제를 제시한다. 물론 다른 국가의 정책 및 제도가 문화적인 차이로 인하여 읽는 이에게 이질감을 줄 수도 있다. 그러나 세계 각국의 노인을 대상으로 실제 인터뷰한 내용을 담고 있으며, 각국의 정책이 현실적으로 어떻게 기능하고 어떤 영향을 미치는지를 이해할 수 있게 다루고 있어 노인복지에 관심 있는 사회복지사는 물론 일반인에게도 도움이 될 수 있을 것으로 판단된다.

제9장

....

복지국가의 약한 고리,
주거기본권

김도균

- 주거기본권은 복지국가의 약한 고리라고 할 수 있는데, 한국의 복지 시스템은 주거기본권 보장에 특히 취약하다.
- 주거기본권의 결여는 내 집 마련에 대한 집착을 강화시키고, 이러한 부동산 집착은 부동산 격차를 확대시켰다.
- 부동산 인질 사회에서 벗어나기 위해서는 주거기본권 보장을 아우르는 복지국가 전략이 요구된다.

주택은 인간의 생존을 위한 필수적인 요소임에도 불구하고 주거기본권 보장에는 여러 가지 어려움이 따른다. 무엇보다도 주택의 건설과 유지·보수에 많은 비용이 들어가기 때문에 다른 영역에 비해 국가의 역할에 한계가 존재한다. 주거 문제에 대해 자가소유를 강조하는가, 임대주택을 강조하는가에 따라 복지국가에 미치는 함의는 상이하다. 케메니(Jim Kemeny)에 따르면 주택소유 비중이 높은 사회는 복지지출 비중이 낮고, 임대주택 비중이 높은 사회는 복지지출 비중도 높은 경향이 있다. 반면 한국은 자가소유 규범이 매우 강함에도 불구하고 자가소유율이 낮은데, 이것은 공공임대 공급은 부족했던 반면 자가소유 촉진정책은 지속적으로 실패해왔기 때문이다. 이런 이유로 한국 사회는 내 집 마련에 대한 집착이 강하고, 부동산이 가장 뜨거운 사회적 논란거리 중의 하나이다. 하지만 부동산에 대한 과도한 집착은 다주택자 문제 등을 초래하고, 주택소유의 격차를 확대시키는 등 부정적 효과를 확대시켜 왔다. 또한 내 집 마련이 삶의 일차적인 목표가 되는 상황에서 소득 증가가 소비 증가로 이어지지 못하고 부동산 자산 구입 등에 활용되고 있는데, 이것은 지속가능한 소득보장 시스템의 구축을 어렵게 하고 있다. 부동산 인질 사회에서 벗어나서 복지국가로 나아가기 위해서는 주거기본권 보장을 아우르는 복지국가 전략이 요구된다.

1. 복지국가와 주택 문제

인간의 생존을 위해 필수적인 요소로 보통 의·식·주를 꼽는다. 인간은 추위에서 보호해 줄 옷과 먹을 것, 그리고 살 곳이 있어야만 최소한의 인간다운 생활을 유지할 수 있다는 것이다. 그래서 절대적 빈곤이나 궁핍을 측정할 때 우리는 보통 이러한 필수적인 요소들이 충족되어 있는가 아닌가를 가지고 판단한다.

그런데 사회가 많이 발전하면서 절대적 빈곤 문제는 어느 정도 해결된 것처럼 보인다. 물론 지구적 차원에서 보자면 여전히 절대적 빈곤 문제가 심각한 나라들이 있지만, 상당수 국가들이 절대적 빈곤에서 탈피한 것이 사실이다. 그래서 빈곤에 대한 연구들도 절대적 빈곤과 궁핍에 대한 연구에서 상대적 빈곤에 대한 연구로 관심이 바뀌어왔다.

하지만 '의'과 '식'의 문제는 어느 정도 해결되었을지 몰라도 '주'의 문제는 여전히 현대사회의 핵심 문제로 남아 있다. 그래서 혹자는 예전에는 의·식·주가 문제였다면 지금은 주·교·의가 문제라고 한다.[1] 현대사회에서는 주거와 교육, 의료가 인간 사회의 필수 요소가 되었다는 것이다. 교육과 의료는 새롭게 필수적인 요소로 꼽히고 있지만 주거는 예나 지금이나 마찬가지로 필수 요소로 꼽히고 있다. 그만큼 주거 문제는 과거에도, 그리고 현재에도 중요한 문제라는 것을 알 수 있다.

이렇게 주거 문제가 예나 지금이나 중요한 것은 주거 혹은 주택 문제가 갖는 독특한 특징 때문이다. 20세기 복지국가의 등장으로 빈곤과 궁핍의 문제는 어느 정도 극복될 수 있었다. 사람들이 최소한의 생계를 유지할 수 있도록 국가가 적극적으로 소득을 보장하는 역할을 떠맡았던 것이다. 하지만 주거 문제는 그렇지 않았다. 주택은 기본적으로 건설부터 유지·보수까지 많은 비용이 들어가기 때문에 국가의 역할에는 한계가 있었다. 그래서 어쩔 수 없이 시장의 역할이 클 수밖에 없었다.[2] 물론 시장의 역할이 크다고 항상 문제가 되는 것은 아니지만, 그동안의 경험을 보면 적어도 주거기본권에 대한 보장이 복지국가의 가장 취약한 분야 중의 하나였던 것은 분명해 보인다. 그래서 복지국가를 연구하는 사람들은 주거 문제를 복지국가의 약한 고리라고 말한다.

한국 사회는 다른 사회에 비해 주택 문제가 훨씬 심각하다. 부동산에 대한 집착이 매우 크고, 부동산이 가계자산의 대부분을 차지하고 있다. 게다가 부동산 자산 규모에 따라 평균수명이나 대학진학률 등에 유의미한 차이가 존재한다.[3] 하지만 전사회적으로 부동산에 대한 집착이 큰 만큼 내 집 마련에 성공하지 못한 사람들도 많다. 부동산 격차가 심각한 문제라고 할 수 있다.

주거는 인간생활의 필수 요소이지만 다른 것들에 비해 유독 기본권이 보장되기 어렵다 보니 그만큼 문제도 심각하다. 한국 사회가 유독 부동산에 집착하는 이유도 이와 무관치 않다. 부동산이 단지 투자 혹은 투기의 대상이기만 했다면 문제가 이렇게까지 심각하지는 않았을 것이다. 주식이나 펀드 같은 금융상품이야 돈이 없으면 안 사도 그만이지만 부동산은 그럴 수가 없다. 이렇다 보니 시쳇말로 부동산 문제에서는 누구도 쿨 할 수가 없는 것이다.

2. 부동산 집착

한국 사회가 부동산 문제로부터 자유로울 수 없는 이유는 앞에서 언급한 것처럼 주택이 갖는 독특한 특징 때문이라고 할 수 있다. 주택은 인간의 생존을 위한 가장 필수적인 요소 중의 하나이다. 하지만 생존의 문제임에도 불구하고 그동안 주거기본권이 제대로 보장되지 않다 보니 부동산에 대한 집착이 클 수밖에 없었다. 집 한 채 마련하는 데 성공하지 못할 경우 안정적인 삶을 장담할 수 없다면 그만큼 부동산에 대한 집착은 클 수밖에 없다. 부동산이 생존의 문제와 관련되기 때문에 집을 가진 사람이나 가지지 못한 사람이나 부동산 문제에서 자유롭기 어려운 것이 한국 사회의 현실이다. 이와 더불어 우리가 부동산 문제에서 자유로울 수 없는 또 한 가지 이유는 부동산이 사람들의 노후에까지 막대한 영향력을 미치기 때문이다. 누군가에게는 부동산이 불로소득을 위한 투기 수단이기도 하지만, 누군가에게는 가지고 있는 집 한 채가 은퇴 이후의 노후를 보장해주는 안전망이기도 하다. 누군가에게는 내 집 마련은 경제적으로 독립하고 가정을 꾸리는 데 있어서 피할 수 없는 과제이다. 집 한 채를 가지고 있지 않다면 그럭저럭 안정된 괜찮은 삶을 영위할 수 없는 현실에서 사람들이 내 집 마련에 몰두할 수밖에 없는 것은 어찌 보면 당연한 결과라고 할 수 있다. 이런 점에서 한국 사회는 가히 부동산 인질 사회라고 불릴 만하다.

이제 고령사회의 핵심 구성원이 된 베이비부머의 입장에서 보자면, 어떻게든 주택자산을 활용하지 않고 그동안의 생활수준을 유지할 수 있는 방법을 찾기가 마땅치 않다. 상당수가 50대 초반에 이미 하던 일을 접고 소득이 중단되거나 하락하는 경험을 하게 되는데, 그동안의 경력을 살릴 수 있는 뾰족한 방법도 없고, 대안으로 시작한 자영업은 실패할 확률이 더 높다. 이런 상황에서 이들에게 안전망을 제공하는 것은 가지고 있는 집 한 채, 그동안 모아둔 부동산 자산이 전부인 경우가 많다. 내 집 마련이 지배적인 사회에서 어차피 집은 있어야 하는데, 잘만하면 은퇴 후의 노후소득까지 보장할 수 있고, 더 잘만 하면 자식에게까지 안전망으로 작용할 수 있으니 베이비부머들이 할 수 있는 한 부동산에 집착하는 것도 무리는 아니다.[4]

하지만 아직 내 집 마련에 성공하지 못하거나 시도조차 하지 못하고 있는 청년 세대의 입장에서 보자면, 내 집 마련의 벽이 너무 높은 것이 문제라고 할 수 있다. 주택은 인간생활의 필수 요소이기 때문에 내 집이든 아니든 살 집은 필요하다. 하지만 한국 사회는 그동안 국가가 공공임대주택 같은 주거복지의 제공에 소홀해왔기 때문에 내 집 마련이 중요할 수밖에 없었다. 하지만 집값이 너무 올라서 젊은 세대에게는 주택을 구입할 수 있는 경제적 여력이 없다. 무리해서 집을 장만할 경우에는 빚을 질 수밖에 없고, 이렇게 빚을 지고 집을 마련하는 순간 이들도 부동산 가격 상승을 바라는 처지가 된다.[5]

이렇게 내 집 마련에 성공하기 전까지는 주거불안이 해소되지도 않고, 부동산을 활용하지 않고는 안정된 노후생활도 기대하기 힘들기 때문에 한국 사회는 부동산 문제에서 자유롭지 못하다고 할 수 있다. 그런데 이러한 부동산 의존성은 자못 심각한 문제를 초래한다. 주거기본권이 보장되지 않다 보니 주거 문제 해결을 위한 각자도생이 당연시되고, 이것은 부동산시장에서의 수요와 공급의 왜곡을 초래하기 일쑤다. 게다가 부동산 집착이 전세라고 하는 독특한 제도와 맞물려 다주택자 문제를 야기하는데, 이것은 소득계층별, 연령계층별로 주택소유 격차를 초래하고 있다. 그리고 이러한 부동산 불평등은 젊은 세대의 경제적 독립과 가족 형성을 어렵게 함으로써 전체적으로 한국 사회의 지속가능성에 심각한 위협을 가하고 있다.

한국 사회가 부동산 인질 사회가 된 이유는 복지국가의 미발달과 불가분의 관계에 있다. 국가주도 산업화 과정에서 복지지출과 공적인 주택공급이 극도로 억제되었기 때문에 주거공간의 마련과 안전장치의 마련이라는 차원에서 부동산은 매우 중요한 수단이 되었던 것이다. 이것은 1970년대의 강남 개발과 아파트 단지의 확산, 신도시 개발 등 주기적인 부동산시장 변동을 거치면서 학습효과를 발휘하기 시작했고, 이러한 경향이 지금까지도 계속되고 있다고 할 수 있다. 부동산을 통한 각자도생이 규범으로 작동하기 시작했고, 일단 분양을 받고, 다음으로 집을 늘려나가고, 가능하면 다주택자까지 되는 것이 중산층의 생애주기로 자리 잡게 되었다. 민주화라고 하는 커다란 변동은 오히려 이러한 경향을 더욱 가속화시키는 계기로 작용했다. 당시는 주택 부족이 매우 심각했는데 이를 해결하기 위해 주택 200만 호 건설과 신도시 건설이 추진되었고 이것은 내 집 마련을 규범을 더욱 강화하고 대중화하는 계기로 작용했다. 반면 내 집 마련 규범이 강화되면 강화될수록 국가가 공적 복지를 확대해나갈 수 있는 여지는 그만큼 줄어들 수밖에 없었다. 외환위기 이후에는 노동시장 유연화와 고용 불안정성 심화, 조기퇴직 등이 확산되면서 더욱더 유일한 안전망으로서 부동산에 대한 집착을 강화시켰다.[6]

3. 부동산 격차

1) 소득계층별 주택소유 격차

한국 사회에서 이러한 부동산집착은 자연스럽게 부동산격차와 연결되는 경향을 보인다. 주택이라는 필수적인 요소가 민간이 중심이 되어 공급되고, 이에 대한 수요가 크다 보니 시장실패의 위험도 증가할 수밖에 없었던 것이다. 이로 인해 한국 사회는 부동산시장의 고질적인 다주택자 문제와 집값 폭등 등에 계속 직면해 올 수밖에 없었으며, 자가소유를 촉진하고자 하는 정책들은 전반적으로 실패할 수밖에 없었다. 한국의 자가소유율이 임대주택 중심의 주택체제에 해당하는 독일과 유사하다는 점이 이러한 자가소유 촉진 정책의 한계를 잘 보여준다.[7]

우선 이러한 부동산 격차를 소득계층별로 살펴보도록 하자. 〈그림 7-1〉은 통계청 「주거실태조사」 자료를 통해 2006년부터 2019년까지 소득계층별로 주택소유율이 어떻게 변해왔는지를 보여준다. 그래프를 보면 저소득층의 경우 주택소유율이 2006년 49.7%에서 2019년 46.4%로 하락한 것을 알 수 있다. 50% 정도에서 변동하다가 최근 들어 하락하는 추세이다. 중소득층의 주택소유율은 2006년 55.3%에서 2019년 59.6%로 약간 상승했다. 그런데 고소득층의 경우 주택소유율은 2006년 67%에서 2019년 76.1%로 거의 10% 포인트 가까이 상승한 것을 알 수 있다. 지난 10여 년 동안 소득수준에 따라 주택소유율 격차가 계속해서 벌어져 온 것을 알 수 있다.

앞에서 언급한 것처럼 한국 사회는 자가소유 규범이 매우 강한 사회이다. 비록 그동안 공공임대 공급이 증가해왔지만 여전히 집 한 채 가지고 있지 않으면 안정된 삶을 누리기 어렵다는 생각이 지배적이다. 그리고 이러한 규범이 지속되어 왔기 때문에 신규 주택 공급 비중도 빠르게 증가해왔다. 주로 아파트 형태로 말이다. 그런데 이러한 신규주택의 공급은 소득계층별로 불공평하게 배분되어온 것으로 보인다. 구매여력이 높은 고소득층은 주택소유율도 빠르게 증가한 반면, 구매여력이 낮은 저소득층은 주택소유율이 오히려 더욱 낮아지고 있다.

부동산은 가계자산의 80% 정도를 차지할 정도로 비중이 크고, 부동산 보유 규모에 따라 평균수명이나 대학 진학률에 차이가 날 정도로 부동산은 사회경제적 지위를 결정하는 중요한 요인이다. 그래서 한국 사회는 부동산 계급사회라고 불리기도 한다. 그런데 〈그림 9-1〉은 소득과 자산의 연관성도 점점 강화되고 있음을 보여준

〈그림 9-1〉 소득계층별 주택소유율 추이(2006-2019)

자료: 통계청 「주거실태조사」

다. 한국 사회의 계층적 위계가 부동산을 매개로 재생산되는 경향이 강화되고 있는 것이다.

2) 연령집단별 주거사다리

연령집단별 주택소유 격차에 대해 살펴보도록 하자. 일견 상식적으로 연령이 증가할수록 자가소유율이 증가하는 것은 당연해 보인다. 젊은 시절에는 아직 모아둔 돈이 부족해서 주택을 장만할 여력이 안 되는 경우가 많을 것이기 때문에 점점 연령이 증가할수록 주택소유율도 증가할 가능성도 높아진다. 그래서 케메니 같은 연구자들도 자가소유 규범이 강한 사회에서는 젊은 시절 주택 구입에 대한 부담이 크고, 이런 이유로 자가소유 규범이 강한 사회에서는 증세에 대한 거부감도 클 것으로 예상한 바 있다.

하지만 이러한 연령별 주택소유 패턴은 전혀 당연하지 않다. 연령별 주택소유 패턴이 국가별로 상이하다는 점을 강조할 필요가 있다. 〈그림 7-2〉를 보면, 대부분 국가들이 대체로 연령이 증가할수록 자가소유율도 증가하는 것을 알 수 있지만, 연령에 따른 주택소유율 기울기는 상이한 것을 알 수 있다. 미국, 영국은 20~30대 연령층에서도 자가소유율이 상당히 높은 편임을 알 수 있으며 덴마크, 네덜란드의 경우는 오히려 이러한 연령별 패턴이 거꾸로 나타나는 것을 알 수 있다. 독일과 한국이 젊은 세대의 주택 소유율이 낮은 편에 속한다. 그런데 한국과 달리 독일은 중·고령층에서도 자가소유율이 낮다. 이것은 독일의 주택시장이 민간임대 중심으로 작동하기 때문이다. 독일은 민간임대 비중이 높지만 임대시장에 대

214

한 국가 규제가 잘 갖추어진 편이다. 이런 면에서 보면 한국은 다른 국가들에 비해 연령계층별 주택소유율 격차가 상대적으로 큰 편임을 알 수 있다.

자가소유 중심 사회이건 임대주택 중심 사회이건 청년층의 주거 기본권을 보장하는 다양한 방법들이 존재한다. 자가소유 규범이 강한 영미권 국가들의 경우에는 잘 짜여진 소비자금융 제도를 이용해 장기 저리의 주택마련 자금을 빌려주고, 젊은 층은 이러한 금융제도를 이용해 상당히 빠른 시기에 집을 장만할 수 있다. 반면 임대 중심 사회에서는 주거취약계층인 청년층을 대상으로 임대주택을 공급한다.[8]

한국은 자가소유 규범이 강한 사회이지만 장기 저리의 주택마련 자금을 제공하는 소비자 금융 제도도 미흡하고, 공공임대 주택 공급도 부족하다. 전세제도를 이용해서 주택사다리를 오르는 것이 내 집을 마련하는 대표적인 방법일 뿐이다. 그런데 이마저도 외환위기 이후에는 부동산 폭등으로 점점 어려워지고 있으며, 다주택

〈그림 9-2〉 연령계층별 주택소유율 국가 간 비교

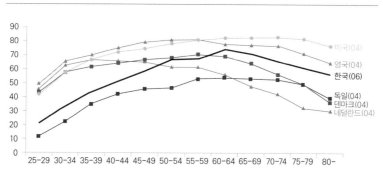

자료: Luxemburg Income Study

자와 무주택자 간의 격차를 더욱더 벌리고 있는 것이 현실이다.

3) 다주택 대 무주택

한국 사회 부동산 이슈에서 가장 민감한 이슈 중의 하나가 다주택자 문제이다. 그동안 자가소유를 촉진하기 위해 신도시도 건설하고 엄청난 양의 신규 아파트도 공급했지만 그럼에도 불구하고 주택소유율은 뚜렷하게 개선되지 않았다. 이렇게 자가소유 촉진정책이 별다른 성과를 내지 못한 주된 이유는 다주택자 문제와 관련이 있다. 이미 집을 보유한 사람들이 신규 아파트를 또 분양받다 보니 정작 집이 없는 무주택자들은 집을 갖지 못하는 악순환이 반복되어온 것이다.

이러한 다주택자 문제는 한국의 독특한 임대차 제도인 전세제도와 관련이 있다. 전세제도는 산업화 시기에 소비자금융이 극도로 억제되던 상황에서 빠르게 관행으로 확산되었다. 주택을 구입하기 위해 목돈 마련이 어려운 상황에서 전세제도는 집주인과 세입자 모두에게 도움이 되는 일종의 민간 차원의 주택금융의 성격을 지니고 있었다.

그런데 이러한 전세제도는 외환위기를 거치면서 그 성격이 레버리지 투자의 수단으로 변하게 된다. 외환위기 당시 금융구조조정으로 은행의 업무가 기업대출에서 가계대출 중심으로 재편되면서 소비자금융이 빠르게 성장하게 된다. 이러한 소비자금융의 성장으로 인해 주택 구입 과정에서 목돈 마련이 수월해졌고, 그 결과 외환위기 이후 주택담보대출이 빠르게 증가하게 된다. 모아둔 돈이 많지 않더라도 주택을 구입하기가 수월해진 것이다.

소비자금융의 변화는 기존의 전세제도와 맞물려 레버리지 투자를 가능하게 했다. 전세제도는 목돈을 보증금으로 받고 임대차계약을 맺는 방식이다. 그런데 여기에 더해 금융기관으로부터 주택담보대출이 가능했기 때문에 소액의 자금과 적은 이자 부담만으로도 추가적인 주택 구입이 가능해졌다. 가령 대출을 받아 주택을 구입하고, 이를 전세를 주게 되면 적은 돈으로도 손쉽게 주택 구입이 가능해진 것이다. 이것은 금융에서 말하는 '레버리지 투자'와 정확히 일치하는데, 시장에서는 '갭 투자'라고 불린다. 이러한 갭 투자 문화가 외환위기 이후 빠르게 확산되는데, 이것은 기존의 전세제도가 소비자금융의 변화와 맞물리면서 가능해진 것이라고 할 수 있다.

문제는 이러한 갭 투자로 인해 주택소유의 양극화가 더욱 심해진 것이라고 할 수 있다. 이미 집을 보유하고 있는 사람들이 추가적으로 돈 몇 푼 들이지 않고 또 주택을 구입할 수 있었기 때문에 공급이 늘어나도 자가소유자는 늘지 않고 집값만 계속 상승했다. 특히 사람들이 거주를 희망하는 수도권 지역에서는 2000년대 들어 부동산 가격이 빠르게 증가하게 된다. 그리고 이러한 부동산 가격 상승은 무주택자의 주택 구입을 더욱 더 어렵게 했다.

〈그림 9-3〉은 연령집단별로 다주택자 비중을 보여준다. 인구주택총조사 표본자료를 이용해서 2005년과 2015년 두 시점에서 연령집단별 다주택자 비율을 살펴보았다. 연령이 증가할수록 다주택자 비율도 빠르게 증가하는 것을 알 수 있는데, 2005년 시점보다 2015년에 이러한 경향이 더욱 뚜렷하다. 2005년에는 60세를 기점

〈그림 9-3〉 연령계층별 2주택 이상 다주택자 비율

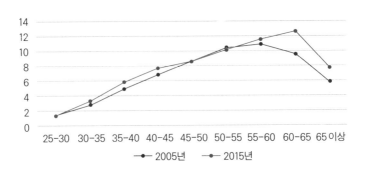

자료: 인구주택총조사 2% 표본(2005년, 2015년)[9]

으로 다주택자 비율이 하락하는데, 2015년에는 60대 초반에 다주택자 비율이 가장 높다. 60대 초반의 경우 10명 중에 1.2명 정도는 다주택자인 것을 알 수 있다.

이렇게 50~60대 집단에서 다주택자 비중이 높은 것은 부동산이 노후대책으로 적극적으로 활용되는 것과 관련이 있어 보인다. 공적연금의 소득보장 기능이 미흡하다 보니 상당수 중고령자들은 공적연금의 공백을 메워줄 수 있는 대체수단으로 부동산을 적극 활용해온 것이다. 60대 이후에는 매각을 통해 현금으로 전환하거나 자녀에게 증여하는 방식으로 활용되었을 가능성이 높다. 2005년에서 2015년 사이 30~40대의 다주택자 비중이 늘어난 것도 이러한 증여 행위와 관련이 있는 것으로 보인다.

그런데 이렇게 다주택자가 증가하게 되면 무주택자도 그만큼 많이 발생할 수밖에 없다. 그동안 신규주택 공급을 늘리고, 신도시를 건설해왔음에도 자가소유율이 증가하지 못했던 이유가 바로 이러한 다주택 보유 문제와 직결된다. 게다가 다주택자는 원리상 민간 임대사업자임에도 불구하고 임대사업자로 등록도 되어 있지 않고 전혀 규제가 되지 않기 때문에 관리의 사각지대에 놓여 있다.

이렇게 한국에서는 여러 가지 문제들이 맞물려 주택소유 격차가 점점 벌어져 왔다고 할 수 있다. 소득계층별로는 소득수준이 높을 수록, 연령계층별로는 연령이 많을수록 주택사다리에서 유리한 위치를 이용해 격차를 벌여왔으며, 이런 상황에서 저소득층과 청년층이 가장 큰 피해를 입어왔다고 할 수 있다.

4) 수도권 집중과 부동산 문제

인구의 수도권 집중은 한국 사회의 부동산 문제를 더욱 악화시키는 또 다른 요인이다. 괜찮은 일자리와 사회 인프라가 모두 수도권에 집중되다 보니 2000년대 들어 청년층을 중심으로 수도권 유입 인구가 계속해서 증가해왔다. 학업과 직업탐색, 취업 등을 이유로 수도권 이주가 증가했다. 하지만 수도권 이주에는 상당한 비용이 수반되는데, 주된 장애 요인이 높은 집값이라고 할 수 있다.

〈그림 9-4〉는 지난 20여 년간 지역별 아파트 매매가격 추이를 보여준다. 지역을 서울, 경기·인천, 광역대도시, 비수도권 도시 네 지역으로 구분해서 보면, 우선 서울과 나머지 지역 간의 아파트 매매가격 격차가 매우 큰 것을 알 수 있다. 경기·인천 지역의 경우도 2000년대 초반 아파트 매매가격이 빠르게 상승한 것을 알 수 있다. 다만 경기·인천 지역은 지역 내 부동산시장 격차가 크다는 점을 고려할 때, 서울에 인접한 지역에서는 그동안 부동산 가격이 서울과

〈그림 9-4〉 지역별 아파트 매매가격 추이(2003-2018)

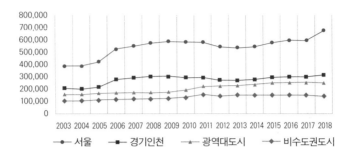

자료: 전국주택가격동향조사

유사하게 빠르게 증가했을 것으로 예상된다.[10]

이러한 부동산 가격의 지역 간 격차는 주택소유율의 차이로 이어진다. 〈그림 7-5〉는 수도권과 광역시, 광역도를 기준으로 지난 15년간의 주택소유율 추이를 보여준다. 수도권의 경우 주택소유율이 50% 수준에 머물러 있다. 2010년대 초반에는 45% 수준까지 하락했다가 최근 다시 50% 수준을 회복한 것을 알 수 있다. 반면 광역대도시의 경우는 주택소유율이 2006년 54.8%에서 2019년 60.4%로 상승했으며, 광역도의 경우는 같은 기간 63.8%에서 68.8%로 증가했다. 전체적으로 한국 사회의 낮은 자가소유율이 주로 수도권 지역의 낮은 주택소유율 때문임을 알 수 있다.

청년층의 수도권 집중은 지역 간 노동시장 격차에 따른 문제이지만, 높은 집값은 정착의 장애요인으로 작용할 가능성이 높다. 더욱이 한국 사회는 자가소유 규범이 강하기 때문에 수도권 이주에 수반되는 높은 주택마련 비용은 청년층의 가족형성과 출산 등에 부정적 효과를 미칠 가능성이 높다. 그리고 이것은 소득 수준이 낮은

220

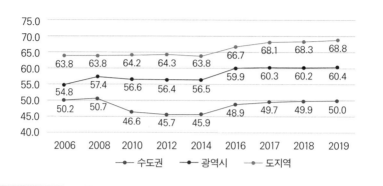

〈그림 9-5〉 지역별 주택소유율 추이(2006-2019)

자료: 통계청 「주거실태조사」

계층에서 더 큰 부담으로 작용할 것이다.

4. 부동산과 소득보장

1) 돈 먹는 하마, 부동산시장

지금까지 한국 사회의 부동산 집착과 부동산 격차 확대에 대해 살펴보았다. 사람들이 부동산에 집착하는 이유가 내 집 마련에 성공하지 못할 경우 안정된 생활이 불가능하다고 생각하기 때문이라는 점을 지적했고, 이러한 부동산 집착이 부동산 격차의 확대와 관련이 있음을 살펴보았다. 그런데 이러한 부동산 집착과 높은 집값은 한국 사회의 복지 확대를 가로막는 장애요인으로도 작용한다. 사회보장제도 확대를 통해 가처분소득을 늘리더라도 소득 증가의 상당 부분이 주택 구입을 위해 사용될 경우 기대했던 정책효과를 기대할 수 없기 때문이다.

〈표 9-1〉은 강신욱의 연구[11]를 재인용한 것으로 2006년과 2016년 두 시점에서 소득계층별 평균소비성향과 가처분소득 대비 부채상환 비중을 보여준다. 우선 두 시점에서 평균소비성향이 모든 소득계층에서 하락한 것을 알 수 있으며, 그 정도는 저소득 계층에서 특히 심한 것을 알 수 있다. 소득이 증가해도 이것이 소비로 이어지지 못하고 있음을 알 수 있다. 그리고 이러한 소비성향의 하락은 가계의 부채상환 부담 증가와 관련이 있다. 가처분소득 대비 부채상환 비중을 보면 같은 기간 동안 큰 폭으로 상승했는데, 이 또한 저소득 계층에서 더욱 빠르게 증가한 것을 알 수 있다. 〈표 9-1〉이 보여주는 것은 그동안 소득의 증가가 소비 증가로 이어지지 않고 부채상환으로 이어져 왔다는 것이다. 그런데 가계부채의 상당

〈표 9-1〉 소득계층별 평균소비성향과 부채상환 부담

분위	소득계층별 평균소비성향			소득계층별 가처분소득 대비 부채상환 비중		
	2006	2016	차이	2006	2016	차이
1분위	108.9	95.3	-13.6	16.8	27.1	10.3
2분위	86.6	78.9	-7.7	18.6	31.3	12.7
3분위	76.7	72.4	-4.3	22.1	31.8	9.7
4분위	69.1	65.5	-3.6	23.6	32.0	8.4
5분위	59.0	53.6	-5.4	24.6	28.0	3.4
전체	72.3	66.6	-5.7	20.0	30.0	10.0

자료: 강신욱(2018: 241-242)에서 재인용

부분이 주택 구입과 관련이 있다는 점을 고려하면, 소비성향의 하락은 근본적으로는 주택 구입에 대한 경제적 부담 때문이라고 할 수 있을 것이다. 그리고 이러한 경향은 저소득 계층에서 매우 뚜렷하게 나타난다고 할 수 있을 것이다.

이러한 결과가 보여주는 바는 명확하다. 사회보장제도의 확대를 통해 가계의 소득수준을 향상시키더라도 주택 구입에 대한 경제적 부담을 경감시키지 못한다면 소득보장에 따른 정책효과를 기대하기 어렵다는 것이다. 소득수준이 오르더라도 소득의 상당 부분이 부동산 시장으로 몰리고, 이것은 부동산 가격 상승으로 귀결될 가능성이 높기 때문이다. 부동산 인질 사회에서는 가용 자원의 상당 부분이 부동산 자산에 묶일 수밖에 없는데, 이것은 복지국가의 확대재생산을 가로막을 가능성이 매우 높다. 그러므로 현재와 같은 상황에서 소득보장 수준만 높일 경우 지속가능한 시스템으로 제도화될 가능성은 그만큼 낮아질 것이다.

2) 부동산과 소득보장

앞에서 복지국가와 주택소유의 대체 가설에 대해 살펴봤다. 복지-주택 대체가설에 대해서는 그동안 여러 가지 비판이 있었고, 경험적으로 뒷받침되기 어렵다는 지적도 있었다. 하지만 적어도 한국 사회의 경우에 적용해볼 때, 그리고 앞으로의 복지국가 전략을 고민하는 데 있어서 복지-주택 대체가설이 제시해주는 함의는 매우 크다.

부동산 문제가 복지국가의 발전을 가로막는 주된 장애요인이라는 것은 반대로 복지국가 전략이야말로 부동산 문제를 풀 수 있는 핵심요인이기도 하다는 것을 의미한다. 그리고 주거기본권을 보장하는 것이야말로 복지국가가 확대재생산 될 수 있는 핵심 요인이라는 것을 의미한다. 부동산과 복지국가 문제가 불가분 엮여 있는 상황에서는 부동산 정책만으로 부동산 문제를 풀 수도 없고, 복지정책만으로 복지 문제를 풀 수도 없다. 이것이 한국 사회에서 주거불안과 노후불안 등을 동시에 해결할 수 있는 종합적인 전략이 요구되는 이유다.

한국 사회만큼 부동산 자산이 개별적인 안전망으로 중요한 기능을 담당한 경우도 드물 것이다. 부동산 자산 형 성을 통한 가족의 안전망 확보는 중산층의 정체성을 형성하는 핵심적인 요인이었다. 하지만 이러한 자산기반 복지체제가 앞으로도 지속가능할 것인지는 매우 의문스럽다. 높은 집값과 수도권 집중은 청년층의 성인기로의 이행과 가족형성을 가로막는 주된 요인으로 작용하고 있으며, 중·고령층 내에서도 내 집 마련에 성공했는가 그렇지 못한가에 따라 노후생활 격차가 매우 크다. 그동안 중산층들에게 안정적인 삶의 토대로 작용해왔던 집 한 채가 한국 사회의 재생산을 가로막는 주된 장애요인이 되었다.

5. 결론

주택은 인간생활을 유지하기 위한 필수적인 요소이지만 높은 비용으로 인해 여러 가지 문제를 초래해왔다. 다른 분야에 비해 민간

시장에 대한 의존도가 높을 수밖에 없고, 시장실패에 따른 사회적 폐해도 크다. 주거기본권은 시민들에게 보장되어야 할 가장 기본적인 권리에 해당 하지만, 다른 한편으로는 복지국가의 가장 약한 고리이기도 하다. 자가소유 규범이 강한가, 임대주택 비중이 높은가에 따라 주택과 복지국가의 관계도 달라진다.

한국 사회는 주거기본권의 보장에 특히 취약했고, 이것은 과도한 부동산 집착으로 이어지는 주된 이유 중 하나였다. 주거기본권이 보장되지 않는 상황에서 내 집 마련이 일차적인 삶의 목표처럼 되어버렸고, 집 장만에 성공했는가 그렇지 못한가에 따라 삶의 질에 커다란 차이가 존재했다. 그리고 이러한 부동산 집착은 여러 가지 사회경제적인 문제들을 초래했는데, 그중에서도 부동산 격차 확대가 가장 심각한 문제라고 할 수 있다. 무엇보다도 부동산 문제를 부동산정책만으로 해결할 수도 없고, 복지 문제를 복지정책만으로 해결할 수도 없다는 점을 강조할 필요가 있다. 복지국가 전략에서 소득보장과 함께 주거기본권을 보장할 수 있는 방법에 대해 함께 모색하는 노력이 요구된다.

더 읽어야 할 자료들

손낙구(2008). 『부동산 계급사회』, 후마니타스.
이 책은 한국 사회 부동산 문제를 통해 계급과 계층, 사회적 격차가 어떻게 재생산되고 있는지, 그것이 초래하는 사회적 갈등이 어떤 양상으로 나타나는지 심도 있게 해부하고 있다.

진미윤 · 김수현(2017). 『꿈의 주택정책을 찾아서 글로벌 주택시장 트렌드와 한국의 미래』, 오월의봄.

이 책은 영국, 미국, 스웨덴, 네덜란드, 독일 등 5개국의 주택정책을 살펴보고, 이에 비추어 우리나라의 주택정책을 평가함으로써 앞으로 나아가야 할 대한민국 주택정책의 방향이 무엇인지 제시하고 있다.

제4부

•

누구나 차별 없이,
일할 수 있는 사회

제10장

4차 산업혁명과 일자리의 미래

문진영

- 인공지능(AI)을 중핵으로 하는 4차 산업혁명은 코로나19라는 재난적 위기를 맞이하여 더욱 가속화되고 있는데, 그 결과 불평등 심화를 초래할 가능성이 있다.

- 특정 분야에서는 설계에 의해 인위적으로 발명된 인공지능이 자연선택으로 진화된 인간의 능력을 앞서고 있는데, 인간에게 생활상의 편리함을 주는 한편으로 일자리를 빼앗는 딜레마를 던져주고 있다.

- 인간과 기계 그리고 알고리즘 간에 새로운 노동의 분화가 일어나는데, 이에 맞추어서 새로운 관리 방식이 필요하다.

1. 서론

　"우리가 사용하는 모든 연장들이, 우리의 명령이건 혹은 스스로 필요성을 인지해서든, 제 기능을 다한다고 가정해보자. 베틀의 북 (shuttles)이 스스로 왔다 갔다 하고, 현악기인 수금(lyre)이 스스로 움직이는 세상이 온다면, 제조업자들은 노동자들을 필요로 하지 않을 것이며, 노예주들은 노예가 필요 없다고 느낄 것이다."1

　위의 인용구는 아리스토텔레스(Aristotle, 기원전 384~322)가 한 말인데, 21세기 인공지능(AI)의 업무 잠식을 서늘할 정도로 정확하게 묘사하고 있다. 특히 연장이 '스스로 필요성을 인지해서' 알아서 자기의 기능을 다하게 되면, 인간의 노동력은 별 쓸모가 없는 잉여가 된다는 예견은 2400년 전 아테네라는 시공(時空)을 초월하여 우리에게 많은 시사점을 준다.

　물론 아리스토텔레스는 천재적 발상을 끝까지 밀어붙여 지금의 인공지능과 유사한 연장을 상상하였지만, 어떠한 수준이건 기술(연장)은 인간의 일자리를 빼앗기 위해 발전한 것이 아니라, 인간이 좀 더 편하게 노동하고 더 풍요롭게 살기 위해 발전한 것이다. 특히 '노동'보다는 '여가'에 더 큰 가치를 두었던 당시 그리스 시민의 정서에서 보면, 기술이 발전하여 인간의 노동력이 더 이상 필요 없게 되는 세상이 온다면 그것은 복음(福音)으로 받아들였을 것이다. 하지만 복음은 노동을 부리는 그리스 시민의 입장인 것이고, 자신의 노동력을 사용하여 하루하루를 연명하는 노예의 입장에서 보면 당장 생존을 걱정해야 하는 절박한 문제로 다가왔을 것이다. 즉 계급의 관점에서 따라서 기술의 발전은 노동으로부터의 자유이기도 하고,

다른 한편으로는 생존을 위협하는 노동의 상실이기도 하다. 그리고 무엇보다도 기술의 발전으로 인해 인간의 노동력 투입 없이 기계가 스스로 생산한다면, 그 생산물을 인간 사이에 어떻게 배분하는 것인지에 대해 엄청난 혼란이 야기될 것이다. 이렇듯 기계에 의한 노동의 대체 방식과 이에 따른 승자 집단과 패자 집단의 등장, 그리고 노동력이 배제된 채 이루어진 생산물의 배분 문제는 시공을 초월하여 어느 사회나 있어왔고 현재도 여전히 진행 중이다.

이러한 맥락에서 이 장에서는 기존의 기술 발전과는 차원을 달리하는 4차 산업혁명이 인간의 노동세계에 어떤 영향을 미칠지에 대해 논의하고, 사회정책의 관점에서 그 대책을 살펴보고자 한다. 이를 위해 제2절에서는 코로나19와 4차 산업혁명이 중첩적으로 나타나 일자리 위기가 심화되는 배경을 설명하고자 한다. 이어서 제3절에서는 인간의 필요에 의해서 설계되어 제작된 인공지능(AI)이 자연선택에 의해 진화된 인간의 지능을 어떻게 앞서고 있는지, 그리고 앞으로 어떻게 발전할 것인지를 논의한다. 이 장의 본론에 해당하는 제4절에서는 4차 산업혁명이 일자리에 미치는 영향을 낙관적 견해와 비관적 견해로 나누어 살펴보고, 앞으로 인간과 기계 그리고 알고리즘 간 노동 분업이 어떻게 이루어질 것인지를 살펴본다. 제5절 결론에서는 새로운 시대에는 새로운 그릇이 필요하다는 관점에서 새로운 사회체제 관리 방식을 소개하면서 글을 맺고자 한다.[2]

2. 코로나19와 4차 산업혁명, 그리고 일자리

2020년 10월 개막된 다보스 포럼(World Economic Forum, 세계경제포럼)에서 발표된 '일자리의 미래 보고서(The Future of Jobs Report)'는 코로나19와 동시에 진행되는 컴퓨터에 의한 자동화로 근로자들은 이중적 분열(double disruption)을 겪고 있다고 경고하고 있다. 즉 코로나19와 중첩해서 나타나는 4차 산업혁명에 의한 자동화(automation)는 변화에 적응하지 못하는 근로자들은 노동시장에서 도태되고 있는데, 이를 자세히 살펴보자.

현재 선·후진국을 막론하고 코로나19로 인해서 미증유의 재난적 위기를 겪고 있다. 하지만 긴 인류의 역사에서 재난으로부터 자유로웠던 적은 없었다. 재난은 항상 우리 인류 곁에 존재해왔으며, 재난에 대한 공포와 두려움은 인간의 유전자에 깊숙이 각인되어 있다. 이렇듯 인류 역사에서 주기적으로 나타나는 재난의 특징은 강한 계급성으로 설명할 수 있다. 즉 재난의 시초 발생은 무차별적으로 보이지만 그 끝은 항상 계급성의 강화, 즉 소득계층 간 불평등의 심화로 귀결되었다. 그리고 재난으로 가속화된 사회양극화는 위기가 종식되어 사회가 안정된다고 해서 완화되거나 해결되는 것이 아니라, 그 사회의 새로운 질서로 정착하는 패턴을 보인다. 이것이 바로 한국 사회에서 노동시장 양극화와 소득양극화 수준이 1997년 IMF 경제위기 이전으로 다시 돌아가지 못하는 이유이기도 하다. 따라서 작금의 코로나19라는 재난적 위기에 디지털 디바이드(digital divide)가 더해지면 자본, 기술, 좋은 일자리, 여론, 정보, 기회, 능력, 인맥 그리고 지성마저도 다 가진 소수의 지배계급과 사실상 아무엇도 갖지 못한 대다수 피지배계급으로 분열될 것이다.

일반적으로 디지털 전환을 중핵으로 하는 4차 산업혁명을 다음의 세 가지 속성으로 설명한다. ① 기하급수적 기술진보, ② 융복합과 불확실성, 그리고 ③ 탈경계화가 그것인데, 이는 현재 전 인류를 재난상황으로 몰아넣고 있는 코로나19의 창궐과 매우 유사한 패턴을 보인다.

첫째, 인공지능의 발전 수준과 코로나19의 창궐 속도는 모두 기하급수적 지수 증가를 통해 인간의 통제범위를 넘어서고 있다. 인공지능의 수준이 기하급수적으로 높아져 인간의 노동능력을 넘어서게 되면, 대부분의 일자리를 대체하며 일자리 생태계를 파괴하듯이, 대부분의 나라에서 코로나19의 창궐도 지수 증가를 거듭하여 사회의 의료자원이 통제할 수 있는 수준을 넘어서는 미증유의 재난 상태가 되고 있다.

둘째, 4차 산업혁명이 도래하면서 모든 사물이 연결되고, 제조업과 서비스업의 융복합으로 산업의 경계가 무너짐에 따라서 신산업이 출현하여 우리 삶과 미래가 불확실하게 되고 있다. 코로나19 역시 지금까지 인류가 경험하지 못한 새로운 질병으로, 그 자체를 정의하고 예측하기 어렵고, 따라서 대응체계를 마련하는 것이 불가능하므로 과연 이 감염병이 우리의 미래를 어떻게 바꿀지 불확실의 공포로 몰아넣고 있다.

셋째, 4차 산업혁명으로 초고속 무선통신과 클라우드 네트워크가 발전하면서 상품 간, 상품과 사람, 그리고 사람 간에 경계가 무너지고 초연결(hyper-connect)되고 있다. 쉽게 말해, 사람들이 초연결되어 있는 21세기 페이스북에서는 20세기 사람을 나누던 국적,

인종, 계급, 성, 학력 등의 분할선은 중요하지 않다. 코로나19 역시 국적, 인종, 계급, 성별을 넘어서서 창궐하는 탈경계적 속성을 가지고 있다. 이와 같이 4차 산업혁명과 코로나19는 '따로 또 같이' 새로운 질서를 추동하고 있다.

4차 산업혁명과 코로나19의 중첩적 위기는 일자리 영역에서 더욱 강하게 나타나는 모습을 보인다. 특히 2021년 상반기부터 세계 경제가 대침체기에 접어들면서 대량실업 사태가 전 세계에서 동시다발적으로 발생하여 "전염병에 걸려죽기 전에, (일을 못해서) 굶어 죽게 생겼다"는 호소가 이어지고 있다. 저명한 노동경제학자로서 미국 클린턴 행정부 시절 노동부장관을 역임한 바 있는 로버트 라이시(Robert Reich) 교수는 2021년 4월 26일자 『가디언(The Guardian)』 기고문에서 코로나19 이후 미국 사회에 네 개의 새로운 계급이 등장하고 있다고 분석하였다. 첫 번째 계급은 원격근로가 가능한 근로자들(the remotes)이다. 주로 전문성을 갖춘 전문가, 경영자 그리고 기술자들이 이 계급에 해당한다. 이들은 IT 기술의 발전을 활용하여 집 안에서 세계 각국의 사람들과 화상회의를 할 수 있으며, 대부분의 업무는 사무실 바깥에서 컴퓨터로 수행하고 있다. 임금이 삭감될 위험도 없고, 상대적으로 안정적인 고용 상태를 보이는 이들은 전체 미국 근로자의 약 35% 정도 차지한다.

두 번째 계급은 필수노무 제공자들(the essentials)로서 간호사, 요양보호사, 아동보육 교사, 농부, 트럭운전사, 경찰관, 소방관, 군인 등으로 미국 근로자의 약 30%가 이에 해당된다. 이들 대부분은 고객과의 대면 서비스를 제공하는데, 이들 중 상당수가 코로나 감염으로부터 자신을 보호하는 장비가 부실하며, 아파도 유급병가휴가를 제대로 이용하지 못하고, 건강보장의 사각지대에 머무르고 있다. 세 번째 계급은 무급노동자(the unpaid)로서 회사 경영상의 이유로 무급휴직 중인 근로자나 무급 가족종사자들이 해당된다. 이들은 미국 취업자의 약 25%를 차지하고, 현재 미국 실업자보다 규모가 크다. 마지막으로 잊힌 사람들(the forgotten)로서 사회적 거리두기가 현실적으로 불가능한 사람들이다. 교도소 수감자들이나 불법체류자 구치소, 이주노동자 캠프, 원주민 보호구역 거주자, 노숙인 그리고 생활시설 거주자들이다. 이들은 코로나 바이러스에 무방비로 노출되어 있기 때문에 적극적으로 진단을 하고 적절한 의료이용과 충분한 거리두기를 해야 함에도 불구하고 이들 중 극히 소수만이 이런 혜택을 받고 있다.

이와 같이 재난이 계급 양극화를 초래하는 사례는 현재 미국 사회가 웅변으로 보여주고 있다. 제1계급이라고 할 수 있는 원격근로자들이 디지털 산업의 눈부신 발전 덕분으로 안락한 작업환경에서 상대적으로 높은 임금수준과 안정적 고용 상태를 유지하는 반면, 나머지 세 계급(필수노무 제공자, 무급 노동자, 잊힌 사람들)은 코로나19 위기와 함께 4차 산업혁명의 희생자가 될 위기에 처해 있다. 물론 코로나19로 인한 새로운 계급의 등장과 계급 간 분열 현상은 비단 미국 사회만의 문제는 아닐 것이다.

한국은행 조사국의 최근 연구에 따르면, 우리나라의 비(非)재택근무(비원격근무) 일자리는 전체 취업자 중에서 74%, 고(高)대면 일자리는 55%로 나타났으며, 특히 감염에 취약한 [비재택 ∩ 고대면] 일자리는 전체 취업자의 46%에 이르고 있다. 또한 코로나19에 대한 고용취약성은 저소득, 저학력, 저기술, 청년, 여성 등 취약계층에서 상대적으로 더 높게 나타나고 있다.[3] 하지만 이미 코로나19가 창궐하기 이전부터 경제의 활력은 이미 떨어지고 있었고, 특히 4차 산업혁명으로 고용취약계층의 일자리는 심각하게 훼손되어 가고 있었다. 사실 코로나19는 시간의 문제이기는 하나, 결국 인간의 통제범위에 들어와서 관리되겠지만, 4차 산업혁명에 따른 일자리 생태계의 손상은 감염병 창궐과는 차원을 달리하는 영속적이고 구조적인 문제를 가지고 있다.

3. 4차 산업혁명의 도래

우리가 흔히 사용하는 4차 산업혁명의 명칭이 옳은지에 대해서는 논란의 여지가 있다. 일부에서는 적어도 산업혁명이라면 기존의 생산조직 방식을 근본적으로 바꾸고, 그 결과 노동생산성이 획기적으로 증가되는 추세가 보여야 한다고 주장하고 있다. 물론 21세기 들어 본격화된 4차 산업혁명을 통해 생산력이 비약적으로 발전하였다든지, 새로운 계급이 등장하여 획기적으로 배분 방식이 바뀌었다든지 하는 전통적 의미의 '혁명'이 일어나고 있다는 증거는 없다. 하지만 우리가 현재 목도하고 있는 21세기형 산업의 네트워크화와 지능화 현상은 20세기 생산조직의 방식과 차원을 달리하는 것도 사실이다. 인공지능(AI)를 중심으로 사물인터넷(Internet of Things: IoT), 로봇(Robot), 증강현실/가상현실(AR/VR), 3D 프린팅(3D Printing), 빅데이터(Big Data), 클라우드(Cloud) 기술이 산업 간·직종 간 경계를 허물고 초연결되어 상품과 서비스의 생산 유통, 그리고 소비의 전 과정이 지능화되고 있다. 그렇다면 인간의 필요에 의해 인위적으로 발명된 인공지능이 자연선택으로 진화한 인간의 지능을 넘어설 수 있는가? 그 가능성의 일단이 바둑이라는 게임에서 발견되었다.

오랫동안 인공지능을 연구하는 연구자 사이에 바둑은 미정복의 영역으로 남아 있었다. 인공지능이 바둑으로 인간을 이긴다는 것은 마치 인간의 달 착륙에 비견될 정도로 획기적인 일로 받아들여졌다. 바둑의 수($2.08×10^{170}$)가 우주의 원자 수($12×10^{78}$)보다 많을 정도로 복잡할 뿐만 아니라, 돌의 모양이나 맥(脈), 그리고 기세(氣勢)와 같이 디지털로 치환될 수 없는 추상성이 있다고 믿었기 때문에 AI가 바둑으로 인간을 이긴다는 것은 아예 불가능한 일로 여겨졌다. 하지만 2016년 초 구글의 딥마인드가 개발한 알파고(Alpha Go)가 당시 세계 최고의 기사였던 이세돌 9단을 4 대 1로 이기면서 전 세계를 충격과 공포로 몰아넣었다. 결국 인간만이 가지고 있다고 생각한 추상성도 미분(微分)을 계속하게 되면, 결국은 0과 1로 분해되는 단순계산으로 치환된다는 것을 보여주었다.

그러나 이 사건은 서막에 불과하였다. 당시 이세돌 9단을 이겼던 알파고는 이제 진화를 거듭한 새로운 버전인 알파고 제로(Alpha Go Zero)에 상대가 되지 못한다. 초기 알파고가 전문기사의 수법 3,000만 개를 학습함으로써 최선의 수를 찾아내는 방식으로 인간을 이겼다면, 알파고 제로는 기보 없이 바둑의 기본 규칙 몇 가지를 프로그래밍해서 스스로 학습하게 하는 방식으로 알파고보다 훨씬 강한 실력을 갖추게 되었다. 따라서 2016년 당시 베타 버전이었던 알파고가 인간(프로기사)과 호선 정도의 실력(승률은 압도적으로 높았지만)이었다면, 현재 최고의 AI 바둑 프로그램은 프로기사를 3점을 접고 둘 수 있는 실력을 갖추고 있다. 이 경우 베타 버전의 알파고와 세계 최고의 바둑 프로그램인 릴라 제로의 기력(棋力) 차이를 설명하는 단위가 인간(프로기사)이 접고 들어가야 하는 치수(置數) 차이가 되는 것이다. 인류 역사상 최고의 두뇌 게임이라는 바둑에서도 인간이 AI에 무너진다면, 우리의 일자리는 무사할 것인가?

4. 4차 산업혁명과 일자리

현대를 살아가는 우리에게 '일자리'는 생활의 방도이자 자아를 실현하는 공간이고, 사회적 관계를 맺고 이어주는 네트워크로, 일상생활에서 가장 중요한 필수 요소이다. 우리는 일을 통해 사회적 규율이나 소속감, 자기정체성이나 효능감과 같은 다양한 심리적·사회적 욕구를 충족시킨다. 즉 일은 물질적 보상뿐만 아니라 자기가 속한 공동체의 구성원으로서 가치를 실현하는 중요한 터전인 것이다.

하지만 현대적 의미의 일자리는 기계제 대공업이 정착된 18세기 말 이후에 등장한 개념으로, 그 이전 농경사회에서는 생활상 활동(activity)과 직업상 일(work)이 명확하게 구분되지 않았다. 풍차나 우마(牛馬)와 같은 자연에너지를 이용하여 자연을 경작하는 행위와 화석에너지를 사용한 기계를 이용하여 일하는 일자리는 천양지차이다. 장원경제의 해체와 자본제적 생산양식의 전일적 관철로 노·사라는 새로운 생산관계에 편입된 노동자는 비약적으로 발전하는 기술이 장착된 기계에 노동력을 투입하면서 생산과정에 참여하게 된다. 이 과정에서 노동자의 노동력은 시장에서 자유롭게 사고 팔리는 상품이 되고, 상품화된 노동력은 수요에 따라서 공급이 조절되면서, 실업이라는 새로운 사회문제가 나타나기 시작하였다.

영국 16~17세기에 발흥한 종획운동기에는 '양이 사람을 잡아먹었다'면 18~19세기의 기계제 대공업의 확산은 기계가 노동자들을 잡아먹는, 기술적 실업자를 양산하기 시작하였다. 이런 점에서 종획운동으로 농경지에서 추방당했던 농민들이 목축 울타리를 파괴한 케트의 난(Kett's Rebellion, 1549년)과 뉴턴의 난(Newton Rebellion, 1607년)이 일어났다면, 19세기 초 방직기의 발전으로 실업자가 양산되자 방직노동자를 주축으로 기계파괴운동(the luddite movement, 1811~1816년)이 일어난 것은 필연적 결과였다.[4]

하지만 19세기 당시 기계파괴운동을 조직하였던 방직노동자들의 우려는 현실화되지 않았다. 오히려 19세기 중후반을 거치면서 산업화에 박차를 가하면서 일자리는 지속적으로 증가하였다. 한 사회의 고용률이 노동자를 일자리로 끌어들이는 힘과 노동자를 내치는 힘의 균형에서 결정된다면, 실상 산업화 이후 어느 나라에서도 일자리가 줄어들지 않았다. 결국 기술의 발전에 따라서 일자리를 보완하는 긍정적 힘이 일자리를 대체시키는 부정적인 힘보다 우위에 있었다는 것으로, 그 이유에 대해 대니얼 서스킨드(Daniel Suskind)는 다음과 같이 깔끔하게 정리하고 있다.[5]

첫 번째는 생산성 효과이다. 기술 진보에 따라서 생산성이 높아지면 높은 품질의 재화와 용역을 싼 값에 대량으로 공급할 수 있고, 이는 그 상품의 수요의 증가로 이어져서 노동력 수요를 창출한다. 소위 생산성 향상의 선순환 구조를 말한다. 두 번째는 파이 확대 효과이다. 경제가 성장하면(파이가 커지면) 사람들이 상품을 소비할 소득이 늘어나게 되고, 그런 상품을 생산하는 필요한 노동 수요 역시 증가한다. 마지막 세 번째로 파이 탈바꿈 효과로 설명할 수 있다. 기술의 진보에 따라서 새로운 가치생산 영역이 만들어지면서 노동수요 역시 충분히 창출되어 왔다. 예를 들어 1960년대 한국의 산업화 초기 경공업을 중심으로 노동수요가 일어났다면, 1970~80년대에는 중화학공업에서, 그리고 2000년대 들어서면서 IT 산업에서 엄청난 노동 수요가 창출되었다.

하지만 기술 진보에 따른 일자리 보완효과를 4차 산업혁명기에도 기대할 수 있는가? 다시 말해 '기계와의 경쟁'에서 인간의 노동이 살아남을 수 있는가? 이에 대해서는 두 가지 설명의 흐름이 있다. 첫 번째 흐름은 기하급수적 기술의 발전을 인정하면서도, 산업혁명 이후 지금까지 인간의 이성으로 기술을 통제하였던 경험에 비추어 이번에도 인간의 노동이 살아남을 수 있다는 낙관적인 견해이다. 기계파괴운동이 벌어졌던 산업혁명의 초창기뿐만 아니라, 제2차 산업혁명에 해당하는 19세기 말 20세기 초의 눈부신 기술의 발전[6]에도 인간노동을 보완하는 긍정적인 힘이 대체하는 부정적인 힘을 월등하게 앞섰다. 물론 지금의 디지털 전환기의 혁신의 속도는 그 이전의 변혁과는 차원이 다르지만, 교육을 전면적으로 재편하고 기업가 정신을 고취시키고 통신과 교통 인프라에 투자한다면 인간이 기계에 종속되지 않을 수 있다고 주장하고 있다. 이러한 견해에 입각하여 독일 정부는 2011년 인더스트리 4.0 정책[7]을 발표하였다.

두 번째 흐름은 지금과 같은 속도로 기술이 발전한다면, 결국 시

240

간의 문제일 뿐 인간 노동의 대부분이 기계에 의해서 대체될 것이라는 비관적인 견해이다. 예를 들어 지난 80년간의 기술 발전 속도대로 향후 80년간 기술 발전이 지속된다면, 2100년에는 지금의 기계와 시스템이 무려 1조배가 강력해진다고 한다.[8] 이것이 가능한 것이, AI를 중심으로 AR/VR, 빅데이터, 클라우드, 3D 프린팅, IoT, 로봇이 산업 간, 직종 간 경계를 허물고 초연결되어 어느 임계점을 넘어서면, 기술발전의 속도는 그야말로 기하급수적으로 빨라질 수 있다는 것이다. 이 경우 AI를 중심으로 하는 비약적인 기술발전에 따라서 기술적 실업(technological unemployment)이 대량실업의 태풍으로 바뀔 수 있다.

물론 4차 산업혁명에 따른 기술발전으로 미래에 일자리가 유지될지 혹은 소멸 될지는 아무도 모르지만, 과거의 사실과 경험을 바탕으로 추론해볼 수는 있다. 〈그림 10−1〉은 레비와 머네인(Frank Levey and Richard Murnane)이 1960년을 기점으로 직업의 유형별로 노동의 투입(labor input)이 어떻게 변화하였는지를 분석한 결과이다.[9] 이들은 우선 직업 유형을 ① 새로운 정보처리, ② 비구조화된 문제해결, ③ 정형화된 육체근로 업무, ④ 비정형화된 육체근로 업무, 그리고 ⑤ 정형화된 인지 업무 등 다섯 개로 나누고, 1960년 이후 각각의 직업 유형별로 노동 투입의 증감이 어떻게 이루어지는지를 분석하고 있다.

이들이 분류한 다섯 개의 직업 유형에서 승자집단과 패자집단이 비교적 뚜렷하게 갈라지는 것으로 나타났는데, 먼저 승자집단을 살펴보면 다음과 같다. 첫 번째 직업군은 새로운 정보를 가지고 문제를 해결하거나 의사결정에 영향을 주는 업무를 수행하는 경영

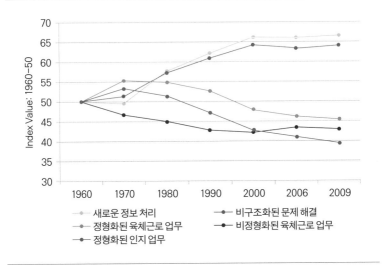

자료: Levy and Murnane, Fig.3.

자나 학교 선생님, 그리고 공학자가 이에 해당하는데, 1970년을 기점으로 급격하게 늘어난 이후에 지속적으로 노동수요가 발생하였다. 두 번째는 비구조화된 문제를 해결하는 직업으로, 새로운 증상을 호소하는 환자를 보는 의사나 새로운 식자재로 요리를 만드는 요리사 혹은 의뢰인의 소송을 위한 준비서면을 작성하는 변호사가 이에 해당한다. 이들의 일을 컴퓨터가 대체하지는 못하지만, 컴퓨터의 도움을 받아서 일의 능률을 올릴 수 있는 직업으로, 이 역시 1970년대 이후 급격하게 증가하면서 지속적인 노동투입이 이루어지고 있다.

하지만 나머지 세 직업군은 패자집단으로 분류되는데, 첫 번째 패자집단은 정형화된 육체업무에 종사하는 직업으로 단순 가공 조

립업무에 투입된 공장노동자가 대표적이다. 이 일자리는 1970년대까지는 늘어났다가 1990년대 이후에 급격하게 줄어드는 현상을 보인다. 두 번째 패자집단은 컴퓨터 자동화로 대체되기 어려운 비정형화된 육체근로에 해당하는 직업으로, 빌딩의 청소업무 담당자나 보석 세공사가 이에 해당한다. 1960년대 이후 이들의 일자리는 점차 줄어드는 경향을 보이고 있다가 2000년 이후 오히려 약간 노동수요가 늘어나는 것으로 나타났다. 다섯 번째는 정형화된 업무를 하는 사무직으로 회계사나 은행 출납업무가 이에 해당되는데, 2000년대 이후 일자리 수가 가장 큰 폭으로 줄어들고 있다. 그렇다면 이러한 추세가 2020년 이후에도 지속될 것인가?

기술의 진보가 어느 지점을 통과하여 AI가 인간의 업무 대부분을 대체할 때, 인간은 자동차가 등장하면서 운송업계에서 퇴출된 말(馬)의 신세가 될 수 있다.[10] 20세기에 자동차가 맹렬한 속도로 말을 대체하였듯이, 21세기에는 AI가 인간의 노동을 대체하게 될 가능성이 있다. 즉 AI의 발전이 어느 임계점을 넘어서게 되면 인간의 노동을 전면적으로 대체하기 시작할 것이고, 그때가 되면 자동차의 힘을 몇 마력(馬力)으로 표기하듯이 AI를 이용한 시스템의 능력을 몇 인력(人力)으로 표기하게 될지도 모른다. 예를 들어 구글에서 개발한 어떤 인공지능 시스템의 능력을 표기할 때, 과거 몇 명의 노동자 몫을 한다는 식으로 몇 인력으로 표기하는 방식이다. 바야흐로 인간이 생산의 주역에서 밀려나서, 어느새 생산의 주체가 된 AI 시스템의 능력을 평가하는 기준점으로 쪼그라드는 시대가 오게 될 가능성이 있다.

이와 관련하여 2020년 10월 개막된 다보스 포럼에서 발표된 「일

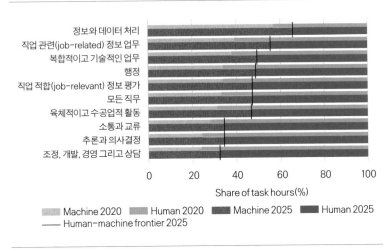

〈그림 10-2〉 인간과 기계의 노동투입 비중(2020, 2025)

자료: World Economic Forum. *The Future of Jobs Report 2020*. Fig.21.

자리의 미래 2020(The Future of Jobs Report, 2020)」보고서에서는 향후 5년간 일자리 약 8,500만 개가 기계로 대체되는 반면, 인간과 기계 그리고 알고리즘 간에 새로운 노동의 분업이 일어나서 약 9,700만 개의 일자리가 새로 생성될 것으로 예측하고 있다. 구체적으로 알고리즘과 기계는 정보와 데이터를 수집하고 처리하고 검색하는 일과 정형화된 행정사무 업무, 그리고 전통적인 육체노동의 일부 업무에 집중하는 반면, 인간은 비교우위를 가지고 있는 경영, 상담, 의사결정, 추론, 소통과 교류 위주의 작업을 지속하게 될 것으로 예측하고 있다.

위의 〈그림 10-2〉에서 알 수 있듯이, 모든 업무 영역에서 기계의 잠식이 일어나, 2025년이 되면 2020년 현재 직무(task)를 기준으로, 인간과 기계가 직무를 수행하는 시간 즉 노동투입(labor input)의 양이 같아질 것으로 예상하고 있다.[11] 다만 아직 기계보다 인간의 노동력이 더 많이 투입되는 업무 영역은 ① 소통과 교류, ② 추론과 의사결정, 그리고 ③ 조정, 개발, 경영, 상담이지만, 이 분야 역시 기계에 의한 업무잠식은 불가피한 현실이다.

물론 자동화된 기계가 인간의 노동을 대체하기가 아예 불가능한 일도 있을 것이고, 자동화가 가능하다고 해도 수익이 나지 않아서 여전히 인간의 노동에 의존해야 할 일도 있을 것이다. 또한 명인이 정성스럽게 수작업으로 만드는 음식이나 가구처럼 관례적으로 자동화된 기계로 대체되지 않은 일도 있을 것이고, 아예 법령으로 일정한 자격증을 가진 인간에게만 허용되는 일도 있을 것이다. 하지만 이렇게 기계에 의해서 잠식되지 않는 일자리가 현재 경제활동인구에게 충분히 공급될 수 있는가?

미래의 노동시장을 연구하는 거의 대부분의 전문가들은 결국 시간의 문제일 뿐, 대다수 인간의 일자리는 자동화된 기계에 의해서 대체될 것이라는 데 동의한다. 우리의 일상을 보더라도, GPS를 이용한 내비게이터가 자동차에 상용화된 지 얼마 안 되어 무인자동차가 거리를 주행하고 있다. 더 나아가 육체적 피로를 느끼고 때로는 감정을 억누르지 못하는 인간이 운전을 하는 것이 위험하다는 이유로 아예 인간이 운전하는 것이 불법인 세상이 올지도 모른다. 또한 단순히 길안내를 하던 로봇이 이제는 꽤 전문적인 상담을 하는 챗봇(chatbot)으로 진화하였으며, 요양시설 노인을 안전하면서도 불평불만(?) 없이 수발하는 로봇이 선보이고 있다. 더 나아가 전쟁도 AI가 지휘하는 로봇이 하는 세상이 올지 모른다. 올 8월 미국 존스홉킨스대학 응용물리연구소(APL)에서는 최고의 베테랑 조종사와

AI가 항공전 시뮬레이터로 겨루는 실험을 하였는데, 결과는 5 대 0으로 AI의 완승이었다. 체스·퀴즈 프로그램·바둑에서 인간을 이긴 AI가 항공전에서도 인간을 압도한 것이다.

이러한 예는 무수하게 많을 것이다. 하지만 여전히 인간의 노동이 자동화된 기계에 의해 전면적으로 대체될 것인지, 대체된다면 어느 정도 규모로, 언제 본격적으로 일어날지 현재로서는 아무도 모른다. 하나 확실한 것은 4차 산업혁명과 코로나19의 중첩적 위기에 어떻게 대비를 하느냐에 따라서 우리 사회 공동체의 운명이 결정된다는 것이다.

5. 결론

칼 폴라니(Karl Polanyi)는 『거대한 전환(The Great Transformation)』[12]에서 자본주의의 발전 과정을 사회를 시장화하려는 힘과 사회의 자기보호 힘 사이의 역사적 운동으로 설명하고 있다. 즉 토지와 화폐 그리고 심지어는 인간의 노동력마저도 상품화함으로 사회를 시장조정 메커니즘으로 지배하려는 강력한 힘과 이에 대한 반작용으로서 나타나는 사회의 자기보호 운동이 상호작용해가면서 자본주의 체제가 전개되어 왔다는 것이다. 여기에서 시장 메커니즘에 맞서는 사회의 자기보호 운동의 한 방식으로 탈 상품화에 기초한 복지국가가 등장하였는데, 4차 산업혁명과 더불어 코로나19의 재난적 위기로 기존 복지국가가 한계를 드러내면서 새로운 대안이 모색되고 있다.

역사적으로 전쟁이나 공황 그리고 팬데믹과 같은 커다란 위기가 닥치면, 기존 질서는 파괴되고 새로운 질서가 구축되는 창조적 파괴의 패턴을 보여왔다. 그리고 그 패턴의 특징은 첫째, 압도적 힘으로 이전의 다양한 논란거리를 잠재우고 새로운 질서를 만들어나가며, 둘째, 그 이전 질서로는 절대로 되돌아가지 못한다는 것이다. 만약 인공지능이 인간의 일자리의 상당 부분을 차지한다면 수십억 명의 잉여 인간이 출현하게 되는데, 이들에 대한 관리 역시 기존의 복지국가 틀을 벗어나 완전히 새로운 방식이 되어야 할 것이다. 이러한 새로운 방식의 하나로 논의되는 것이 기본소득이다.

기본소득은 좌우에서 각기 다른 이유로 지지하는 매우 독특한 제도이다. 효율성을 강조하는 보수주의 우파 진영에서는 복지국가의 관료화에 따른 번문욕례(繁文縟禮)를 해소할 수 있는 묘안으로 기본소득을 주장하는 반면, 소득 재분배와 사회적 권리를 강조하는 진보 진영에서는 노동력의 상품화에서 벗어나 인간다운 생활을 할 수 있는 물적 토대로서 기본소득을 지지한다. 기본소득은 표준 고용 관계가 점차 소멸해가는 노동시장 구조에서 기존 복지국가 체제의 사각지대를 해소할 수 있으며, 고질적인 관료적 비효율성을 극복할 수 있고, 무엇보다도 인권 보장이라는 도덕적 토대를 구축할 수 있다. 하지만 '조건과 조사 없이 누구에게나 인간의 품위를 지키면서 살 수 있을 정도로 충분한 수준의 현금을 정기적으로 지급하는' 기본소득은 어쩌면 너무나 좋아서(이상적이라서) 오히려 실현하기 어려운 제도일지도 모른다.[13] 감당하기 어려운 막대한 예산이 수반되며, 무엇보다도 유급노동을 기본으로 하는 자본주의 체제에서 '게으를 수 있는 권리'를 보장하는 제도가 정착하기는 쉽지 않다.

그러나 헬리콥터에서 돈을 뿌려서라도 수요를 유지해야 하는 현재와 같은 극심한 불황기에는 누구나 조건과 조사 없이 누구에게나 재난지원금을 주는 것이 바람직하며, 그 효과 역시 입증되고 있다. 물론 재난 이후 경제가 안정되었을 때 기본소득 제도를 전일적으로 시행하기 어렵다면 기본소득의 기본 정신을 받아들이되, 실정에 맞추어 다양한 변주(變奏)를 신축적으로 사용할 필요가 있다. 이를 위한 전제조건 중의 하나는 일(work)의 개념을 바꾸는 것이다. 기존의 유급 노동에 종사하지 않더라도 다양한 공동체의 활동, 예를 들자면 환경감시나 숲 해설과 같은 자원봉사, 가족 내 보육이나 돌봄, 그리고 자기 발전을 위한 교육이나 훈련 등에 참여하는 일체의 활동(activity)을 일의 한 형태로 인정하여 국가가 일정한 보상을 제도화한다면, 시장 메커니즘의 강력한 드라이브에 대항하는 사회의 자기보호 기능을 충분히 수행하여 건강한 상생의 생태계가 지속될 수 있으리라 기대한다.

더 읽어야 할 자료들

대니얼 서스킨드, 김정아 옮김(2020). 『노동의 시대는 끝났다』, 와이즈베리. 이 책은 점차 막강한 능력을 갖추며 인간을 월등하게 앞서고 있는 기계와 사람이 어떻게 공존할 것인가를 스스로 묻고 그 해답을 찾아가고 있다. 인공지능을 중핵으로 하는 4차 산업혁명 시대가 도래하면서, 노동(자)의 미래가 어떻게 될 것인지를 놓고 벌어지는 다양한 논쟁을 정리하고 자신의 대응 방법을 제시하고 있다. 특히 제3부에서는 일자리가 줄어든 세상에서 나타나는 다양한 사회문제에 대해 개인과 기업, 그리고 정부 차원에서 어떻게 대응할 것인지를 잘 설명하고 있다.

엘렌 러펠 셸, 김후 옮김(2019). 『일자리의 미래: 왜 중산층의 직업이 사라지는가』, 예담아카이브.

원 제목이 일자리(Job)인 이 책은 인간이 일의 하인이 아니라 주인이 되어야 한다는 가치관에 바탕하여, 일에 얽매어 놓쳤던 우리 삶의 통제권을 회복하기 위한 방안을 모색하고 있다. 특히 "당신에게 일은 어떤 의미인가?"를 묻고, 제4장 「새롭게 생각하기」를 통해서 좋은 일자리의 창출과 이것이 가져올 인간의 존엄한 삶을 설명하고 있다.

라이언 아벤트, 안진환 옮김(2018). 『노동의 미래』, 민음사.

이코노미스트 수석 편집자이자 필력 좋은 칼럼니스트인 저자는 이 책에서 전례 없는 규모와 속도로 전개되고 있는 디지털 혁명의 시대를 맞이하여 일의 세계가 어떻게 변모하여 우리의 경제와 삶을 바꾸어 놓는지를 설명하고 있다. 특히 자동화의 급속한 진전으로 대다수의 노동자들이 일자리를 잃는 대신에, 기술과 자본을 독점한 상위 1%의 부는 걷잡을 수 없이 증가하고 있는 현실에 대응하여, 재분배를 통해 인류의 부를 공유하는 방식을 제안하고 있다.

제11장

········

복지제도로서 '일자리보장제'

전용복

- 기존 사회복지제도는 안정적인 일자리와 완전고용이 달성될 때 잘 작동할 수 있다. 하지만 실업이 증가하고 있고, 새로운 일자리도 불안정 노동이 대부분이어서 기존 복지제도는 유지되기 어렵게 되었다.

- 새로운 복지제도는 일자리를 보장하는 데에서 출발해야 한다. 일할 능력과 의지가 있는 사람 모두에게 정부가 일자리를 보장하는 '일자리보장제'는 가장 강력하고, 포괄적이며, 안정적인 대안적 사회복지제도로 기능할 수 있다.

- 일자리보장제를 위해서는 큰 예산이 필요치 않다. 이를 시행하면 기존 일자리 정책 및 복지 예산이 크게 감소할 뿐 아니라, 경기부양 효과로 세수가 크게 증가한다. 그 결과 일자리 보장을 위한 예산 증가는 미미한 수준일 것이다.

---

1. 서론: 복지제도에서 일자리의 의미

이 글은 '일자리보장제'가 매우 강력하고, 포괄적이며, 안정적인 사회복지제도라 주장한다. 일자리보장제란 일할 의지와 능력이 있는 사람 모두에게 안정적 생활이 가능한 임금과 사회보험 가입을 제공하는 일자리를 정부가 보장한다는 구상이다.[1] 재원은 중앙정부가 부담하되, 돌봄 등 지역공동체의 필요를 충족하는 일자리를 만든다. 모든 사회복지제도를 일자리보장제로 대체하자는 주장은 아니다. 이는 기존 취업 관련 정부 서비스는 불필요하게 만들겠지만, 기존 사회보장제도에 추가하여 가장 강력한 안전망을 구축하게 된다. 일자리보장제가 운영하는 프로그램은 기획과 운영, 평가까지 시민들의 자발적 참여로 이루어진다.

사회복지제도의 근본 취지는 '모두에게 안정적인 생활 기반을 보장'하는 것이다. 전통적으로 사회보험제도를 가장 선호했다. 이는 고용을 중심으로 설계된 사회복지제도라 할 수 있다. 사회보험에는 주로 취업자가 가입한다. 사회보험 가입자는 소득의 일부를 기금으로 적립하고, 그 기금으로 실업, 질병, 노령, 산재 등 사회적 위험에 대응한다. 예를 들면 실업보험이나 국민연금이 대표적이다. 취업 기간 중 보험료를 내고, 위험(실업 혹은 은퇴)에 직면하여 급여를 받는다.

사회복지제도로서 사회보험이 잘 기능하고 계속 유지되려면 한 가지 결정적으로 중요한 조건이 충족되어야 한다. 가입자 수가 많아야 한다는 점이다. 가입자 수가 많아야 개인별로는 적은 보험료로 큰 기금을 만들 수 있기 때문이다. 또한 소수만 가입하는 사회보험이란 '사회적' 역할을 제대로 담당한다 할 수 없다. 가입자 수가 결정적으로 중요하기에 국가는 법률로 사회보험 의무가입을 정하고 있다. 하지만 현실은 그 목표를 달성하지 못하고 있다. 소득이 없거나 제도적 허점으로 인해 사회보험 가입률이 기대치에 크게 미치지 못하고 있다. 2019년 기준 우리나라 공적연금(국민연금, 공무원연금, 사학연금, 군인연금) 가입률은 15~64세 인구 약 3,700만 명 중 65%, 실업보험 가입률은 37.3%에 지나지 않는다.

모두의 안정적인 '생활 기반 보장'이라는 사회복지제도의 목표를 실현하는 데 가장 중요한 점은 소득 보장이다. 안정적인 생활을 위해서는 소득이 안정되어야 한다. 우리나라 개인과 가계에서 가장 중요한 소득원은 노동소득으로, 가계 소득의 평균 90% 이상을 차지한다.[2] 따라서 일자리(노동소득) 보장은 가장 중요한 생활 기반 보장 방법이고, 저소득층일수록 더 그러하다.

앞서 지적한 것처럼 사회보험 중심의 전통적 사회복지제도는 취업을 전제로 구성되어 있지만, 취업 자체를 보장하지는 않는다. 취업과 무관하게 저소득 계층에 지급하는 사회부조는 적정 생계임금에 크게 미치지 못하는 현실이다. 요컨대 자본주의 경제에서 일자리는 가장 중요한 소득원이고, 가장 중요한 안전판이다.

일자리와 취업이 이렇게 중요함에도, 자본주의 경제에서 모두가 일자리를 갖는 완전고용보다는 대량 실업이 보편적이다. 더구나 자본주의 경제는 주기적으로 불황과 호황을 반복해왔는데, 불황 국면에서 실업자 수가 특히 급증한다. 불황으로 증가한 실업자가 새 일자리를 찾는 데에는 점점 더 오랜 시간이 걸리고 있다. 고질적인 대량 실업은 현재의 사회복지제도를 위협한다. 실업이 사회보험료 수입을 줄이는 한편, 복지비용을 증가시키기 때문이다. 이는 사회

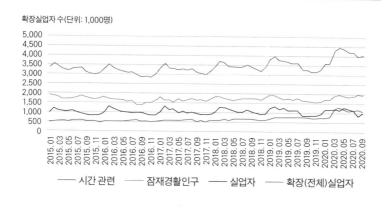

확장실업자 수(단위: 1,000명)

— 시간 관련   — 잠재경활인구   — 실업자   — 확장(전체)실업자

보험 기금 고갈이나 정부 재정적자로 나타나는데, 이에 대한 일반적 대응은 사회복지 축소였다. 따라서 일자리 보장은 현재의 사회복지제도를 유지하는 데에도 필수적이다.

우리나라 경제에서도 실업은 고질적이고 광범위하게 존재해왔다. 〈그림 11-1〉은 2015년부터 최근까지 우리나라 실업자 수를 보여준다. 2020년 9월 현재 공식적 실업자는 100만 명에 달했다. 여기서 '공식적' 실업자란 매우 엄격한 의미의 실업자로, 지난 4주간 적극적으로 일자리를 찾는 활동을 했고, 일이 주어지면 즉시 일할 수 있지만, 지난 1주일간 급여가 지급되는 일을 하지 않은 사람을 말한다. 하지만 이 실업 기준은 너무 엄격하여 체감 실업을 제대로 반영하지 못한다. 실업 상황을 더 정확히 이해하기 위해서는 실질적인 실업자를 충분히 고려할 필요가 있다. 실질적 실업자에는, 첫째, 일정 시간 일을 했지만, 노동시간이 짧아 소득이 충분하지 않고, 더 많은 일을 하고 싶지만 그러지 못하는 사람(시간 관련 추가취업 가능자)이 있다. 2020년 9월 이들은 112만 명에 달했다. 둘째, 취업 준비생처럼 구직활동을 하지 않았지만, 취업하려는 의사가 있는 사람(잠재구직자)과 육아 등으로 당장 일을 시작하지 못하지만, 여건이 되는대로 취업하고자 하는 사람(잠재취업 가능자) 또한 실업자로 포함할 수 있다. 이들은 같은 시기 192만 명으로 추정되었다. 이 세 가지 실업자를 모두 더하면 현재 일자리를 구하지 못하고 있는 사람은 약 400만 명 이상이다. 이들의 수는 조사를 시작한 2015년 1월부터 최근까지 매월 평균 약 340만 명을 기록해왔다.

따라서 우리나라에서도 완전고용보다는 실업이 보편적 현상이라 할 수 있다. 대량 실업은 기존 사회복지제도의 존재 의의에 의문이 들게 한다. 이들 실업자는 사회보험의 외부에 존재하기 때문이다. 또한 실업 확대로 사회보험 가입자 수가 감소하면, 사회보험(기금)의 존립 자체를 위협한다.

결론적으로 실업이 빈곤과 소득 불평등 등 사회복지제도가 담당해야 할 사회적 위험 대부분의 원인이지만, 현재의 사회복지제도는 실업을 직접 다루지 않는다. 거꾸로 실업은 사회보험 중심의 사회복지제도 전체를 위협한다. 실업은 사회보험 가입자 수의 감소를 의미하기 때문이다. 따라서 실업을 직접 해소하려는 일은 매우 정당한 사회복지 정책으로 이해해야 한다.

2. 실업의 원인과 대책

실업 해소 정책을 구상하려면 그 원인을 올바로 이해해야 한다. 결론부터 말하면, 비자발적 실업은 개인의 책임이나 노동시장에 대한 규제 때문이 아니라 자본주의 경제 운영원리에 내재한 구조적 모순에 기인한다. 이는 정부의 개입만이 실업 문제를 해소할 수 있음을 의미한다.

실업의 원인에 관한 지배적 담론(자유주의적 입장)은 크게 두 가지로 나눌 수 있을 것이다. 첫째는 실업을 취업역량(employability) 개발에 소홀한 실업자 개인의 방탕한 생활 태도에서 찾는 견해다. 이는 실업의 책임을 전적으로 개인에게 돌리는 태도이다. 두 번째 관점은 이보다 더 광범위하게 퍼진 관념인데, 노동시장이 비효율적으로 작동하여 실업이 존재한다는 주장이다. 구체적으로 법정 최저임금 설정, 해고의 제한 등 노동시장 규제와 '이중 노동시장' 구조가 비효율적 노동시장을 만든다고 주장한다. 이에 따르면, 임금이 충분히 하락하면 실업자 모두 고용될 수 있다. 또한 단결권이 보장된 내부 노동자들에게 과도한 임금이 지급되면서 기업의 추가 고용 여력이 감소하여 결국 실업이 존재하게 된다고 주장한다.

하지만 이와 같은 자유주의적 관점은 자본주의 경제의 구조적 결함을 간과한다. 자본주의 경제 내부에 일자리 수가 부족할 수밖에 없는 구조적 모순이 존재한다. 자본주의에서는 모든 생산물이 판매되어야 하는 상품으로 생산된다. 생산된 모든 상품은 누군가가 구매해줘야 한다. 상품이 판매되지 않으면 기업은 이윤을 내지 못하여 파산하거나 투자를 축소하여 실업이 발생한다. 하지만 자본주의 경제는 생산물이 모두 판매되기 어려운 구조적 제약에 직면해 있다. 소득이 불평등하게 분배되기 때문이다. 부자들에게 분배된 소득 중 큰 부분은 소비되지 않고, 저축된다. 노동자도 임금 일부를 저축하기도 한다. 분배된 소득 중 일부가 저축된다는 사실은 그만큼 상품이 판매되지 않음을 의미한다. 이러한 판매 위기가 강화되고 완제품 재고가 증가하면 기업은 투자와 고용을 줄인다. 이것이 실업의 원인이다. 즉 소득 불평등에 따른 저축이 실업의 구조적 원인이다.

실업 대책은 이와 같은 정확한 원인 진단에서 출발해야 하지만, 기존 정책들은 이를 무시하는 경향이 있다.

첫째, 실업의 원인을 개인의 태만에서 찾는 관점은 실업 해소 정책 자체를 거부하거나, 대개 개인의 취업역량을 강화하는 '직업훈련'에 초점을 맞추려 한다. 하지만 경제 전체적으로 일자리 총량이 제한되어 있는 한 직업훈련에 참여하더라도 일부의 취업 가능성은 커질 수 있지만, 누군가는 반드시 취업에서 탈락할 수밖에 없다. 직업훈련보다 경기가 취업에 더 큰 영향을 미치는 것도 이 때문이다.

둘째, 실업을 노동시장의 문제로 보는 관점은 노동시장에 대한 임의적 개입을 제거하는 정책을 선호한다. 최저임금제도 폐지, 해고를 쉽게 하는 노동시장 유연화, 노동권 일부 제한, 일자리 나누기 등의 정책이 이 범주에 속한다. 하지만 고용과 실업을 '시장'의 문제이고, 개별 기업과 노동자의 선택 문제로 보는 이런 관점은 심각한 단견이다. 우선 시장에서 기업들이 '개별적으로' 결정하는 최적 고용량의 합이 '경제 전체'의 모든 노동자를 고용할 만큼 충분하리란 보장이 전혀 없다. 역사가 증명하듯, 개별 기업이 이윤 극대화 목적으로 고용량을 결정하는 한 일자리 수요를 충족하지 못하는 일이 훨씬 흔하다. 또한 개별 기업의 고용량은 임금이 아니라 생산물에 대한 수요에 더 큰 영향을 받는다. 그리고 생산물에 대한 수요는 경제 전체의 고용과 임금에 큰 영향을 받는다. 개별 기업이 노동에 대한 분배를 억제하면서 기업의 이윤과 고용 모두 감소하는 것이다. 이것이 자본주의의 악순환 메커니즘이다.

마지막으로 잘 알려진 총수요 부족이라는 관점이 있다. 이는 실업이 경제 전체의 일자리 총량이 부족해서 발생한다는 점을 정확히 이해한다. 또한 총 일자리 수 부족은 유효수요 부족에 기인한다는 점도 지적한다. 이러한 맥락에서, 이들은 실업 해소를 위해 총수요 확대 정책, 즉 정부 지출 확대를 제시한다. 하지만 이는 효과적이지 않았다. 여기서 정부 지출은 주로 기업이 고용을 늘리도록 인센티브를 제공하는 방식, 즉 '일자리 낙수효과'에 의존했기 때문이다. 그러나 기업에 의존하는 일자리 창조 정책은 실패할 수밖에 없다. 기업의 목표는 이윤 극대화이지, 일자리 창조나 고용이 아니기 때문이다.

실업 해소를 위해서는 정부가 일할 능력과 의도가 있는 모든 실업자를 직접 고용하는 길 외에는 달리 방법이 없다.

3. 일자리보장제

1) 일자리보장제의 개념

일자리보장제(Job Guarantee)란 일할 능력과 의도가 있는 사람 모두를 정부가 고용한다는 계획이다. '생활임금'을 지급하고 '사회보험'에도 가입한다. 생활임금이란 노동자 개인과 가족의 적정한 생계유지를 가능하게 하는 급여로, 민간부문에 미칠 경제적 영향을 고려하여 결정될 것이다. 이 생활임금이 과도하게 높으면, 이보다 낮은 급여를 받는 민간부문 노동자가 일자리 보장 프로그램으로 대거 이직할 수 있고, 그들을 설득할 수 있는 수준의 임금을 제시할 여력이 없는 영세 업체들이 대량으로 파산할 수 있기 때문이다. 잠정적으로 법정 최저임금을 고려할 수 있다.

일자리보장제의 가장 중요한 특징은 일자리와 사회적 필요를 연결한다는 구상에 있다. 이는 일자리 보장 프로그램에 참여하는 노동자가 지역공동체의 '미충족 욕구'를 해소하게 하려는 기획이다. 이는 마치 지구 한편에서 남아도는 식량을 식량 부족으로 고통받은 지구의 다른 편으로 보내는 일과 유사하다. 앞서 살펴본 것처럼, 현재 우리나라에서 일자리를 찾는 사람이 약 400만 명에 이른다. 이는 코로나19 창궐로 경제가 위축되면서 다소 증가한 수치이지만, 평소에도 평균 약 340만 명이 일자리 부족을 호소해왔다. 이를 일자리 보장 프로그램이 고용해야 할 노동자 수(하루 8시간 기준)의 최대치로 간주할 수 있을 것이다.[3]

이렇게 일할 사람이 넘쳐나는 한편, 우리 사회는 간절히 '도움의

손길'을 원하고 있다. 대표적으로 돌봄 일손이 턱없이 부족하다. 예를 들어 보호가 필요한 아이들과 노인들이 방치되고 있다. 또한 문화·예술에서 소외된 사람들에게 새로운 경험을 제공하고, 녹색경제와 환경친화적 사회로 전환하는 데에도 많은 일손이 필요하다. 사회와 공동체의 이익을 위해 활동하는 수많은 시민단체도 더 많은 일손이 필요하다고 호소하고 있다. 일자리 보장 프로그램은 남아도는 일손(실업)을 지역 공동체의 필요를 충족시키는 데 활용하자는 제안이다. 남아도는 음식을 배고픈 사람에게 나누는 일처럼, 이를 위해서는 재정만 투입하면 된다.

인공지능과 자동화 기술 등 과학기술의 발전으로 일자리가 줄어들 것이란 주장은 일면적이다. 여기서 말하는 일자리란 이윤을 위한 일자리를 지칭할 뿐, 우리 사회를 유지하고 인간 삶을 풍요롭게 하는 데 필요로 하는 일자리(일손)가 부족했던 때는 없었다. 미래에도 그럴 것이다. 시장과 기업은 사회가 필요로 하는 '일손'을 공급하는 일에는 관심이 없고, 오직 이윤만을 추구할 뿐이다. 따라서 시장과 기업에 의존하는 일자리 창조 정책(일자리 낙수효과 정책)은 실효성이 없다.

일자리보장제가 시행되면 국민의 전반적인 소득과 소비가 증가하여 경기가 개선되고, 결국 민간부문의 고용도 확대될 것이다. 민간부문이 현재의 구직자 일부를 고용하면, 일자리 보장 프로그램 참여자 수는 감소할 수 있다.

2) 운영원리

일자리보장제는 상향식(bottom-up)으로 운영되어야 한다. 일자리 보장제가 시행되면 정의상 실업이 존재하지 않는다. 일할 의지와 능력이 있는 모든 사람을 고용하기 때문이다. 이렇게 선별 필요성이 사라지면 관리감독이 단순해진다. 중앙정부는 재정을 제공하고, '일자리 보장 프로그램은 지역공동체의 미충족 욕구 해소에 복무해야 한다'는 정도의 최소한의 운영원리만 제시한다. 하지만 실무적 관리 및 운영의 주체는 지방자치단체, 시민사회 그리고 참여자 본인이 된다.

여기서 시민의 자발적 참여가 매우 중요하다. 지역의 미충족 욕구를 이해하고 효과적으로 해소하는 가장 좋은 방식은 당사자가 직접 문제를 해결하게 하는 방식이다. 사회 서비스를 받고자 하는 당사자가 직접 관련 서비스 제공 프로그램을 기획하여 실행할 수 있다. 또는 일자리 보장 프로그램 관리 주체(지자체)가 지역의 필요를 직접 조사하거나, 마치 민원을 접수하듯 지역 사회에 필요한 프로그램을 개발할 수도 있다. 이렇게 지역 사회의 필요에 대한 아이디어와 프로그램 기획안은 '일자리 은행'에 보관하고, 일자리 수요자들에게 열람하여 참여 프로그램을 스스로 선택할 수 있게 할 수 있다.

이때 일자리 프로그램을 직접 운영하는 주체가 중요한 역할을 할 수 있다. 일자리 보장 프로그램 하나하나가 마치 개별 기업처럼 안정적으로 운영될 필요가 있다. 지역사회의 필요는 일회적이지 않고 지속적이므로, 이를 충족하는 사회 서비스 프로그램도 안정적으로 유지되어야 하기 때문이다. 개별 프로그램에 참여하는 사람은 본인의 희망에 따라 다른 프로그램 혹은 민간 일자리로 이직할 수 있지만, 프로그램 자체는 계속되어야 한다. 이를 위해서는 개별 프로그램을 안정적으로 운영할 조직과 전문인력이 필요하다. 이들은 일반 기업의 중간 관리자처럼 구체적인 실행계획을 세우고 과정을 지도하여야 한다.

이러한 일자리보장제의 핵심 전달체계에서 시민단체가 매우 중요한 역할을 담당할 것으로 기대할 수 있다. 우리 사회에는 이미 다양한 형태의 비영리 단체들이 활동하고 있다. 협동조합, NGO 기구들, 시민단체, 사회적 벤처기업들이 그들이다. 이들은 각각의 이질적 특성에도 불구하고, 다음의 두 가지 가치를 공유한다. 첫째, 이들의 목표는 이윤 극대화가 아니다. 이윤 극대화 목표라 하더라도 참여하는 공동체 구성원 전체의 이익을 목표로 운영한다.[4] 둘째, 이들은 모두 구성원의 참여에 기초하여 민주적으로 운영된다. 이렇게 공익 추구라는 목표와 민주적 운영의 특성을 갖는 경제 영역을 크게 '사회적 경제'라 통칭할 수 있을 것이다. 이들이 오랫동안 자발적으로 쌓아온 프로그램 운영 경험과 전문적 노하우가 일자리보장 프로그램의 효율성을 크게 개선할 수 있다.

시민의 참여는 운영뿐 아니라 성과의 평가와 예산 결산 등 모든 과정에 적용된다. 모든 행정이 그렇듯, 참여자가 아닌 외부자(행정관청 등)가 감시감독하는 체제는 매우 비효율적이다. 행위 주체와 감독 주체 사이의 정보 비대칭성 때문이다. 가장 구체적이고 많은 정보를 가진 주체는 행위 당사자이다. 감시감독 기능을 외부자가 담당하면, 행위자는 감시를 피하고자 자신만 알고 감시감독자는 모르는 풍부한 정보를 활용하여 감시망을 피하려 할 수 있다. 감시감독자는 더 많은 행정력을 동원하려 하지만, 행위자 스스로 개선하지 않는 한 이 게임은 쉽게 해결되지 않는다. 따라서 가장 효과적인 접근법은 현장에서 동고동락하는 행위 당사자들끼리 새로운 행동윤리 규범을 세우고, 그것을 지키도록 독려하는 방법이다. 그러한 행동윤리 규범이 정착하기 전까지 단기적으로는 부정부패 행위가 있겠지만, 장기적으로는 새로운 행위 규범이 정착될 것이다. 인간이 이기적이기도 하지만, 자신의 이익 일부를 포기하면서까지 다른 사람의 이기적 탐욕과 불공정을 응징하여 사회적 선호를 수호하려는 '협력하는 종'이기도 하다. 아울러 보조적으로 '부정부패 행위자는 영원히 퇴출한다'는 대원칙을 마련하여 부정행위의 동기를 미리 약화할 필요는 있다.

3) 예산

원하는 모든 사람에게 일자리를 보장하려면 어느 정도의 예산이 필요할까? 여기에서는 앞서 제시한 최대치 340만 명을 일자리 보장 프로그램 최대 참여 인원으로 간주하여 간단히 계산해보자. 일자리 보장 프로그램 참가자는 하루 8시간, 주 5일 일하는 것으로 가정하고, 2021년 최저임금인 8,720원을 시급으로 지급한다. 이렇게 하면 주휴수당 포함 월 181.4만 원, 연 2,176.8만 원이 된다. 따라서 340만 명 고용을 위한 임금 총액은 약 74조 원이 된다. 여기에 정부는 사용자로서 임금 총액의 약 10%인 7.4조 원을 사회보험료(국민연금 4.5%, 건강보험 3.23%, 장기요양보험 0.27%, 고용보험 1.05%, 산재보험 0.85%)로 지급한다. 따라서 임금과 사회보험료 총액을 합하여 81.4조 원을 지출한다. 또한 일자리 보장 프로그램을 운영하는 데 필요한 물품비, 사무실 공간 지원 등 간접비로 임금 총액의 20%를 가정하자(추가로 고용하게 될 행정 인력은 이미 340만 명에 포함된 것으로 보아야 한다). 이렇게 하면 일자리 보장 프로그램으로 최대 340만 명을 고용할 경우, 총지출액(임금, 사회보험료, 간접비)은 약 98조 원으로, GDP 약 2,000조(2019년 1,932조)의 4.8%에 해당한다.

하지만 중앙정부 전체 예산의 관점에서 순지출액은 이보다 훨씬 작아질 것이다. 일자리보장제가 기존 사회복지제도를 대체하는 것이 아니라 보완하는 프로그램으로 상정해도 그러하다. 일자리 보장 프로그램에 참여하는 사람 수가 증가하면 기존 정책 일부는 불필요해지기 때문이다. 첫째, 일자리 관련 예산은 전액 불필요해질 것이다. 2021년 일자리사업(직접 일자리, 직업훈련, 고용서비스, 고용장려금, 창업지원, 실업소득유지지원 등) 예산만 총 30조 원이 책정되었는데, 모두 실업자를 대상으로 한 지출이다. 일자리보장제가 시행되면 실업자가 존재하지 않으므로 이 예산은 전액 불필요해진다.

둘째, 일할 능력과 의지가 있는 모든 사람을 고용하고 생활임금을 지급하면 기존 사회복지 수급자 중 많은 수가 탈수급자로 전환될 것이다. 예컨대 기초생활보장제도(2021년 예산 약 13.2조) 수급 대상자는 일자리 보장 프로그램에 참여하여 기초생활급여보다 훨씬 많은 소득을 올릴 수 있다. 물론 이 가운데 근로 능력이 없거나 근로 의지가 없는 사람이 존재하므로 현 기초생활보장제도를 폐지할 수는 없다. 다만 저소득층을 대상으로 하는 현금 및 현물 급여 중 상당 부분이 일자리 보장 프로그램 참여로 대체될 수 있을 것이다.

셋째, 일자리보장제가 시행되면 세수가 대폭 증가할 수 있다. 정부 지출 증가가 세수 기반이 되는 GDP를 크게 증가시킬 수 있기 때문이다. 정부 지출이 증가하면 경제 전체에 대한 수요가 증가하고, 민간부문의 생산이 증가하여 결국 GDP가 증가한다. 정부 지출이 1단위 증가할 때 유발되는 GDP 단위를 '재정승수'라 부른다. 한국 경제의 재정승수가 실제 어느 정도인지에 관해서는 의견이 엇갈리지만, 기존 연구 결과들을 종합적으로 검토해보면,[5] 선진 경제의 재정승수를 약 1 정도로 추정할 수 있다. 더구나 재정승수는 최근처럼 경기침체 시기와 유휴 생산능력이 있을 때, 그리고 통화정책이 완화적일 때 더 커진다는 점도 지적해야 한다. 일자리보장제를 통해 증가하는 GDP의 27%(국민부담률: GDP 대비 모든 세금과 사회보험료 징수액의 비율)만큼 세수가 증가한다.

마지막으로, 일단 일자리보장제가 시행되면 경기가 부양되어 민간 영역의 고용이 증가한다. 민간 영역의 고용 증가는 일자리 보장 프로그램 참여자 수를 감소시킨다. 이는 일자리 예산이 감소함을 의미한다. 더 나아가 경제가 성장해 가면서 GDP가 커지면 일자리보장제 예산이 비례적으로 증가하는 것이 아니라, 오히려 그 부담(GDP 대비 비율)이 점점 감소할 것이다.

기존 모의실험 연구들에 따르면, 일자리보장제를 위해서는 GDP의 1~1.5%의 예산이 필요하다. 최대 1.5%를 가정할 경우, 우리나라 정부는 약 0.5%의 적자 재정을 운영하면 된다. 2000년부터 20년 동안 우리 정부는 GDP 대비 평균 0.97% 재정수지 흑자를 기록해왔기 때문이다. 이렇게 매년 재정적자를 내면 문제가 생길까? 그렇지 않다. 명목 경제성장률이 국채에 지불하는 이자율보다 높으면, 정부 부채 비율은 무한히 증가하는 것이 아니라 일정 수준으로 수렴한다. 예를 들어 만약 명목 경제성장률이 5%, 국채 평균 이자율이 3%라 가정하면,[6] 매년 GDP 대비 0.5% 본원적 재정적자(이자비용을 제외한 재정적자)를 보더라도 정부 부채비율은 겨우 25.8%로 수렴한다.[7] 더욱이 양자의 차이가 클수록 정부 부채비율의 수렴 수준은 더 낮아진다.

정교한 거시경제 모형을 이용하여 일자리보장제 도입의 경제적 효과를 모의실험(simulation)을 통해 유추해보는 방법도 유용할 것이다. 미국을 대상으로 연구한 Wray et al.(2018)은 다음과 같은 일자리보장제를 가정한다.[8]

- 일자리 보장 프로그램 참여자에게 시간당 15달러를 지급한다.
- 일자리 보장 프로그램에 참여하는 노동자는 주당 평균 32시간을 일하는데, 전일제와 파트타임 중 선택할 수 있다.
- 총임금의 25%를 비노동 비용(민간부문으로부터 구매하는 물품비)으로 추가한다.
- 총임금의 20%를 사회보험료(의료보험, 아동 돌봄, 주휴수당)로 추가한다.
- 일자리보장제 노동자는 정부가 운영하는 사회보장 보험료(payroll taxes) 중 노동자 몫을 납부한다.
- 일자리보장제로 창출되는 총소득의 1/3은 연방 소득세 대상이 된다.
- 일자리보장제 운영을 위해 증세하지 않는다.

이 모의실험은 2018년 1분기부터 부분적으로 시작하여 참여 인원수를 매 분기 20%씩 증가시키는 방식으로 2019년 1분기에 완전한 형태로 실행하는 시나리오를 가정한다. 광의의 실업 통계를 이용하여 추정한 결과, 일자리 보장 프로그램 참여자는 2017년 12월 실업자 627.8만 명의 약 2.5배에 해당할 것으로 평가했다. 그 결과는 〈표 11-1〉에 요약되어 있다.

미국을 대상으로 하는 일자리보장제 모의실험 결과는 매우 충격적이다.

첫째, 일자리 보장 프로그램은 최대 1,540만 명(2017년 말 경제활동인구 1억6,051만 명의 9.6%), 모의실험 기간(2019~2027년) 동안 평균 1,110만~1,470만 명을 고용하는 것으로 나타났다.

둘째, 일자리보장제 시행으로 모의실험 기간 중 GDP는 평균 1.7~2.1% 추가로 성장하는 것으로 나타났다. 일자리보장제는 녹색전환 사업 프로그램을 대량 제안하고 있으므로, 이는 질적으로도 환경친화적 성장을 의미한다.

셋째, 일자리보장제 시행에 필요한 재정지출은 평균적으로 GDP 대비 최소 0.98%에서 최대 1.33%로, 크다고 할 수 없다. 더구나 이 수치에는 최저소득층을 위한 '사회부조' 지출 감소 효과(재정 절약)를 고려하지 않은, 매우 보수적인 추정치라는 점을 지적할 필요가 있다. 따라서 빈곤 감소와 그에 따른 사회복지지출 감소를 고려하면, 일자리보장제를 위한 순재정 지출 증가는 거의 없는 것으로 평가할 수 있다.

넷째, 일자리보장제는 민간부문의 고용도 평균 293만~365만 명 견인하는 것으로 나타났다. 이는 미국의 2017년 말 공식 실업자 수

〈표 11-1〉 일자리보장제 모의실험 결과(미국, 모의실험 기간 2018.1분기-2027.4분기)

	최소 시나리오	최대 시나리오
절정기 일자리보장제 고용(만 명)	1,160(2022년)	1,540(2022년)
이후 평균 일자리보장제 고용(만 명)	1,110	1,470
절정기 실질GDP 기여(2017년 가치, 억 달러)	4,720(2022년)	5,930(2022년)
이후 평균 실질 GDP 기여(억 달러)	4,400(GDP의 1.7%)*	5,430(GDP의 2.1%)*
절정기 민간부문 고용 증가(억 달러)	330	420
이후 민간부문 고용 평균 증가(만 명)	293	365
물가상승률	2020년 0.63%로 절정에 도달한 후 0.11%로 하락	2020년 0.74%로 절정에 도달한 후 0.09%로 하락
주 정부 예산 증가(억 달러)	350	550
일자리보장제에 대한 연평균 직접 지출액(억 달러)	4,090(2020~27년)	5,430(2020~27년)
평균 순재정 소요(억 달러)	2,475	3,400
순재정 소요(GDP 대비 %)	0.98%	1.33%

주: *는 인용자 계산
자료: Wray et al.(2018); Tcherneva(2020)에서 재인용

627.8만 명의 46~58%에 해당한다. 민간부문 고용은 일자리 보장 프로그램이 제시하는 임금(시간당 15달러)보다 높다는 점을 상기할 필요가 있다. 마지막으로 일자리보장제에 따른 부작용으로 흔히 거론되는 물가상승률도 최대 0.74% 포인트로 미미한 것으로 나타난다.

한국 경제를 대상으로 일자리보장제의 경제적 효과를 이처럼 정교한 모형을 이용해 추정한 연구는 아직 존재하지 않는다. 하지만 미국 외에 다양한 경제를 대상으로 한 연구들도 유사한 결과를 보

여준다는 점을 고려할 때, 한국 경제도 크게 다르지 않으리라고 판단할 수 있다.[9]

4. 결론: 일자리보장제의 기대효과

일자리보장제는 경제 성장과 같은 양적 효과 이외에도, 다음과 같은 중요한 질적 효과를 낳을 수 있다.

첫째, 일자리보장제는 새로운 노동 표준(labor standard)을 형성할 것이다. 일자리 부족(실업)과 해고 위협은 노동자의 협상력을 약화하는 가장 강력한 기제이다. 이와는 반대로 정부가 보장하는 대안 일자리는 노동자에게 가장 든든한 '뒷배'가 된다. 그 결과 민간 사용자는 함부로 부당 노동행위를 할 수가 없게 될 것이다. 또한 민간 부문은 정부가 제시하는 일자리보장제 임금(시급 및 정기적 임금 총액 모두) 이상을 제시하여야만 할 것이다. 그렇지 않다면 사용자는 원하는 인력을 구하지 못할 것이기 때문이다.

둘째, 일자리보장제는 지역사회가 원하는 사회 서비스를 공공재로 제공할 수 있다. 일자리 보장 프로그램은 지역 공동체의 '미충족 욕구'를 해소하는 일들로 구성한다. 지역 공동체 구성원은 그러한 사회 서비스 혜택을 받는 동시에 각자 할 수 있는 사회 서비스를 공동체에 제공하기도 한다. 지역 공동체 전체의 이익을 위해 구성원이 자발적으로 참여하는 활동(일자리 보장 프로그램)을 통해 개개인은 경제적 이익을 얻는 동시에 협력과 공존의 가치를 몸으로 체득할 수 있다. 이는 사회 전체의 민주주의 발전에 중요한 토대가 될 것이다. 예컨대 우리 사회에는 이미 경제적 궁핍에도 불구하고 시민 활동가로 살아가며, 사회와 공동체를 위해 일한다는 자부심을 지향하는 가치 중심적 삶을 추구하는 사람들이 많이 있다. 돈 걱정 없이 사회에 봉사하는 사람들이 많아지면, 우리 사회는 질적으로 개선될 것이다. 이들은 사회 운동을 통해 다양한 분야의 지식과 역량을 습득해왔으므로, 일자리 보장 프로그램을 운영하는 데 핵심 요원으로 활동할 것이다.

셋째, 거시경제적 측면에서 일자리보장제는 가장 강력한 자동 경제 안정화 장치로 기능할 것이다.[10] 자본주의 역사 전체로 보면, 경기변동은 자본주의 경제가 존재하는 한 피할 수 없는 숙명처럼 보인다. 주기적 경기변동은 실업의 증감으로 표현되곤 한다. 경기침체로 민간부문에서 실업이 양산되면, 일자리 보장 프로그램이 그들을 흡수하여 경력과 소득 단절로부터 보호한다. 일자리 보장 프로그램은 소득 단절을 예방할 뿐만 아니라, 실직하더라도 계속 일을 하면서 숙련을 유지하게 한다. 이는 경기가 회복할 때, 민간부문으로 쉽게 이직할 수 있게 한다. 노동시장에 처음으로 진입하는 청년들에게도 경력과 숙련을 쌓을 기회를 제공한다.

넷째, 일자리 보장 프로그램을 통해 '그린뉴딜' 등 산업 및 사회 전환을 도모할 수 있다.[11] 산업 및 사회 전환은 대규모 투자와 자원 동원이 필요하다. 특히 노동투입이 매우 중요하다. 일자리 보장 프로그램 일부를 이에 활용할 수 있다. 우선 기후변화로 예상되는 자연재해 예방 활동 프로그램을 개발하고, 이를 일자리 보장 프로그램의 하나로 시행할 수 있다. 더 나아가 일자리보장제는 산업 및 사회 전환 과정에서 필연적으로 나타나는 노동 재배치 문제를 해소할 수 있다. 예컨대 신재생에너지로의 전환은 기존 화석연료 산업에 종사하던 노동자의 실직으로 이어질 수 있다. 이들을 (재교육 후) 신재생에너지 산업이나 기타 업종으로 재배치하기 위해서는 대규모 일자리 완충 장치가 필요하다. 화석연료 산업의 쇠퇴로 실직한 사람들은 일자리보장제가 운영하는 다양한 프로그램에 참여하여 일을 배울 수 있고, 이를 바탕으로 재취업할 수 있다. 일자리 보장 프로그램 중 일부를 신재생에너지 관련 프로그램으로 운영한다면, 실직한 화석연료 종사자들이 여기에 참여함으로써 성장하는 신재생에너지 산업으로 재취업할 수도 있을 것이다. 이러한 방식으로 일자리 보장 프로그램은 사회와 산업의 전환 과정에서 실직한 사람들을 소득 단절 없이 재교육하고 새로운 일자리를 찾을 수 있도록 훈련하는 기능을 수행한다. 대규모 전환을 이루면서 그로부터 패자를 만들지 않기 위해서는 일자리 보장이 필요하다.

다섯째, 일자리보장제를 통해 생산성 정체를 극복하고, 질적으로 우수한 경제체제를 구축할 수 있다. 최근 노동 절약적 기술 산업이 발달하면서, 고용의 불안정성이 강화되고 있다. 고용이 불안정해지면서 불평등도 강화되었다. 불평등 확대는 결국 유효 수요 부족 문제를 악화하고, 궁극적으로 경제성장과 생산성 정체로 이어진다. 경제성장과 생산성 정체는 이제 역으로 실업과 고용 불안정성을 강화하고, 불평등을 더욱 악화시키는 '악순환' 메커니즘을 가동시킨다. 일자리보장제는 이러한 악순환을 '선순환'으로 전환할 수 있다. 일자리보장제를 통해 국민 전체의 소득이 증가하면, 유효 수요가 증가하고, 기업의 이윤도 증가한다. 이는 다시 투자와 고용을 확대하고, 경제 전체의 생산성을 향상한다.[12] 일자리보장제는 노

270

동과 자본 모두를 위한 윈윈(win-win) 전략이다.

일자리보장제를 시행하지 않을 이유가 없다.

더 읽어야 할 자료들

장하성(2015). 『왜 분노해야 하는가: 한국 자본주의 II: 분배의 실패가 만든 한국의 불평등』, 헤이북스

우리나라 소득 불평등의 원인을 분석한 책이다. 이에 따르면, 첫째, 우리나라 가계 대부분은 (자산소득이 아니라) 근로소득에 의존하고 있다. 따라서 소득 불평등은 근로소득 불평등에서 찾아야 한다. 둘째, 근로소득 불평등은 크게 고용형태(정규직과 비정규직)와 기업 규모(대기업과 중소기업)에 기인한다. 종합하면 우리나라 불평등을 해소하기 위해서는 고용 관행, 대기업-중소기업 관계 등 경제 전반을 개혁해야 함을 보여준다.

전용복(2020). 『나라가 빚을 져야 국민이 산다: 포스트 코로나 사회를 위한 경제학』, 진인진.

이 책은 정부 재정에 대한 '미신'의 정체를 밝힌다. 우선 불평등과 그에 따른 유효수요 부족을 자본주의 경제의 근본 문제로 지적한다. 이를 극복하기 위해서는 정부의 역할이 매우 중요하지만, 정부의 재정건전성 담론이 이를 가로막고 있다. 이 책은 정부의 재정건전성 담론이 '미신'에 지나지 않음을 보여준다. 정부 부채는 전혀 문제가 아니므로 일자리보장제 시행과 소득 불평등 해소를 위해 정부 재정을 활용할 수 있음을 보여준다.

파블리나 R. 체르네바, 전용복 옮김(2021). 『일자리 보장: 지속가능한 사회를 위한 제안』, 진인진.

이 책은 '일자리보장제도'의 필요성, 운영원리, 재원, 기대효과 등을 포괄적이고 평이하게 소개하는 세계 최초의 단행본이다. 특히 일자리보장제에 대해 흔히 제기되는 비판들에 대해 매우 설득력 있게 반론을 제시하고 있다.

제12장

·········

공정하고 차별 없는 노동시장

권순미

- 불평등한 노동시장은 사회 통합을 저해하며 민주주의의 대표성과 정치적 평등의 원리를 왜곡한다.

- 노동시장 불공정은 노동시장 진입 기회의 불공정, 노동 과정의 불공정, 노동 결과의 불공정이라는 세 차원으로 구성된다.

- 공공부문 비정규직의 정규직화와 관련한 '공정성' 담론의 정치화는 좁은 청년 취업시장, 문재인 정부의 탄생 과정, 그리고 문재인 정부의 국정철학과 깊은 연관이 있다.

- 불평등에 맞서는 한국의 노동시장정책 방향은 포용적 안정화 전략이며, 이를 위해 노동시장 외부자를 광범위하게 포괄하는 노동기본권 및 사회적 권리체계의 구조적 개혁이 필요하다.

---

1. 노동시장 불공정의 사회적·정치적 의미

노동시장은 동질적 노동력이 경쟁하는 하나의 시장이 아니라 이 질적인 두 개의 시장, 즉 임금이 높고 고용이 안정된 1차 노동시장과 임금이 낮고 고용이 불안정한 2차 노동시장으로 분절되어 있다.[1] 한국에서 1차 노동시장은 주로 생산성이 높고 고부가 가치를 창출하는 대기업을 중심으로 형성되어 있다. 대기업들은 기업 내부의 독자적인 인사관리체계, 교육훈련체계, 연공급 임금체계를 갖고 있다. 이렇게 내부노동시장을 형성하고 있는 대기업 정규직 노동자들과 달리, 외부노동시장에 노출되어 있는 중소영세기업 노동자나 비정규직들은 경제위기에 훨씬 취약하다.

대기업 정규직 노동자라고 해서 늘 안전한 것은 아니지만, 경제위기와 같은 외부적 충격이 가해졌을 때 가장 먼저 일자리를 잃게 되는 것은 대기업 정규직이 아니라 하청업체 비정규직 혹은 여성 노동자들이다. 노동시장 이중화가 내부 노동시장과 외부 노동시장 간의 임금 및 고용 안정성 격차에 초점을 맞춘다면, 분절화는 외부 노동시장에서 두 시장 간의 이동성, 특히 외부 노동시장에서 내부 노동시장으로의 진입이 극히 제한되어 있음을 가리키는 개념이다.

노동시장 불공정은 노동시장 불평등의 다른 말이다. 불평등한 노동시장은 사회적·정치적으로 부정적 영향을 미친다. 첫째, 사회적 효과이다. 시장에서 발생하는 경제적 격차는 복지 이중화를 초래하는 동시에 가진 자와 가지지 못한 자들 사이의 갈등을 불러일으켜 사회 통합을 저해한다. 이 격차를 줄여주는 것이 사회적 임금, 즉 복지를 통한 재분배정책이다. 북유럽 사민주의 복지국가는 일반 조세를 재원으로 보편적인 시민권에 기반한 높은 소득 보장성과 재분배성을 특징으로 하는 복지제도를 갖고 있다. 이와 달리 한국은 안정적인 고용관계와 노사의 기여에 의존하는 사회보험 중심의 복지제도를 갖고 있다. 그러므로 고용이 불안정하고 기여능력이 약한 노동시장 외부자들은 복지제도의 사각지대로 밀려나게 된다. 그 결과 상층계급과 하층계급 간의 소득 양극화가 더 벌어지고 사회적 갈등이 지속될 수밖에 없다.

둘째, 정치적 효과이다. 경제적 불평등은 대의민주주의의 생명인 대표성을 왜곡한다(강명세, 2019: 8). 시장에서는 가지고 있는 자원이 많을수록 경쟁에 유리하다. 반면 민주주의는 누가 더 많은 소득·자산을 가졌건, 더 높은 학벌이나 지위를 가졌건 선거에서 1인 1표를 행사하는 평등의 원리를 기반으로 한다. 민주주의 국가가 자본주의 체제에 내재한 시장 불평등을 교정함으로써 열패자들을 보호하는 기능을 하는 것은 이런 정치적 평등의 원리가 작용하기 때문이다(Przeworski, 1991). 시장의 불평등이 정치적 불평등으로 전환된다면, 민주주의의 정상적인 작동은 왜곡된다.[2]

현실의 노동시장은 단지, 1, 2차 시장으로 분절되어 있는 것이 아니라 기업 규모, 고용형태, 성, 연령, 노조 유무 등의 여러 변수에 의해 이보다 훨씬 복잡하게 구획되어 있다.[3] 플랫폼 배달앱을 기반으로 한 '배민 라이더스', '요기요플러스', '부릉', '바로고', '생각대로'에 가입한 배달 노동자들은 사회보험의 가장 기초라 할 수 있는 산재보상에서도 '적용 제외'되는 경우가 대부분이다. 이들은 사업장에 소속된 비정규직들보다 자신들의 처우가 더 나쁘다며 스스로 취업준비생, 실업자 등과 함께 3차 노동시장에 속해 있다고 고백한다.[4] 이처럼 우리 사회의 불평등은 소득과 자산의 격차 문제를 중심으로 노동, 세대, 사회보장, 정치 등 우리 삶과 밀접한 관련을 갖는 다양한 영역에서 상호관련성을 가지면서 점점 더 구조화되는 경향을 보이고 있다.[5]

2. 노동시장 불공정의 세 차원

1) 노동시장 진입 기회의 불공정

노동시장 진입 기회의 불공정, 다른 말로 취업시장의 불공정은 1990년대 말 이래 한국 사회의 가장 첨예한 이슈 중 하나이다. 대한민국 헌법 제32조는 모든 국민에게 근로의 권리와 의무를 명시하고 있다. 그러나 개인의 노력, 의도와는 무관하게 현실적으로 고용

〈그림 12-1〉 OECD 주요국의 남녀 고용률

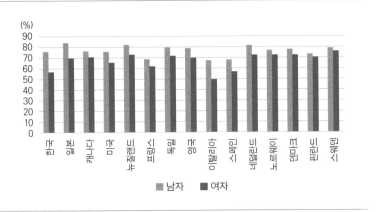

자료: OECD(2019). Labour Force Statistics.

의 기회는 평등하게 주어지지 않는다. 성, 연령, 학력, 출신대학, 전공, 취업경험, 숙련수준 등 다양한 요인이 취업 가능성에 영향을 미친다. 그 가운데에서도 성별 취업 불평등은 매우 심각하다. 2019년 기준으로 남성 고용률은 70.8%인 데 반해 여성 고용률은 50.9%로 19.9% 포인트나 낮다. 미혼인 경우에는 남녀 고용률 격차가 거의 나지 않지만(1.6% 포인트), 배우자가 있는 경우에는 남자가 81.1%, 여자가 53.3%로 27.6% 포인트나 격차가 벌어진다.[6] 임신, 출산뿐만 아니라 육아와 가사노동을 주로 여성이 담당하기 때문이다.

성별 고용률 격차가 큰 국가들은 전통적으로 남성 가부장주의가 발달해 있는 일본, 남부 유럽국 가들이다. 한국은 남녀 임금 격차가 OECD 국가 가운데 가장 높기로도 유명하다. 여성 노동에 대한 가치절하, 여성 노동의 비정규직화가 구조적으로 발생하고 있는 것이다. 남녀 간 임금 격차가 크고 돌봄노동과 가사노동의 사회화가 낮아 비용부담이 크게 발생한다면, 기혼여성 입장에서는 시장에서 철수하는 것이 오히려 합리적 선택일 수 있다. 그러나 여성의 경력단절은 사회적으로 유능한 인적 자원을 사장시키는 것이며, 생산가능인구의 부족, 출산기피 등 사회의 지속가능성을 가로막는다. 반면 남녀 임금 격차가 작고 남녀 평등 문화가 발달해 있으며, 돌봄노동에 대한 보편적이고 공적인 서비스가 발달한 스웨덴, 핀란드, 덴마크, 노르웨이 등 북유럽 국가들은 성별 고용률 격차가 가장 낮은 국가군을 이룬다.

연령별로는 청년들의 노동시장 참여가 매우 저조하다. 높은 청년 실업률이 이를 말해준다. 국제비교 기준이 되는 청년(15~29세) 실업률은 2020년 10월 기준 8.3%로, 전체 실업률 3.7%보다 2.2배 높다. 특히 20대 후반(25~29세)의 청년층은 경제활동인구 중 8%에 불과하지만, 실업자 가운데 이들의 비중은 21%로 매우 높다. 일할 능력이 있어도 그냥 쉬거나 아예 구직을 포기한 청년들까지 포함하면 실질적인 실업률은 훨씬 높을 것이다. 20대 후반 청년 실업 문제가 특히 심각한 것은 남성의 경우 군복무로 4년제 대학의 졸업 연령이 늦어져 이들의 고용시장 진입이 20대 후반에 집중되는 탓도 있지만, 청년들이 선호하는 대기업의 좋은 일자리가 제한적이고, 대기업과 중소기업 간 임금 격차로 구직−구인간의 미스매칭 문제가 발생하기 때문이다.7 일과 삶의 균형(work−life balance)을 추구하고 개인주의 성향이 강하며 합리적 조직문화를 선호하는 청년들로서는 저임금과 장시간 노동, 가부장적 조직문화, 비합리적 인사노무체계가 특징인 중소영세기업의 일자리를 기피하게 되는 것이다.

2) 노동 과정의 불공정

노동 과정의 불공정은 고용안정성, 근로기준, 노조 만들 권리, 산업안전, 조직문화 등 일터의 다양한 영역에서 발생하고 있다. 고용이 불안정한 비정규직은 주로 중소영세기업이나 대기업의 하청계열사 소속이거나 간접고용된 용역·파견직일 경우가 많다. 이들은 노조할 권리가 있어도 실제로 노조를 만들기 쉽지 않다. 사용자가 노조 만들 권리를 침해하는 것은 부당노동행위에 해당하지만, 산업 현장에서는 부당노동행위가 은밀하게, 혹은 공공연하게 벌어지고 있다. 노조 없는 일터에서 노사대등의 권력구조는 형성될 수 없다. 노사 대등의 원칙이 깨질 때 제대로 된 교섭이 이루어질 수 없다. 일터의 권력구조상 최하위 그룹에 속하는 비정규직들의 경우에는 노조 결성이 곧 해고로 이어질 수 있다는 부담을 늘 안고 살아간다. 이 때문에 비정규직의 노조 가입률은 3%에 불과하며, 이는 같은 시기 정규직 노조 가입률 17.6%와는 확연한 차이를 보인다.[8]

산업 현장에서 발생하는 각종 사고와 질병도 2차 노동시장의 노동자들에게 집중된다. 이른바 '위험의 비정규직화', '위험의 외주화'이다. 유해하고 위험한 업무가 법과 제도의 사각지대에 있는 비정규직이나 하청노동자에게 집중되는 현상을 일컫는다. 2016년 서울지하철 2호선 구의역 승강장에서 스크린도어를 혼자 수리하다 숨진 김 군은 겨우 19세로, 서울메트로(현 서울시교통공사) 하청업체 수리기사였다. 2018년 충남 태안화력발전소에서 석탄 운송설비를 점검하다 숨진 김용균은 25세로, 1년 계약직이었다.

경제협력개발기구(OECD) 회원국들마다 산업재해 통계 작성 기법이 달라 직접적인 비교는 어렵지만, 2015년 통계에서 10만 명당 산재 사망자는 영국이 0.4명으로 최저이고, 한국은 영국보다 20배 이상 많은 10.1명이었다. 한국은 1990년대 중반 이후 지금까지 OECD 산재사망률 1위에서 벗어난 적이 거의 없다. 숫자로 보면 2018년에만 업무 관련 사고 또는 질병으로 목숨을 잃은 노동자는 2,141명에 이른다. 매일 6명의 노동자가 일하다가 죽는다는 뜻이다. 이 중 87%가 50인 미만 사업체에서 일하는 사람들이다. 5인 미만 사업장으로 좁히면 31%다. 그런데 놀랍게도 한국의 일반산재는 OECD 평균보다 5분의 1이 적다. 반면 사망률은 3배나 많다. 사고가 많을수록 사망률도 많은 것이 일반적인데, 한국은 사고는 많지 않은데 사망률이 높다. 이는 사망에 이를 만큼 큰 사고가 아니면 산재로 아예 신고조차 되지 않는, '은폐된 산재'의 가능성을 시사한다.

기업 규모에 따라 근로기준법도 차별적으로 적용된다. 첫째, 노동시간의 차별이다. 상시노동자 5인 이상 사업장에서 1주간의 노동시간은 휴게시간을 제외하고 40시간을 초과할 수 없다. 1일 노동시간은 휴게시간을 제외하고 8시간을 초과할 수 없다. 다만 노동자와 사용자의 합의에 따라 1주 12시간을 한도로 노동시간을 연장할 수 있다. 사용자는 연장노동에 대해 통상임금의 50% 이상을 가산하여 노동자에게 지급해야 하고 휴일근로에 대해서는 8시간 이내인 경우 통상임금의 50%, 8시간 초과인 경우 통상임금의 100%를 가산하여 지급해야 한다. 그러나 상시노동자 5인 미만 사업장의 경우에는 노동시간에 대한 규제나 연장, 휴일, 야간 노동에 대한 가산 수당의 적용이 배제된다.

둘째, 해고제도의 차별 적용이다. 5인 이상 사업장의 사용자는 노동자에게 정당한 이유 없이 해고, 휴직, 정직, 전직, 감봉, 그 밖의 징벌을 하지 못한다. 5인 이상 사업장의 경우, 사용자가 노동자에게 부당해고를 하면 노동자는 노동위원회에 구제를 신청할 수 있다. 반면 상시노동자 5인 미만의 사업장의 경우 해고 및 징계처분에 대해 구제신청을 할 수 없다. 노동자가 부당해고를 구제받기 위해서는 민사소송을 통해야 한다. 하루 벌어 하루 먹고 살기 빠듯한 영세기업 노동자가 민사소송에 매달릴 여유가 있을 리 만무하다. 다만 해고 30일 전에 예고를 해야 하는 해고예고 조항은 적용이 된다.

셋째, 휴가제도의 차별 적용이다. 사용자는 1년간 80% 이상 출근한 노동자에게 15일의 유급휴가를 주어야 하고, 여성 노동자가 청구하면 월 1일의 무급 생리휴가를 주어야 한다. 그러나 상시노동자 5인 미만 사업장의 경우 연차휴가 및 생리휴가의 조항을 적용하지 않는다.

직장 내 괴롭힘도 일터에서 발생하는 차별과 배제의 대표적 형태이다. 2019년에 개정된 근로기준법에 따르면, 직장 내 괴롭힘은 "사용자 또는 근로자가 직장에서의 지위 또는 관계 등의 우위를 이용하여 업무상 적정범위를 넘어 다른 근로자에게 신체적·정신적 고통을 주거나 근무환경을 악화시키는 행위"로 정의된다. 피해자는 직급이 낮거나 비정규직일 경우가 많다. 그러나 5인 미만 사업장은 직장 내 괴롭힘 방지법의 적용에서도 제외된다.

3) 노동 결과의 불공정: 분배와 재분배의 불공정

오늘날 한국 노동시장의 이중화와 분절화에 가장 큰 영향을 미치는 요소는 무엇보다 기업 규모이다. 대기업 중심의 노동시장 내부화는 외환위기 이후 다소 약화된 면이 있으나 여전히 강고하게 유지되고 있다는 것이 정설이다.[9] 1980년대까지만 하더라도 300인 미만 중소기업의 임금은 300인 이상 대기업의 90% 수준으로 격차가 크지 않았다.[10] 노동시장 불평등 문제가 정치적 이슈가 되지 않았던 이유이기도 하다. 그러나 1980년대 후반부터 고임금 부문과 저임금 부문 간 격차가 점차 확대되다가 1990년대 말 외환위기를 기점으로 그 추세는 더욱 빨라졌다.

사업체 규모가 작을수록 비정규직 비율이 높다. 5인 미만 사업체의 비정규직 비율은 약 70%에 달한다.[11] 정규직의 시간당 임금이

〈표 12-1〉 고용형태별 사회보험 가입 현황(전년 동월 대비, %, %p)

	2019. 8.			2020. 8.					
	국민 연금[1), 2)]	건강 보험[1)]	고용 보험[3)]	국민 연금[1), 2)]	증감	건강 보험[1)]	증감	고용 보험[3)]	증감
임금노동자	69.5	75.7	70.9	69.8	0.3	76.7	1.0	72.6	1.7
정규직	87.5	91.5	87.2	88.0	0.5	92.6	1.1	89.2	2.0
비정규직	37.9	48.0	44.9	37.8	-0.1	49.0	1.0	46.1	1.2

주: 1) 직장가입자만 집계한 수치임(지역가입자, 수급권자 및 피부양자는 제외)
　　2) 공무원, 군인, 사립학교 교직원, 별정우체국법이 정하는 연금 등 특수직역 연금 포함
　　3) 공무원, 사립학교 교직원, 별정우체국 직원은 응답 대상에서 제외
자료: 통계청(2020: 16).

100일 때 비정규직의 임금은 약 63%이다.[12] 같은 비정규직이라도 남성보다 여성의 임금수준이 더 낮다. 비정규직들이 기댈 곳은 사회안전망이다. 그러나 2020년 8월 기준으로 통계청이 밝힌 고용형태별 사회보험 가입 현황을 보더라도, 비정규직의 사회보험 가입률은 정규직의 절반에도 미치지 못한다. 한국의 사회보험제도는 보험에 가입할 자격이 있는 사람과 아닌 사람으로 구분하는데, 사업장을 기반으로 출퇴근하는 상시 노동자를 기준으로 하여 제도가 설계되었기에 비정규직들은 보험가입 자격이 없거나 자격이 있어도 보험료를 낼 여력이 없다.

3. 공정성 담론의 정치화

2000년대에 들어와 '비정규직의 정규직화'는 노동계의 핵심 요구

중 하나로, 대선과 총선에서도 늘 중요한 정치 의제로 등장했다. 정부는 사회 양극화의 해소를 공공부문부터 선도한다는 차원에서 우선 '공공부문 비정규직의 정규직화'를 추진해왔다. 노무현 정부에서 7만여 명, 이명박 정부에서 6만여 명, 박근혜 정부에서 8만여 명의 기간제가 정규직으로 전환되었다. 문재인 정부는 2019년 9월까지 약 20만 명의 기간제와 파견·용역 노동자를 정규직으로 전환했거나 전환을 결정했다. 4대 정권에 걸쳐 꾸준히 이어져온 정책이건만 청년들이 유독 문재인 정부의 정규직 전환정책에 대해 강하게 공정성 문제를 제기하고, 또 공정성 담론이 정치화된 이유는 어디에 있을까?

가장 근본적으로는 열악한 취업시장 구조에 있다. 그들은 다른 어느 세대보다 고학력자들이고(대학 진학률 70%), 많은 스펙을 쌓았지만 실업률은 어느 세대보다 높고, 취업의 문은 좁기만 하다. 청년들이 원하는 것은 안정적이고 워라밸(일−생활의 균형)이 보장되는 일자리인데 이런 일자리는 너무나 한정되어 있다. 그러다 보니 '일자리정부'가 되겠다고 한 문재인 정부에 대한 이들의 기대가 남다를 수밖에 없었다. 문재인 정부가 추진한 공공부문 비정규직의 정규직화는 노동존중사회 패러다임, 즉 좋은 일자리 창출, 공공기관의 사회적 가치 창출이라는 맥락과 맞닿아 있고, 과거 정부들에 비해 분명히 전향적 내용이 담겨 있었다. 정규직 전환의 기준을 '핵심과 주변'이 아닌 '상시·지속 업무'를 기준으로 했다는 점, 고용기간을 '기존 2년, 향후 2년'이 아닌 '기존 9개월, 향후 2년'으로 축소했다는 점, 초단시간 및 단시간 비정규직도 정규직 전환 대상에 포함되었다는 점, 그리고 무엇보다도 기존 정부에서는 포괄하지 않았던 용역·파견 등 간접고용 노동자와 출연기관, 민간위탁도 새롭게 대상에 포함되었다는 점에서 그러하다.[13] 게다가 정규직 전환 대상 중에서도 생명·안전 업무에 종사하는 노동자의 직접고용을 명시하고 있고, 전환 결정 과정에 비정규직 노동조합이나 노동자대표의 참여를 보장하도록 권고한 것도 과거와 다른 점이었다.

문재인 정부의 탄생 과정, 그리고 국정철학을 녹인 취임사는 공정한 노동시장에 대한 청년들의 기대를 한껏 끌어올렸다. 문재인 정부는 민주화 이후 최초로 전임 박근혜 대통령의 탄핵에 따라 한겨울이 아닌 5월에 선거를 치르고 출범했다. 촛불항쟁의 기폭제가 되었던 국정농단의 한 주역이었던 최순실과 그의 딸 정유라는 반칙과 특권의 상징이었다. 불공정에 대한 대중적 분노와 저항에 힘입어 탄생한 문재인 정부는 취임사에서 "문재인과 더불어민주당 정부에서 기회는 평등할 것입니다. 과정은 공정할 것입니다. 결과는 정의로울 것입니다"라고 약속했다. 그로 인해 공정성은 문재인 정부의 정치적·도덕적 정당성의 근거이자 상징이 되어버렸다. 정부정책에 대한 대중적 분노와 불만은 '공정성' 담론을 매개로 할 때, 더 폭발력을 갖게 된 것이다.

공공부문의 비정규직 정규직 전환정책을 둘러싼 수많은 갈등은 우리 사회의 공정성에 대한 합의 수준이 매우 낮다는 것을 여실히 보여준다. 롤스(Rawls, 2003)의 '차등의 원칙'에 따라 '최소 수혜자에게 최대 이득이 보장되고', '공정한 기회 균등의 조건'이 모든 사람들에게 보장되어야 하지만, 과연 "누가 최소 수혜자인가?"라는 질문에 대해 선뜻 답하기 어려운 것이 현실이다. 비정규직과 노동시장 밖의 청년 구직자 모두 사회적 약자이지만, 기회가 제한되어 있을 때 "누가 더 사회적 약자인가?"라는 양자택일의 문제로 흐를 수 있다. 이런 식의 약자 사이의 갈등이 증폭되는 것을 예방하기 위해서는 정책의 당위성만 내세울 것이 아니라, 정책결정 과정에 다양한 이해관계자들의 참여를 보장하고 숙의하는 민주적 절차가 필요하다.

4. 노동시장 불평등에 어떻게 대응할 것인가?

불평등한 노동시장에 맞서기 위해 어떤 노동시장정책이 필요한가? 이에 관한 논쟁은 크게 세 갈래로 나뉜다. 첫째, 신자유주의자들은 한국의 노동시장 양극화 및 이원화가 경직된 노동시장제도에서 비롯되었다고 주장한다. 이들은 엄격한 고용보호제도가 기업의 구조조정을 방해하며, 이미 시장에 진입해 있는 내부자의 고용을 보호하는 대가로 외부자의 시장진입과 새로운 일자리 창출을 방해하므로 노동시장 전반의 유연화가 제고되어야 한다고 주장한다. 둘째, 유연안정화론자들은 노동시장 유연성은 세계적인 추세이며, 산업구조의 고도화에 따라 고용형태와 근로시간 선택의 다양성은 노동자에게 더 많은 자유와 선택권을 보장할 뿐만 아니라 기업의 국제경쟁력 강화에도 도움이 된다고 주장한다. 다만 수량적 유연화로 인한 사회적 위험을 최소화하기 위해 사회안정망을 강화해야 하며, 이 두 가지는 상호 보완적 관계에 있다고 말한다. 셋째, 안정화론자들은 한국은 기업의 비용절감을 위해 노동시장 유연화 수준이 지나치게 높은 반면, 사회적 보호 수준이 너무 낮은 것이 문제라고 진단한다. 따라서 노동시장 및 사회적 안정성을 제고하는 전략이 필요하며, 이를 위해 유연화 대상과 규모는 필요최소한으로 축소하고, 복지는 특수고용형태노동자, 자영업자를 포괄하는 방향으로 적극적인 확장정책이 요구된다고 주장한다.

1) 유연화 전략

우리나라 재계를 대표하는 한국경영자총협회(경총)를 비롯한 노동시장 유연화 지지자들은 한국의 경제가 위기상황에 놓였다고 보며, 그 이유를 다음과 같이 진단한다.[14] 첫째, 과도한 고용 경직성, 파견 및 기간제 등 인력 활용 규제, 일률적이고 획일적인 근로시간 제한 등 낡은 노동법·제도가 국가 및 기업 경쟁력 제고의 장애로 작용하고 있다. 둘째, 대립적 노사관계, 고착화된 고임금·저생산성 구조, 급격한 최저임금 인상과 근로시간 단축, 법인세 인상 등도 산업 경쟁력을 지속적으로 저하시킨 한 원인이다. 셋째, 사회안전망 강화 등 노동자를 보호하는 제도는 지속적으로 강화되어 왔으나 이와 패키지로 개선되어야 하는 노동시장 유연성 문제가 제대로 다루어지지 않아 노사 간 힘의 균형이 깨어져 민간주도 경제성장세의 약화를 초래했다.

이런 비판에 기초하여 경총은 기업의 글로벌 경쟁력을 강화하고 4차 산업혁명에 주도적으로 대응하기 위해 노동시장의 유연성 강화를 위한 법·제도의 개선이 필요하다고 주장한다. 기업하기 좋은 환경 조성을 위해 경총이 정부에 제안한 입법 대책 가운데 노동시장 유연성 제고와 관련한 사항으로는 ① 직무 수행능력이 현저히 부족한 노동자는 합리적 기준과 절차에 따라 해고가 가능하도록 규정 명문화, ② 경영상 해고 요건을 현행의 '긴박한 경영상의 필요'에서 경영상 판단에 따른 인원 조정 등 '경영합리화 조치가 필요한 경우'로 완화, ③ 경영상황에 따라 회사가 근로조건의 불리한 변경을 요구할 수 있는 제도 도입(근로기준법 조문 신설), ④ 근로시간제도 운영의 유연성 확대와 관련하여 탄력적 근로시간제도와 선택적 근로시간제도 개선, 특별(인가)연장근로 허용 사유 확대, 고소득·전문직의 근로시간 규정에 대한 이그젬션(적용제외) 규정 신설, ⑤ 현행 32개 허용업무만을 파견 대상업무로 규정하는 파견법제도(포지티브 리스트)를 반드시 필요한 금지업무만을 규정하는 방식(네거티브 리스트)으로 변경하고, 제조업 등에 파견노동 허용(파견법 제5조), ⑥ 현행 기간제법의 기간제 2년 사용기간 제한을 완화하여 당사자 간 합의로 연장토록 개선(기간제법 제4조) 등이 포함되었다.

2) 유연안정성 전략

유연안정성론은 노동시장의 이중화·양극화에 맞서 유연성과 안정성이 균형적으로 발전해야 하며, 이 양자는 상호보완적 관계에 있다는 시각이다. 유연안정성론은 덴마크식의 유연안성성 모델을 적극적으로 벤치마킹하자는 입장과 한국 사회에서 이들 국가와 같은 유연안정성 모델은 실현되기 어려우므로 한국적 유연안정성이 필요하다는 두 주장으로 나뉜다.

전자는 성장우선 논리를 비판하면서 성장과 분배의 선순환, 지속가능한 한국 경제의 발전전략으로서 유연안정성이 필요하다고 주장한다. 기존의 친기업적 성장정책은 낮은 노동비용을 통하여 비교우위를 유지하려는 기업의 요구를 수용함으로써 정규직 중심의 소득 및 복지체계를 형성하였고, 소득 불균형과 양극화, 인적자원의 심각한 훼손으로 미래의 성장잠재력을 약화시켰다는 것이다. 이들이 대안으로 삼는 한국의 노동시장–복지모델은 덴마크식 유연안정성 모델이다. 덴마크 모델의 핵심은 황금삼각형(golden triangle)으로 불리는 높은 수준의 고용 유연성, 튼튼한 사회안전망, 그리고 노동시장의 활성화(activation)와 연계된 적극적 노동시장정책이다. 이 입장에서 신동면 교수는 한국은 복지재정 지출을 크게 확대하고, 직업훈련과 평생학습체계를 통한 양질의 인적자본을 육성하여 생산성을 제고하며, 저출산·고령화를 맞이하여 노동력 공급을 원활히 할 수 있도록 여성의 경제활동 참가율을 획기적으로 끌어올리고, 정부주도의 사회서비스 확대를 위해 대규모 인력과 재원을 투입해야 한다[15]고 주장한다.

다른 하나는 대기업집단의 이익단체인 전국경제인연합회(전경련)가 설립한 한국경제연구원의 연구보고서이다.[16] 이 보고서는 덴마크나 네덜란드식 유연안정성모델은 우리나라에서 벤치마킹하기 어렵다고 보았다. 그 이유는 해고 완화와 같은 법 개정이 수반되는 정책의 성공 가능성이 희박하고, 또 우리나라는 이들 유럽모델을 적용하는 데 필요한 공통조건으로서 노동조합의 강력한 파트너십도 없고, 유연성을 보완할 수 있는 관대한 실업급여 재원도 턱없이 부족하다는 것이다. 따라서 이중 노동시장 구조, 공정성이 문제되는 연공임금체계, 높은 대기업노조 조직실태 등의 한국적 현실을 고려하여, 첫째, 대기업·정규직·유노조 부문은 유연화를 실시하고, 중소기업·비정규직·무노조 부문은 안정성을 높이고, 둘째, 임금의 유연성 및 공정성을 제고하기 위해 연공임금체계를 직무급제로 개편하자고 주장한다.

3) 안정화 전략

안정화 전략은 노동계의 시각을 대변한다. 이들은 '정규직 과보호'에 맞서 '기업 과보호'를 주장한다. 안정화론자들의 입장에서 노동자의 고용보호를 위한 엄격한 해고요건, 비정규직 남용을 막기 위한 기간제 사용사유 제한, 과로사를 방지하고 노동자의 건강권·휴식권을 보장하기 위한 근로시간의 제한 등은 최소한의 노동 안전장치다. 이런 노동법적 규제는 노동자의 업무몰입도를 높여 생산성 향상과 기업경쟁력에도 도움이 된다. 노동시장 불평등에 맞서 노동시장정책에 대한 국가의 적극적 개입이 필요하다고 보는 이들은 지금 필요한 것은 노동시장 유연화가 아니라 안정성이라고 주장한다.

안정성 지지자들은 덴마크의 유연안정성 모델이 우리의 성공전략이 되기는 어렵다고 본다. 덴마크와 한국의 사회적 조건이 매우 다르기 때문이다.[17] 한국은 덴마크보다 개별적·집단적 해고가 더 자유로운데, 사회 안정성의 중요한 지표인 공공복지 지출 수준은 덴마크의 절반에도 미치지 못한다.[18] 게다가 사회적 대타협을 견인할 수 있는 노조의 역량이 덴마크에 비할 바 없이 취약하다.

이런 맥락에서 한국의 이상적 방향은 '포용적 안정화 전략'이다.[19] 즉 노동법 및 사회안전망의 사각지대에 있는 5인 미만 영세기업 노동자, 단시간노동자, 특수고용형태종사자 등 노동시장 외부자들을 광범위하게 포괄하는 정책이 필요하다. 우선 이들에게도 정규직 노동자들이 누리는 노동기본권, 즉 단결권, 단체교섭권, 단체행동권이 완전히 보장되어야 한다. 이들이 노조를 통해 단결하여 자신들의 불만과 요구사항을 집단적으로 표출할 수 있을 때 비로소 노동자로서의 주체적인 삶을 살아갈 수 있고 작업 현장의 문제들을 스스로 해결해 갈 수 있다. 사회적 보호도 획기적으로 강화되어야 한다. 코로나19는 노동시장 불평등을 더욱 심화시켰을 뿐 아니라 기존 복지제도의 한계도 더 뚜렷하게 드러냈다. 이에 따라 사회보장체계로부터 배제되는 사람들이 없도록 더욱 촘촘하고 튼튼한 사회안전망이 필요하다. 나아가 이승윤 교수가 제안한 것처럼[20] "자본의 이윤창출 방식, 고용관계, 노동의 작동방식이 전통적인 산업사회와는 근본적으로 달라진" 디지털 자본주의에서 장기적으로 한국 복지국가가 이와 "정합성을 갖는 소득보장체계"를 어떻게 구축할 것인가에 대해서도 진지한 고민이 필요하다.

5. 맺음말

노동시장 대응에서 (수량적) 유연화 방식은 실험했지만 실패로 끝났다. 유연안정화 전략은 한국의 안정화 수준이 매우 낮아, 유연성과 안정성을 정치적으로 교환할 수 있는 여지가 많지 않다. 장기적으로는 한국도 덴마크식의 유연안정성모델로 나아가야 하겠지만, 현재는 포용적 안정화가 더 시급하다. 포용적 안정화는 고용노동제도의 경직적 운영을 뜻하는 게 아니다. 오히려 많은 변화를 요구한다. 청년 일자리 창출, 노동시장 불공정의 시정, 일-생활 양립 등의 사회적 요구에 부응하기 위해 전환배치나 전직과 같은 기능적 유연화와 이를 뒷받침할 적극적 노동시장정책의 확대, 보다 공정한 임금체계의 도입, 재택근무 확대 등 근무형태의 변화, 노동시간 및 주당 노동일수의 단축 등 다양한 정책들이 시도될 필요가 있다.

　노동시장 외부자의 임금과 복지는 획기적으로 강화되어야 하며, 이를 위한 정부의 과감한 재정지출이 요구된다. 노동운동의 개혁도 수반되어야 한다. 그동안 노동운동에 대한 비판 중 하나가 '대기업 정규직 중심'이라는 것이었다. 기업별 노조체계를 산업별 노조체계로 전환하려는 노동운동의 시도가 실패한 것도 대기업 정규직노조가 자신들의 기득권을 버리지 않았기 때문이다. 민주노총과 한국노총이 영세사업장 노동자들의 권리보호와 중대재해기업처벌법 제정을 위해 한목소리를 내고, 특고, 프리랜서, 자영업자를 포괄하는 전 국민 고용보험제도 도입을 적극적으로 지지하고 나선 것은 다행스러운 일이다. 노동조합운동이 외부자를 향한 투쟁에 실제로 얼마나 힘을 실어줄 것인지는 두고 볼 일이다. 그동안 내부자 이익중심의 전투적 경제주의를 특징으로 하는 한국의 노동운동이 외부자를 포괄하는 계급적 연대로 나아갈 수 있느냐가 노동시장 안정화 전략의 성공에 있어서 관건이라 할 수 있다.

더 읽어야 할 자료들

박정훈(2020). 『배달의민족은 배달하지 않는다』, 빨간소금.
이 책은 배달산업을 통해 플랫폼노동의 탄생 배경과 플랫폼자본주의의 작동방식을 설명한다. 플랫폼산업의 불평등 구조에 대한 비판적 시각만이 아니라 플랫폼산업의 혁신방안에 대해서도 상상력을 제공한다.

은민수 외(2020). 『촛불 이후, 한국 복지국가의 길을 묻다』. 한울아카데미.
이 책은 은민수 등 13명의 연구자가 참여하여 촛불혁명 이후 등장한 문재인 정부의 주요 노동정책 및 복지정책의 이슈를 평가하고 대안을 모색한다. 제1부 '소득보장정책'에서는 연금정책, 기본소득, 소득주도 성장론을, 제2부 '복지재정정책'에서는 보편증세전략, 재정의 지속가능성, 조세정책 경쟁을, 제3부 '노동시장정책'에서는 노동개혁, 최저임금제, 실업부조를, 제4부 '복지태도 변화'는 한국인들의 복지태도와 인식 변화를 다루고 있다.

이철승(2019). 『불평등의 세대』, 문학과지성사.
이 책은 '세대'라는 앵글을 통해 한국 사회 '불평등'의 생성과정을 다루고, 세대 간 형평성 제고를 위한 연대의 전략을 제시한다. 이 책의 한 메시지가 세대 간 불평등의 증대라면, 또 다른 메시지는 한국형 위계구조의 위기이다. 저자는 동아시아 특유의 연공제와 유연화된 노동시장 위계구조에 기반을 둔 수취체제의 작동과 그 성과에 대해 의문을 제기한다.

조돈문(2016). 『노동시장의 유연성-안정성 균형을 위한 실험』, 후마니타스.
이 책은 노동시장의 유연성과 안정성 간의 균형을 도모하기 위한 유럽연합의 실험을 분석한다. 저자는 유럽연합 및 유럽 주요국(덴마크, 네덜란드, 스웨덴, 스페인등)의 유연안정성 모델과 비정규직관련 지침들이 어떤 동학을 거쳐 어떤 내용으로 수립되었는지를 분석하고, 그것이 한국 노동시장에 주는 정책적·실천적 함의를 논의한다.

제5부
·
공정 사회와 민주주의

제13장

한국 민주주의와 공정성

강우진

- 지난 30년 동안 한국 민주화 과정은 공정하고 경쟁적인 선거를 통한 권력교체 방식의 제도화에 집중하였다. 한국 민주주의 성취는 국제적인 기관을 통해서 높이 평가되고 있다.
- 한국 민주주의의 성취에도 불구하고 정치적 대표의 편향 문제를 극복하지 못하고 있다. 한국 민주화 과정의 특징인 여야 간 타협에 의한 민주화 이행, 승자독식 성격을 가진 중앙집권적 단임 대통령제의 제도화, 지역정당 체제의 제도화가 정치적 대표의 편향을 만들어 낸 배경이 된다.
- 권위주의 시절 위로부터 동원에 의한 고도성장을 통해 이룩한 산업화 이후 민주화가 진행되었다. 민주화 과정은 경제위기를 기점으로 심화된 경제적 불평등, 사회적 이동성의 하락과 함께 진행되었다.

- 한국 사회의 화두로 떠오른 공정성은 결국 민주주의 문제이다. 한국 민주주의의 민주화를 통해 시민들의 의사가 공정하게 반영되는 정치적 대표 체제가 수립될 때 시민적 지지기반의 취약함을 극복 할 수 있을 것이다.

1. 문제의 제기[1]

한국은 2016~2017년 촛불 항쟁과 함께 민주화 30주년을 맞이했다. 다음 절에서 좀 더 자세히 살펴보겠지만 한국은 비슷한 시기에 민주화를 경험한 다른 국가군(제3의 물결 민주주의) 중에서 민주화를 가장 성공적으로 제도화한 소수의 나라 중 하나에 속한다.

흥미로운 사실은 민주화 30년이 지난 시점에서 한국 민주주의의 화두는 공정성이라는 사실이다. 가장 성공적인 민주화 국가에서 공정성 담론이 화두가 되고 있는 이유는 무엇인가? 이 문제에 답하기 위해서는 두 가지 역사적인 조건을 살펴보는 것이 중요하다.

먼저, 산업화와 민주화의 역사적 전개(historical sequence)의 한국적 특성이다. 두루 알듯이 한국은 박정희 권위주의 정권 시기 급속한 경제성장을 이룩했다. 이 시기 대기업 중심의 대외 지향적 수출 주도형 한국형 성장 모델의 기초가 마련되었다. 급속한 산업화 이후 한국은 민주화를 달성했다. 앞선 시대의 급속한 경제성장과 대비되는 본격적인 저성장 시대에 진입한 후 민주화가 이루어졌다. 또한 민주화 과정과 전례 없는 경제위기가 중첩되었다. 이로써 민주화 과정은 불평등의 증가와 사회적 이동성의 하락과 동반되었다.

둘째, 한국 민주화의 성격이다. 한국 민주주의 이행 과정은 단임제 대통령 직선제 개헌에 초점을 맞추어 여야 간 타협에 의해서 지배되었다. 또한 민주화 이행의 정치적 결과로서 지역 정당체제가 출현했다. 민주화를 통해 탄생한 새로운 체제는 지역정당 체제와 결합된 승자독식 체제였다. 민주화와 함께 시민들의 요구는 크게 증가하였지만 민주화를 통해 탄생한 체제는 시민들의 요구가 정책적으로 제대로 반영되지 않은 편향된 정치적 대표체제의 특징을 가졌다.

고도성장기를 지난 한국 사회에서 민주화와 함께 진행된 불평등의 심화와 사회적 이동성의 하락으로 인해서 각 영역에서 분배를 둘러싼 갈등이 증가했다. 민주화 30년이 지난 시점에서 공정성이 한국 사회의 화두가 된 배경이다.

이 장은 최근 한국 사회의 화두가 된 공정성 논쟁은 민주주의 문제라고 주장한다. 또한 공정한 사회로의 발전은 한국 민주주의 중요한 도전인 취약한 시민적 지지기반을 강화시키는 데 중요한 계기가 될 것이라고 주장한다. 청년 대표 이슈를 중심으로 이 문제를 살펴본다.

2. 한국 민주화 30년: 성공적인 민주화와 승자독식 체제의 제도화

두루 알듯이 한국 민주주의는 1987년 6월 항쟁을 통해 박정희·전두환 권위주의 체제로부터 민주주의 체제로 이행했다. 한국은 제3의 물결을 통해 민주화에 성공한 나라 중 가장 성공적으로 민주화를 이룩한 나라 중 하나다. 1987년 민주화 이후 2017년 촛불 혁명까지 1세대 동안 한국은 세 번의 정권교체(1997년 15대 대통령 선거, 2007년 제17대 대통령 선거, 2017년 제19대 대통령 선거)를 성공적으로 마무리했다. 이 과정에서 한국은 1997년 외환위기로 대표되는 외부로부터 불어 닥친 경제위기와 2004년 노무현 대통령의 탄핵 소추, 2017년 박근혜 대통령의 탄핵과 구속과 같은 내부의 정치적 위기를 헌정 중단 없이 극복했다.

한국 민주주의는 제도적인 안정성과 함께 내적인 역동성을 갖춘 드문 사례이다. 2007년 제17대 대선을 통해 두 번의 정권교체를 평화적으로 완성함으로써 민주주의가 한국에서 유일한 게임의 규칙(동네에서 유일한 게임; only game in town)이 되었다. 또한 한국의 시민들은 제도 정치의 병목현상이 심화될 때 종종 촛불 집회를 통해 저항을 나타내거나 2016~2017년 촛불 집회와 같이 이를 돌파하기도 했다. 이러한 면에서 한국은 대의 민주주의와 광장의 민주주의가 적절하게 결합된 예외적인 사례이다.

한국 민주주의 성취는 권위 있는 다양한 국제기관들의 한국 민주주의 평가에서도 잘 확인된다. 첫째, 민주주의 수준을 평가하는 대표적인 지수인 폴리티 지수(Polity Index)[2]에 따르면 한국은 민주주의를 안정적으로 발전시켜온 대표적인 국가다. 1987년 민주화 이후 1989년 민주주의와 혼합체제(-5~5점) 경계인 6점 수준에 머물러 있었으나 1997년 평화적 정권교체 이후 2점이 상승한 후 민주주의(6~10점) 국가 중 비교적 높은 수준은 8점을 유지하고 있다.

둘째, 자유화 지수(Freedom House)는 민주주의 수준을 평가하는 또 다른 대표적인 지수로서 프리덤 하우스가 매년 발표한다. 자유화 지수(100점 만점)는 정치적 권리(40점)와 시민적 권리(60점)를 결합하여 조사 대상 국가를 자유(Free), 부분적 자유(Partly Free), 비자유(Not Free) 국가로 분류하여 발표한다.[3] 2019년 기준 한국은 100점 만점 중에서 83점을 획득하여 자유로운 국가로 분류된다. 1~7점으로 다시 변환된 점수에 따르면 한국은 1998년 이후 등락이 있지만 정치적 권리와 시민적 권리 모두 가장 높은 수준인 1~2점대를 유지하고 있다.

셋째, 영국의 대표적인 언론기관인 이코노미스트는 산하 연구기관 '이코노미스트 인텔리젼스 유닛(Economist Intelligence Unit)'을 통해 민주주의 지수를 2006년 이후 발표하고 있다. 민주주의 지수는 각국을 선거 과정과 다원성, 정부 기능, 정치참여, 정치 문화, 시민 자유 다섯 가지 부분으로 나누어 평가하고 각 영역을 1~10까지 지수로 계량한 후 평균값으로 평가한다. 점수에 따라서 완전한 민주주의(Full Democracy), 결함 있는 민주주의(Flawed Democracy), 혼합체제(Hybrid Regimes), 권위주의(Authoritarian Regimes) 네 등급으로 분류한다.[4]

이코노미스트 민주주의 지표(Economist Index Unit)는 두 번의 정권교체를 이룬 시기인 2008~2014년까지 시기의 한국 민주주의를 완전한 민주주의로 평가했다. 2019년 이후 한국 민주주의는 결함 있는 민주주의(Flawed Democracy) 평가를 받았다. 하지만 한국의 순위는 23위로서 일본(24위)과 미국(25위)보다 높은 순위로서 완전한 민주주의 바로 밑에 위치했다.

지난 30여 년 동안 한국 민주주의는 경쟁적이고 공정한 선거를 통해 권력을 교체하는 방식의 제도화에 성공하였다. 그럼에도 권력의 교체 방식에 집중한 한국 민주화 과정은 많은 도전에 직면하고 있다.

민주주의는 시민들의 의사가 반영되는 정치체제다(Dahl, 1971). 민주화 이후 30여 년이 지난 시점에서 한국 민주주의의 질적 심화를 위해 우리가 던져야 하는 질문은 제3의 물결 민주주의 국가 중에서 가장 성공적인 민주화 사례 중 하나로 꼽히는 한국은 민주주의의 이상을 얼마나 실현했는가라는 질문이다.

민주화 이후 30년이 지난 시점에서 한국 민주주의는 다수의 시민들의 정치적 선호가 반영되는 정치체제라기보다는 경쟁적이고 비교적 공정한 선거를 통해 주기적으로 정치엘리트를 교체하는 엘리트 버전의 민주주의에 더 가깝다고 할 수 있다.[5] 현대 민주주의는 대의민주주의가 그 본질적인 속성이다. 대의민주주의 핵심에는 선거가 있다. 집권당이 선거를 통해 패배할 수 있는 체제가 민주주의인 것이다.[6] 이러한 면에서 현대 민주주의에서 대표자를 선출하는 선거체제의 중요성을 아무리 강조해도 지나치지 않다. 한국 민주주의는 선거체제의 민주화의 차원에서 성공적인 사례였다.

민주주의가 공정하고 경쟁적인 선거를 통해 민주주의의 이상에 근접하기 위해 사회와의 지속적인 상호작용을 통해 선거의 역동성을 유지할 수 있어야 한다. 하지만 지난 30여 년 동안의 성공적인 한국 민주화 과정은 보수적인 성격을 가진 민주주의로 귀결되었다. 보수적인 민주화에는 다양한 요인이 영향을 미쳤을 것이다. 여기서는 세 가지 요소에 주목해서 이를 살펴본다.

먼저, 민주주의 이행의 양식(mode of transition)이다. 두루 알듯이 한국의 민주주의 이행은 여·야 간 타협을 통한 협약에 의해 이루어졌다. 타협에 의한 민주화 시각에 따르면 시민사회의 광범한 저항은 집권 권위주의 세력의 억압 비용을 증가시킨다. 이에 따라서 집권 권위주의 세력이 강경파와 온건파로 분열된다. 민주적 저항 세력 또한 급진파와 개혁파로 분열된다. 집권 세력 내의 온건파와 저항 세력 내의 개혁파가 타협에 이르면 민주화가 시작된다. 한국의 민주화가 대표적인 사례에 속한다.[7]

하지만 최근 분석에 따르면 전두환 정권 내에 강경파와 온건파의 분열은 존재하지 않았다. 더구나 전두환 정권이 시민사회의 저항에 몰려서 수동적으로 6·29 선언을 제시할 수밖에 없었다고 볼 수 없다. 오히려 집권 권위주의 세력은 민주화 이행 전 과정에서 적극적인 역할을 했다. 김대중이 복권되면 직선제 개헌을 수용한다고 하더라도 양김이 모두 출마하게 되고 결국 노태우 후보에게 승산이 있을 것이라는 전략적 계산을 했다. 6·29 선언이 시민사회의 지지를 얻자 정국은 급속도로 개헌 정국으로 전환되었다. 집권 민정당과 양김을 대리하는 8인 정치 회의가 개헌 정국을 주도했다.

헌법 제정의 정치에서 유월항쟁을 주도했던 시민사회는 소외되었다. 6·29 선언 이후 유월항쟁의 2단계를 이끌었던 7~8월 노동자 대투쟁에서 제시되었던 사회경제적 요구는 헌법 제정의 정치에서 주요 의제로 다루어지지 못했다.

둘째, 민주주의 이행의 결과 탄생한 헌정 체제로서 1987년 체제의 성격이다. 헌정 체제로서 1987년 체제는 제9차 헌법 개정을 통해 도입된 1987년 헌법과 1988년 이루어진 선거법 개정을 특징으로 한다. 1987년 헌법은 1948년 제헌 헌법의 도입에 이어서 두 번째로 주요 정치 세력 간의 합의에 의해 도입된 헌정 체제다. 유월

항쟁의 결실로 이루어진 제9차 헌법 개정은 네 가지 특징을 가진다.[8] 먼저, 군부정권 종식과 장기집권 방지를 위해서 도입된 5년 단임 대통령 직선제다(67조 1항). 또한 군의 정치 개입을 방지하기 위해 군의 정치적 중립을 명시했다(5조 2항). 대통령의 비대한 권한을 제한하기 위해 비상 조치권과 국회 해산권을 삭제했다. 둘째, 군부독재 하에서 발생했던 시민 자유와 기본권 침해를 막기 위해 기본권을 강화했다. 4·19 민주 이념 계승을 헌법 전문에 명문화하였다. 기본권 강화 조치로는 구속적부심 도입(제12조), 언론출판에 대한 검열과 허가를 통한 제한 금지, 최저임금제 법적 보장(제32조), 공무원에게도 노동3권을 보장할 수 있는 근거 마련 등이 있다. 셋째, 대통령 권한을 축소하고 국회의 권한을 강화하여 민주적 견제와 균형의 원리가 작동할 수 있는 제도적 조건을 마련했다. 대표적으로 국정감사 제도를 부활 시켰다(제61조). 넷째, 헌법재판소를 도입하여 법률의 위헌 심판 기능을 대법원으로부터 독립시켰다.

87년 헌정체제 수립은 기본권의 신장과 절차적 민주주의의 확립이라는 차원에서 의미 있는 진전이라고 평가할 수 있다. 하지만 헌법 제정의 주체와 제정 과정, 특징의 차원에서 중요한 한계를 가졌다. 앞서 이야기한 대로 헌법 개정은 항쟁의 주체였던 시민사회는 배제된 채 여야의 주요 정파를 대표하는 8인 정치회담이 주도했다. 이에 따라서 헌법 개정 과정에서 유월항쟁과 노동자 대투쟁 과정에서 제기되었던 민주적 의제가 현저히 축소된 채 권력구조 개편에 집중하여 헌법 개정이 일사천리로 이루어졌다.

더구나 87년 헌정 체제는 88년 제13대 국회의원 선거를 앞두고 개정된 다수제적 선거제도와 결합되면서 승자독식의 특징이 강화되었다. 개정된 선거법에 따르면 총의석 299석 중에서 224석은 지역구에서 단순 다수 대표제를 통해 지역구당 1인을 선출(소선거구제)하고 전국구 75석은 제1당에 의석의 절반을 우선 배분한다.

셋째, 결빙된 지역정당체제다. 권위주의 체제 하 정치적 균열은 민주 대 반민주 구도로 진행되었다. 유권자들의 투표 행태는 여촌야도(與村野都)의 현상으로 나타났다. 유월항쟁과 노동자 대투쟁을 거치면서 다양한 시민들의 요구를 정당이 반영하는 새로운 균열의 출현 여부가 관심의 대상이 되었다. 하지만 민주화 이후 한국의 정당체제를 결정하는 두 번의 정초선거(1987년 제13대 대통령 선거, 1988년 제13대 국회의원 선거)를 거치면서 민주 대 반민주 균열은 지역균열로 전환되었다.

앞서 1987년 헌정체제 수립에서 살펴본 대로 민주화 이후 모든 이슈는 권력구조 개편으로 집중되었다. 유신 이후 최초로 치러진 직선제 대통령 선거였던 제13대 대선은 출신 지역을 달리하는 후보의 4자구도로 치러졌다.[9] 1987년 제13대 대선에서 서로 다른 지역 기반을 가지고 출마한 4당 후보는 해당 지역에서 높은 지지를 받았다. TW는 대구·경북에서 유효투표의 68.13%, DJ는 호남에서 88.79%, YS는 부산·경남에서 53.66%, JP는 충남에서 45%를 얻었다. 이러한 경향은 이듬해 치러진 제13대 국회의원 선거에서도 지속되었다. 이로써 권위주의 정권 시기 민주 대 반민주 구도 속에서 여촌야도 투표 행태를 보이던 유권자들은 민주적 개방과 함께 지역을 따라서 동원되었다.

모든 사회 균열이 정치 균열로 전환되지는 않는다. 민주화 이행기에 정당체제가 특정한 양식으로 결빙(frozen)되면 이후에는 새로운 사회 균열이 정치적으로 동원되기 대단히 어렵다. 더구나 87년 체제의 중요한 특징인 중앙집권적 대통령제와 결합된 다수제적 선거제도가 만들어 낸 승자독식체제는 새로운 정치 세력에게 높은 진입장벽으로 기능했다.

이에 따라 2004년 제17대 국회의원 선거에서 1인 2표 혼합제가 도입될 때까지 진보정당은 의석을 확보하지 못했다. 1인 2표제 도입을 통해 정당 투표가 가능해졌지만 가장 최근 선거인 제21대 국회의원 선거까지 진보정당은 5석(제18대 국회의원 선거)~13석(제19대 국회의원 선거) 의석을 얻는 데 그쳤다. 그나마 지역구 의석은 민주당과 선거연합을 통해 지역구 후보를 조정했던 제19대 국회의원 선거(7석)를 제외하면 네 번의 선거에서 모두 2석을 얻는 데 머물렀다.

앞서 살펴본 것처럼 제17대 국회에서 진보정당이 의회에 진입하기 이전에 유권자들은 지역에 기반을 둔 정당을 통해 이미 동원되었다. 더구나 진보정당이 의회에 진입한 후 네 번의 국회(제17~제20대)를 경험하였음에도 불구하고 여전히 진보정당의 주요 지지기반은 진보정당이 정책적으로 대표하고자 하는 노동자와 저소득층이 아니다. 이들 집단의 상당수는 여전히 보수정당에 의해서 대표되고 있다. 현재 의석을 가진 유일한 진보정당인 정의당은 2018년 '정의당의 또 다른 이름은 비정규직 정당'이라고 선언했다. 하지만 민주화 이후 30여년 만에 치러진 제19대 대선에서도 대선 직후 실시한 한 여론조사(KSDS·중앙선거관리위원회·한국정치학회)에 따르면 비정규직 유권자 중에서 절반 가까이(47.06%)가 보수정당의 후보를 지지했다.

3. 성공적인 민주화의 역설: 불평등의 증가와 공정성 담론의 부상

두루 알듯이 한국은 박정희 권위주의 정권 기간 동안 연 평균 10%를 넘나드는 경제성장을 달성했다. 이 시기 위로부터 권위주의적 동원에 의한 대기업 중심의 수출주도 경제성장이라는 한국형 경제발전 모델의 기초를 완성했다. 또한 한국은 급속한 경제성장을 기록했던 시기 비교적 평등한 분배를 경험했다. 즉 다른 동아시아 국가와 함께 한국은 경제성장과 분배(Growth with Equity)를 함께 달성한 축복을 경험했던 것이다.[10] 고도성장 시기 빈곤했던 한국인들도 교육 성취를 징검다리 삼아 중산층으로 계층 상승이 가능했다. 고도성장 시기 교육은 위대한 균형자(the great equalizer)의 역할을 담당했다.

하지만 민주화 이후 상황은 급격히 달라졌다. 고도성장의 시기는 저물었고 민주화 이후 한국은 본격적인 저성장의 시대로 접어들었다. 군부의 탈정치화를 성공적으로 달성하여 민주화에 기여했던 김영삼 정부는 집권 말기(1997년)에 전례 없는 경제위기를 겪었다. 1990년대 들어서 점진적으로 증가하던 경제적 불평등은 1997년 경제위기와 함께 변곡점을 맞았다. 경제위기 이후 경제적 불평등은 급격히 증가하였고 고도성장기 한국이 누리던 성장과 분배의 결합은 해체되었다. 더구나 경제적 불평등은 부동산을 중심으로 한 자산 불평등과 결합되면서 복합적인 성격을 띠고 있다.[11] 경제적 불평등을 나타내는 지니계수(도시 2인 이상 시장소득 기준)는 1990년대 초반에는 0.266에 지나지 않았지만 경제위기 와중이던 1998년 0.293까지 증가했다. 이후 다소 감소하였지만 2000년대 들어서 다시 증가하여 등락을 거듭하여 0.300 언저리를 머물고 있다(2015년 0.305). 지니계수에 비해 소득 10분위 배율(소득 하위 10% 평균 소득 대비 상위 10% 평균 소득 비율)은 더 가파르게 증가했다. 1990년대 초반 3.30에 지나지 않았던 10분위 배율은 2006년 5.13까지 상승했다. 이후 다소 하락하였으나 최근 조사(2015년)에서는 4.79를 나타냈다.[12]

　민주화 이후 발생한 사회경제적 변화는 사회이동성에 어떤 영향을 미쳤나? 〈그림 13-1〉은 최근 한 연구(한준, 2017)에 기반을 두어 한국의 세대별 사회이동을 비교하여 제시하고 있다. 한국의 고도성장 시대를 대변했던 베이비붐 세대(1956~1965년 출생, 일반적으로 1955~1963년 출생)는 68.9%가 사회적 상승을 경험했으며 하강을 경험한 비율은 단지 14.5%에 그쳤다. 하지만 에코세대의 경우 하강 경험 비율이 다른 세대보다 가장 높았고 사회 상승 이동률이 가장 낮았다.

〈그림 13-1〉 세대별 사회이동 비교

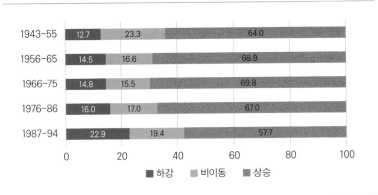

자료: 교육개발원(2010), 청년패널(2015); 한준(2017)[13]

사회적 이동성의 하락은 시민들의 인식에도 잘 반영되어 있다. 통계청이 발표한 가장 최근 '한국 사회조사 2019'에 따르면 사회이동성 현황과 전망 모두에서 부정적인 인식이 늘었다. '2019년 사회조사 결과'에 따르면 '본인 세대에서 계층 상승이 높다'는 인식은 2009년 37.9%였으나 2019년 22.7%로 하락했다. 또한 '자식 세대의 사회·경제적 지위가 높아질 가능성이 높다'고 인식하고 있는 응답자의 비율은 28.9%로 나타나 2009년 조사 결과인 48.3%와 비교해 볼 때 19.4% 차이가 나타났다.

이와 같이 한국에서 저성장, 경제적 불평등의 심화, 사회적 이동성의 하락이 민주화와 함께 진행되었다. 그렇다면 성공적인 민주화로 꼽히는 한국 민주주의는 사회경제적 변화를 잘 대변했는가? 공정하고 경쟁적인 선거체제의 제도화에 집중한 한국 민주화 과정은 시민들의 사회경제적 요구를 민주적 정치 과정을 통해 정책적으로 반영하는 데 취약했다. 이로써 가장 성공적인 민주화 사례라고 평가되는 한국 사회는 OECD 국가 중에서 사회적 갈등이 가장 높은 국가 중 하나가 되었다.

높은 사회적 갈등은 공정성을 둘러싼 논쟁으로 표시되고 있다. 현재 우리 사회의 화두는 공정성이라는 데 의문을 제기하는 사람을 별로 없을 것이다. 다양한 곳에서 다양한 공정성 담론이 서로 충돌하고 있다. 공정성 담론은 촛불항쟁을 촉발 시켰던 박근혜·최순실 국정농단 게이트를 거치면서 한국 사회의 화두가 되었다.[14]

공정성에 대한 많은 여론조사에 따르면, 한국 시민들은 한국 사회가 더 이상 계층 상승의 기회가 열린 역동적인 사회가 아니라고 인식한다. 최근에 실시된 한 여론조사(『시사저널』, 2019. 9. 24)[15]에 따르면, 거의 모든 응답자(90.1%)가 우리나라는 부와 지위 등이 대물림되는 세습사회라고 인식하고 있었다. 또한 대다수의 응답자(84.7%)가 세습현상이 점점 심화되고 있다고 답했으며, 비슷한 비율의 응답자(82%)는 '한국 사회는 개인이 열심히 노력해도 계층 이동하기 어렵다'고 생각하고 있었다.

한국 사회의 불공정성에 대한 인식이 지속적으로 늘고 있다. 한국 시민들을 공정성을 결과의 차원(equality of outcome)보다는 기회의 차원(equality of opportunity)을 중심으로 바라보고 있다. 최근 한 보고서(한국리서치, 2018)에 따르면 기여도에 따른 공정한 차이를 지지하는 비율(66%)이 사람들 사이에 산술적인 평등을 지지하는 비율(27%)보다 훨씬 높았다.

4. 한국 민주주의 정치적 대표의 편향과 공정성

민주주의에 대해서는 수많은 정의가 있다. 하지만 현대(대의제) 민주주의의 핵심이 주권자인 인민이 대표자를 선출하는 선거라는 데에는 큰 이론이 없다. 현대 민주주의는 주권자인 인민이 경쟁적이고 주기적이며 공정한 선거를 통해 대표자를 선출하여 주권을 실현하는 정치체제이다.

현대(대의제) 민주주의의 정치 과정은 편의상 세 과정으로 구분할 수 있다. 먼저 주권자인 인민이 자신의 대표자를 선출하는 과정이다(투입, input). 둘째, 다양한 사적인 이해관계가 대표자들에 의해 민주적 정치 과정에 의해 대표되는 과정이다(과정). 셋째, 민주적 정치 과정의 결과로서 대표자들이 정책을 만들어 내고 만들어진 정책이 주권자인 인민의 삶에 다시 영향을 미치는 과정이다(산출, output).

현대(대의제) 민주주의는 두루 알듯이 민주주의와 시장의 역사적 결합으로 탄생했다. 민주주의는 '1인 1표'로 표시되는 정치적 평등을 원칙으로 하는 평등한 체제이지만 시장은 근본적으로 불평등한 체제이다(예를 들어 '1원 1표'). 그래서 두 체제는 근본적으로 긴장관계에 있다. 따라서 현대 민주주의의 과제는 불평등한 시장과 (기본 원리상 평등한) 민주주의가 상호작용하면서 민주주의의 이상을 어떻게 실현하느냐일 것이다.

현실 속에서 현대 민주주의에서는 정치적 대표의 편향 또는 실패(the bias or the failure of the political representation)가 발생한다. 정치적 대표의 편향은 대표자를 선출하는 민주적 정치 과정의 투입 과정과 정책의 산출에서 모두 발생할 수 있다. 투입 과정에서는 주권자인 인민(주인)이 자신의 이해를 대변하는 최적의 대표자(대리인)를 선출하는 데 실패할 수 있다. 또한 대표자를 선출한 후에도 대리인이 주인의 의사를 제대로 대표하는지를 완벽히 감시할 수 없다.[16]

산출 과정에서 대표의 편향은 더 자주 발생한다. 앞서 이야기 한 대로 민주주의의 기초는 정치적 평등이다. 즉 시민들의 선호와 이해가 평등하게 반영되는 것이 민주주의 정치체제의 이상이다. 다른 말로 나타내면 민주주의는 정치적으로 평등한 시민들의 선호에 지속적으로 반응하는 체제다.[17] 하지만 현실에서는 민주적 정치 과정에서 일반 시민의 이해보다는 특별 이익집단(special interest group)의 이해가 더 쉽게 반영된다. 즉 정부 정책의 상층편향이 자주 발생하고 있다. 투입과 산출 과정에서 대표의 편향과 나아가 실패는 불평등한 민주주의로 귀결된다. 불평등한 민주주의가 고착화되면 시민들은 민주주의 체제의 정당성에 대해 회의하게 된다.

앞서 살펴본 대로 한국 민주주의는 민주화 과정에서 다수제적 선거제도와 결합된 중앙집권적 대통령제가 제도화되었고 지역정당 체제가 결빙되었다. 다시 말하면 승자독식 체제가 제도화된 것이다. 이러한 승자독식 체제는 민주화 과정에서 심화된 경제적 불평등과 사회이동성의 하락이라는 사회경제적 변화에 제대로 반응하지 못했다. 시민들의 요구에 제대로 반응하지 못하는 한국 민주주의의 핵심에는 대표의 편향·실패가 있다. 여기서는 요사이 한국 사회의 쟁점으로 떠오른 청년 대표의 문제를 통해 이를 간단히 살펴보자.

먼저, 인구 사회학적 관점에서 볼 때 청년 대표의 문제를 살펴보자. 제21대 국회의원 선거에서 20대 이하 유권자가 차지하는 비율은 총선거인 수의 18.1%(806만 명)다.[18] 하지만 20대 국회의원의 비율은 단 2명에 지나지 않아 전체 300명 중 1%에도 못 미쳤다(0.67%). 범위를 30대까지 확장해도 상황은 크게 나아지지 않는다. 30대가 차지하는 인구학적 비율은 15.9%(699만 명)였지만 30대 국회의원은 11명으로 전체 의원 정수의 3.6%에 지나지 않았다.

둘째, 정책의 결과로 나타나는 실질적 대표의 시각에서 살펴보자. 제16~제20대 국회 시기 까지 통과된 법안 총 1만 2,150건 중에서 청년 정책 관련 법안 발의 건수는 115건(0.09%)에 지나지 않았다. 그나마 통과된 법안 건수는 8건에 그쳤다.[19] 제21대 국회 들어서도 상황은 크게 나아지지 않았다. 2020년 12월 15일 기준으로 통과된 법안은 433건이지만 청년 관련 법안 발의 건수는 10건 통과 건수는 1건에 지나지 않았다.

청년 대표의 실패는 사회경제적 결과로 나타났다. 한국에서 노인 빈곤은 중요한 사회 이슈가 되었지만 청년 빈곤은 이슈조차 되지 않는다. 민주화가 진전되는 과정에서도 청년 빈곤은 완화되지 않고 심화됐다. 2006년 16.7%였던 청년 1인 가구 빈곤율은 2014년 21.2%까지 상승했다.[20]

제도화된 승자독식 체제 하에서 청년 대표의 실패는 청년 세대를 둘러싼 공정성 논란이 심화되는 배경이 되었다. 청년 세대를 둘러싼 공정성 논쟁을 둘러싼 공정성 논란의 특징은 매우 다층적이라는 것이다. 법학전문대학원 음서제 논란으로 나타났던 계층 간 공정성, 이남자(이십대 남자)논란으로 표현되었던 젠더 간 공정성, 인국공(인천국제공항공사) 사태에서 나타났던 정규직을 둘러싼 공정성, 공공기관의 지역인재 할당제를 둘러싼 수도권과 지방의 공정성 등 다층적인 공정성이 서로 충돌하는 모습을 나타내고 있다.[21]

다층적 공정성의 충돌의 본질은 한정된 재화를 둘러싼 분배 갈등의 문제다. 최근 화제가 되었던 연구(박원익·조윤호, 2019)에 따르면 공정성에 유독 민감한 20대의 태도의 배경에는 사회경제적 갈등이 있다. 20대는 경기침체로 인한 청년 실업 문제로 어려움을 겪고 있다. 어려운 취업의 문을 통과하기 위해서는 1점조차도 중요한 차이로 느껴진다. 이에 따라서 공정한 시험에 집착하고 시험을 치르지 않은 비정규직화를 불공정하다고 느끼는 것이다. 공정성 논란과 관련하여 갈등의 제도화 기제로서 민주주의 역할이 다시 부각되는 이유다.

세대 간 공정성 이슈가 성공적인 민주화에도 불구하고 여전히 취약한 민주주의에 대한 지지와 중요한 관련이 있다. 아시아바로 미터(ABS) 4차 조사에 따르면, 고도성장 시대의 주역이었던 베이비붐 세대(1955~1963년 출생)가 세대 간 이동성에 대해 긍정적인 인식을 가진 비율은 절반이 넘은 50.87%였다. 반면 부정적인 인식의 비율은 27.75%에 그쳤다(같다 21.39%). 반면 베이비붐 세대의 자식 세대에 해당하는 에코 세대(1979~1992년 출생)의 경우 긍정적인 인식은 36.90%로 감소되었고 부정적인 인식은 32.07로 증가했다(같다 31.03%).

〈그림 13-2〉는 에코 세대와 조사 대상 전체 샘플에서 세대 간 이동성에 대한 인식이 민주주의 만족에 미치는 영향이 어떻게 다른

〈그림 13-2〉 세대 간 이동성 인식과 민주주의 실제에 대한 만족 – 에코세대와 전체 샘플 비교

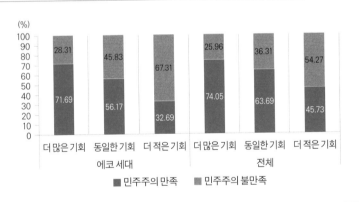

주: 세대 간 이동성에 대한 인식은 "부모님 세대와 비교해볼 때 자신의 세대는 삶의 기준이나 사회 지위를 향상시키기 위해서 더 많은 기회를 가지고 있다고 생각하십니까? 아니면 더 적은 기회를 가지고 있다고 생각하십니까?" 문항에 기초를 두어 측정됨; 에코 세대 사례 수는 285, 전체 사례 수는 1,189.
자료: ABS 4차 조사(2015)

가를 시각적으로 나타내고 있다. 첫째, 전체 샘플과 에코 세대 모두 세대 간 이동성에 대한 인식이 긍정적인 인식에서 부정적인 인식으로 변할 때 민주주의 실제에 대한 만족과 불만족의 차이가 커졌다. 하지만 그 차는 전체 샘플(28.32%)보다 에코 세대(39%)에서 상당히 더 컸다. 둘째, 전체 샘플의 경우 세대 간 이동성에 대한 부정적인 인식이 민주주의 실제에 대한 만족과 불만족에 미치는 차별적인 영향이 그다지 크지 않았다(8.54% 차이). 하지만 에코 세대의 경우 그 차이가 34.32%로 매우 컸다.

5. 결론: 민주주의 민주화

한국의 지난 30년의 성공적인 민주화 과정은 민주적 선거를 통해 권력을 교체하는 방식을 제도화하는 데 집중하였다. 하지만 정치적 대표의 편향을 극복하는 데까지 나아가지 못했다. 선거체제의 민주화에만 집중했던 한국 민주주의 성공의 역설이라고 할 수 있다.

한국 민주화 과정의 중요한 특징은 전례 없는 경제위기, 경제적 불평등의 심화, 사회적 이동성의 하락이 민주화 과정과 함께 진행되었다는 사실이다. 하지만 중앙집권적인 승자독식 체제와 결합된 지역정당 체제의 제도화는 한국 민주주의 정치적 대표의 편향을 낳는 배경이 되었다. 경제적 불평등과 사회적 이동성의 하락으로 시민들의 공정성 요구가 높아졌다.

하지만 정치적 대표성의 편향이 한국 민주주의가 시민들의 공정성에 요구에 대한 적절한 정책적 대응의 중요한 걸림돌이 되고 있다. 앞서 살펴본 청년 대표성의 사례가 이를 잘 나타내고 있다. 공정성 이슈에 대한 취약한 정책적 대응이 한국 민주주의에 대한 시민들의 낮은 지지를 설명하는 중요한 요인이다. 한국 사회 화두가 된 공정성의 이슈는 결국 민주주의 문제인 것이다.

이 장의 분석을 통해 공정성과 민주주의 상호작용에 대한 정책적 함의를 이끌어낼 수 있었다. 먼저, 민주주의는 시민들의 정책적 선호가 민주적 선거를 통해 반영되는 체제다. 민주화 30년을 지나 이제 새로운 단계에 접어든 한국 민주주의는 민주적 선거를 통한 권력 교체 방식의 제도화를 넘어서 민주주의의 정책적 역량을 강화하는 새로운 단계로 발전해야 한다. 이를 위해서는 정부의 매우 적극적인 정책적 처방이 긴요하다. 예를 들어 심화되고 있는 청년빈곤 문제는 청년들의 학력과 능력이 청년의 사회적 배경에 의해 좌우되는 현실 속에서 한국 사회의 지배적인 패러다임이었던 능력주의(meritocracy)만으로는 해결할 수 없다. 기울어진 출발선을 보정해주는 보다 적극적인 정책이 필요하다.

둘째, 다층적인 수준에서 충돌하고 있는 다양한 공정성 담론은 결국 분배를 둘러싼 사회적 갈등의 문제다. 한국 민주주의는 지난 30여 년 동안 안정적인 제도화 과정에도 불구하고 갈등 관리기제로서 매우 취약했다. 갈등관리 기제로서 한국 민주주의의 역량 강화가 필요한 이유다.

이를 위해서는 시민들의 요구가 정책적으로 반영되는 평등한 정치적 대표 체제를 수립하는 것이 일차적 과제다. 즉 지난 30년 동안 한국 민주주의가 이룩한 민주주의를 민주주의의 이상에 맞게 더 민주화해야 한다.

더 읽어야 할 자료들

마이클 센델, 함규진 옮김(2020). 『공정하다는 착각』, 와이즈베리.

이 책은 미국 사회를 대상으로 능력주의(Meritocracy)가 어떻게 불공정한 사회체제를 어떻게 정당화하는지를 생생하게 보여준다. 사회구조를 외면한 채 열심히 하면 성공할 수 있다는 능력주의의 신화는 강고한 카르텔 구조 속 열패자들의 좌절과 분노를 만든다.

조귀동(2020). 『세습 중산층 사회』, 생각의힘.

이 책은 90년대 생들이 경험하는 불평등을 세습 중산층이라는 분석틀로 풀어낸 책이다. 오늘날의 불평등은 학력·소득·직업·인맥·문화적 역량 등이 복합적으로 결합된 복합적이 것이다. 부모의 사회경제적 그리고 문화적 자원이 자녀 세대로 이전된다. 이러한 특권을 향유하는 소수가 세습 중산층이다.

박원익·조윤호(2019). 『공정하지 않다: 90년대 생들이 정말 원하는 것』, 지와인.

이 책은 기존의 세대론을 뛰어넘어 90년대 생들의 시각에서 공정성 담론의 논쟁점들을 구체적인 사례를 통해 파헤친다.

제14장
·········

불평등 민주주의와 재분배

김용현

- 서구의 복지국가는 민주주의 발전과 함께 정치적으로 참정권의 확대를 통해 재분배정책을 시행함으로써 경제적 부의 불균형을 시정해왔다.

- 그러나 2008년 금융위기 이후의 민주주의는 수(數)적으로도 감소하였고 내용적으로도 경제적 불평등을 완화시키지 못했다.

- 현대 민주주의의 1인 1표라는 원리는 이론에 그치고 양극화의 심화로 인한 불평등 민주주의는 경제자본 뿐만 아니라 문화자본, 사회관계자본 등의 소유자의 의견 표출과 정치적 대의를 더욱 반영하는 경향이 있다.

복지국가는 정치적 민주주의의 발전과 연관이 깊다. 민주주의가 발전하면 자연적으로 참정권 확대로 이어진다. 참정권의 확대는

더욱 많은 사람에게 투표권이 주어지고 사회적 약자에게도 '정치'를 통해 그들의 요구를 정치제도에 반영하여 사회복지정책으로 만들 수 있는 기회가 된다. 그러나 금융위기 이후 민주주의에서는 사회적 약자들이 자신들이 가진 정치적 힘(투표권 등)을 이용하여 불평등을 시정하지 못하였다. 본 연구는 민주주의 역설에 주목한다. 즉 민주주의는 이론적으로는 모두에게 정치참여를 허용하는 열린 제도이지만 실천적인 측면에서는 서민 계층의 정치참여를 배제하고 있다는 것이 본 연구의 가설이다. 본 연구에서는 부르디외의 문화자본, 경제자본 및 사회관계자본을 중심으로 서민 계층의 정치참여가 불평등하고 정치적 참여의 불평등이 어떻게 의견 표출과 정치적 대의의 불평등으로 이어지는지 검토한다.

1. 정치적 민주주의와 복지국가

서구 복지국가는 민주주의를 기반으로 하는, 시장을 거스르는 정치(politics against markets)를 통해 구현되었다.

서구의 역사적 경험에 비추어볼 때 복지국가의 발전은 '경제적 시장'을 통한 배분과 '정치적 시장'을 통한 배분의 갈등의 역사라고 할 수 있다.[1] 실제로 전후 서구 복지국가의 사회적 자원의 배분은 '정치적 시장'을 통해 상당 부분 이루어졌다. 그 결과 전통적인 '경제적 시장'을 통해 야기된 결과적 불평등을 상당히 완화시켰다. '경제적 시장'이 자유로운 경쟁을 통해 사회적 자원을 배분하게 하는 것이라면 '정치적 시장'은 투표에 의해 1인 1표의 기회를 모든 사회구성

원에게 똑같이 주어 정치적 경쟁을 통해 사회적 자원을 배분한다.[2]

서구에서 전후 민주주의와 자본주의의 평화로운 공존으로 복지국가는 황금기를 맞게 되지만 금융위기 이후 자본의 공세가 강화되는 신자유주의의 깃발 아래 두 제도의 공존은 위기를 맞고 있다. 본 연구는 복지국가 위기 이후 자본의 권력이 강화되는 '민주주의의 역설'에 주목하고자 한다. 금융위기 이후 불평등이 점차로 확산되면서 서구에서도 대다수 일반 시민들이 정치참여가 주춤해지고 정치는 일부의 엘리트의 전횡이 되고 있다. 또 자본의 힘이 정치에까지 압도하는 '민주주의의 역설'을 목도하고 있다.

본질적으로 자본주의와 민주주의의 조합은 긴장을 전제로 한다. 경쟁을 전제로 하고 돈을 더 많이 가진 사람이 의사결정권을 갖게 되는 것이 자본주의 본질이다. 이에 반해 민주주의는 평등을 전제로 하여 1인 1표의 동일한 의사 결정 원리를 전제로 한다. 두 제도의 속성상 의사결정 방식에서 자본주의와 민주주의는 서로 긴장관계를 가질 수밖에 없다. 이런 맥락에서 샤츠슈나이더 (Schattschneider)는 "민주주의의 기능은 대중에게 경제권력에 대항할 수 있는 하나의 대안 권력체계를 제공하는 데 있다"고 주장하고 있다.[3] 민주주의의 본질은 대중들에게 경제권력에 대항하는 데 사용할 수 있는 또 하나의 권력체계, 즉 대안적 권력체계를 제공하는 데 있다는 것이다. 샤츠슈나이더가 설파한 대로 민주주의는 수(數)를 무기로 하여 자본주의의 금력(金力)을 제어한다. 그리고 그 결과가 서구에서의 복지국가의 탄생이다. 그러나 래리 다이아몬드(Larry Diamond)는 2008년 금융위기의 이후의 세계를 '민주주의 후퇴'라는 말로 규정했다. 래리 다이아몬드에 의하면 세계 모든 지역에서 민주주의 국가 숫자가 감소하였다. 1970년 35개에 불과했던 민주주의 국가는 2000년대 초에는 120개국에까지 이르렀지만 2000년대 중반에는 이 같은 추세가 역전되어 민주주의 국가의 수가 줄어들었다.[4]

본 연구에서 답하고자 하는 질문은 경제적 불평등이 심화된 지금 민주주의 수(數)의 무기가 왜 통용되지 않는가 하는 것이다. 다수의 중산층 및 저소득층으로 구성된 대다수의 시민들이 정치적으로 강력한 영향력을 발휘하지 못하는 까닭은 무엇인가가 본 글에서 답하고자 하는 연구 질문이다.

2. 불평등 민주주의와 정치적 불평등

1) 중위자 투표와 재분배완화

바텔스(Bartels)의 역작에 붙여진 '불평등 민주주의'는 사회과학자에게는 일종의 수수께끼다. 중위투표자(median voter) 이론은 현대 민주주의가 표방하는 1인 1표 원칙을 통해 선거의 결과가 소수의 엘리트 계층의 이해관계와 요구보다는 대다수의 시민들의 입장을 반영한다고 예측한다. 즉 사회적 약자에까지 참정권이 확대될수록 중위투표자의 소득수준은 낮아질 것이고, 이에 따라 재분배의 요구도 증가하게 된다는 것이 중위투표자 이론의 가설이다. 이런 점에서 중위투표자 이론은 참정권의 확대와 보통사람들의 높은 정치 참여가 사회적 불평등을 감소할 것이라는 낙관적 기대를 함축하고

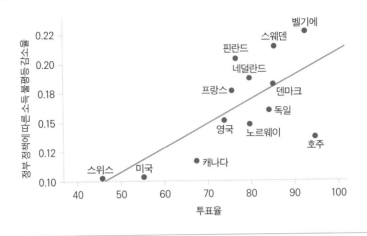

〈그림 14-1〉 국가별 투표율과 정부정책에 따른 소득 불평등 감소의 상관관계

자료: Vincent Mahler, Government Inequality Reduction in comparative perspective: A cross national study of the developed world 2010. (한국어 번역은 『주간동아』 2016년 4월 12일자 1033호에서 인용)

있다고 볼 수 있다.[5] 실증적으로 중위투표자 이론과 유사한 조사결과를 보여주는 연구도 있다. 빈센트 말러(Vincent Mahler)에 따르면 투표율이 높은 나라일수록 소득 불평등이 낮아진다. 〈그림 14-1〉에서 가로축은 국가별 투표율이고 세로축은 정부 정책을 통해 소득 불평등이 얼마나 감소되는지를 가리킨다.

말러의 분석은 복지국가일수록 투표율이 높고, 투표율이 높은 국가일수록 정부가 적극적으로 개입해 소득 불평등을 줄인다는 연구결과를 간접적으로 시사하고 있다. 이 그래프만으로 직접적인 투표율과 소득재분배 간의 인과관계를 단정할 수는 없지만, 투표율이 높은 국가일수록 소득 재분배가 더 활발하다는 상관관계만큼은 분명히 드러난다. 이런 결과가 나오는 이유는 투표의 계급 편향 때문이라고 전문가들은 분석한다.[6] 투표의 계급 편향이란 부유층일수록 투표 참여율이 높고 빈곤층일수록 투표 참여율이 낮은 것을 의미한다. 실제로 거의 모든 국가에서 상층 계급은 투표율이 높고 노동계급, 중하층의 투표율은 낮은 경향을 보이고 있다. 이 때문에 전체적으로 높은 투표율을 기록하는 국가에서는 노동계급, 중하층의 투표율이 높다는 것을 의미한다. 전체적으로 높은 투표율은 중하층과 상층의 투표율 격차가 감소했다는 것을 의미하기 때문에 투표율이 높은 국가에서는 투표율이 낮은 국가보다 정치인들이 중하층의 요구에 더 잘 반응할 것이라고 말러는 분석한다.[7]

멜처-리차드(Meltzer–Richard) 가설 역시 말러의 분석이나 중위투표자 이론과 궤를 같이한다. 극심한 부의 집중현상이 사회 전반에 확산되면 투표를 통해 불평등을 시정하려는 심리가 작동할 수 있다는 것이 멜처-리차드 가설이다.[8] 멜처-리차드에 따르면 정부크기는 결정적 투표자의 소득과 사회평균소득 사이의 차이에 의해 결정된다. 멜처-리차드 가설은 중위투표자 이론을 참정권의 확대를 핵심으로 하는 근대 민주주의 선거이론을 적용시킨 것이다. 즉 민주주의에서 결정적 투표자는 중위소득을 가진 투표자인데 그들이 곧 중위투표자이다. 평균소득 이하의 소득을 가진 다수에게로 참정권이 확대됨에 따라 한 사회의 중위소득수준은 낮아지고 평균소득과 중위소득의 격차는 커진다.[9] 참정권의 확대는 평균소득보다 낮은 유권자(중위투표자)는 높은 수준의 재분배를 원할 것인데 소득 불평등의 증가는 다수제 선거에서 결정적인 투표자인 중위투표자의 소득을 평균소득 이하로 점점 더 떨어뜨리고, 이 같은 하락은 더 높은 수준의 재분배 요구로 이어질 것이라는 이론적 예측을 제시한다.[10]

그러나 정치적 결과는 중위투표자 이론이나 멜처−리차드 가설과 큰 차이가 있다. 중위투표자 이론이나 멜처−리차드 가설의 가설과는 달리 금융위기 이후 부의 불평등이 증가했음에도 불구하고 다수를 차지하는 중산층과 빈곤층은 자신들이 가진 정치적 힘(투표권, 집단행동 등)을 이용하여 불평등을 시정하지 못하였다. 중위투표자 이론이나 멜처−리차드 가설대로 중산층과 빈곤층에서 불평등 해소에 대한 사회적 선호가 높음에도 불구하고 현실화되지 않은 까닭은 일차적으로 불평등 해소를 지지하는 중산층과 빈곤층이 투표에 덜 참여하기 때문이다.

오히려 소수의 부유층이 수의 열세에도 불구하고 자신의 경제적 힘을 이용하여 정치적 의사결정에 영향력을 행사하고 이를 통해 자신들에게 유리하도록 정책과 시장의 규칙을 변경하는 것이 현실이다.[11]

〈그림 14−2〉에서 피케티(Piketty)는 구체적으로 미국·영국·프랑스에서 1948~2017년 기간 내내 실시된 선거 사후조사 결과를 통계로 제시한다. 〈그림 14−2〉는 사회적으로 혜택을 누리는 유권자들 사이에서는 상대적으로 높은 투표율이 유지되며 더불어 그렇지 못한 하층계급에서는 투표율이 저하됨을 보여준다. 미국의 경우, 전반적으로 소득 상위 50%의 유권자들의 투표율이 하위 50%보다 항상 훨씬 더 높으며, 그 격차는 일반적으로 지난 1948~2017년 기간 내내 12~20% 사이를 오갔다. 피케티가 제시하는 통계는 미국에서는 학력·직업·자산을 사용해도 같은 수준의 편향이 확인된다. 사용되는 기준이 무엇이든 하층계급에서 훨씬 많은 투표 불참이 확인된다.[12]

피케티에 의하면 미국과 달리 영국과 프랑스에서, 이른바 서구

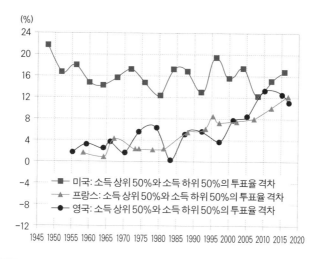

〈그림 14-2〉 계급과 투표

자료: 토마 피케티, 안준범 옮김(2020). 『자본과 이데올로기』, 문학동네, 801쪽.

복지국가의 황금기인 1950~1980년 사이의 투표율은 인민계급·중위계급·상위계급 사이에서 거의 비슷하게 높았다. 소득 상위 50%와 하위 50%의 투표율 격차는 고작 2~3%였다. 달리 말해 실제로 모든 사회적 계층이 동일한 비율로 전체 80%에 육박하는 투표율로 투표했다. 반면 1990년대부터는 전체 투표율이 낮아짐에 따라 점점 더 강한 사회적 편향이 가동되는 것이 확인된다. 2010년대에 영국에서처럼 프랑스에서도 소득 상위 50%와 하위 50% 투표율 격차는 약 10~12%에 달했는데, 이는 미국에서 관찰되는 격차에 근접한 수준이다. 1990년대부터는 미국, 영국, 프랑스 3개국 공통적으로 상위계급과 하위계급의 투표 참여의 격차가 커짐을 알 수 있다.[13]

2) 부르디외의 정치사회학

왜 이토록 사회적 취약계층일수록 투표 참여율의 정도가 낮은 것일까? 기존의 선행연구는 경험적으로 저소득층이 왜 정치참여(투표율)가 높지 않은지 개탄만하고 그 이유에 대해서는 침묵으로 일관하고 있다.[14]

프랑스의 사회학자 부르디외(Bourdieu)는 경제적 자본 외에 사회관계자본과 문화자본 등 자본의 개념을 상징적 자본으로까지 확장하여 사회적 취약계층의 정치참여가 왜 구조적으로 높지 않은지 분석하고 있다. 부르디외의 정치사회학을 이해하기 위해서는 그가 이론적으로 고안한 몇 개의 개념을 먼저 짚고 넘어가야 한다. 다양한 형태의 자본, 장(場) 등이 바로 그것이다.

먼저, 다양한 형태의 자본에 대해 알아보자. 자본은 사회적 경쟁에서 의식적으로 또는 무의식적으로 도구로 사용할 수 있는 모든 에너지이다. 경제자본은 경제 영역에서 발생하는 자본이다. 문화자본은 여러 종류의 지식 또는 그에 상응하는 것으로 육화된 문화자본, 객체화된 문화자본, 제도화된 문화자본으로 분류할 수 있다. 사회관계자본은 상호 인식과 상호 인정으로부터 제도화된 지속적 네트워크의 소유와 관련된 자본으로 인맥 또는 연줄과 유사하다. 상징자본은 이 세 자본들이 합쳐져 형성된 명성이나 명예 또는 사회적 이미지이다. 실체적 자본이 아니라 추상적 자본이라는 점에서 모든 문화자본이나 사회관계자본을 포괄적으로 상징자본이라 부르기도 한다.[15]

다음은 장(場)이론이다. 부르디외에 의하면, 사회공간은 상대적으로 자율성을 갖는 여러 가지 독립된 장(경제의 장, 학문의 장, 정치의 장 등)으로 세분되고, 이 장(場) 안에는 다양한 형태의 자본(문화자본, 사회관계자본, 경제자본 등)이 존재한다. 부르디외의 이론에서 장은 수직적인 위계질서로 구조화되어 있으며 다양한 형태의 자본을 보유한 행위자들이 그에 합당한 위치를 차지하기 위해 투쟁하는 공간이다.[16]

직업정치인이 다양한 형태로 존재하는 자본을 가지고 경쟁하는 정치적 장의 경우, 장에서 지배적인 위치를 점하기 위해서는 직업정치인들은 무엇보다도 다수인 일반대중의 지지를 받아야만 한다. 따라서 정치적 지위를 둘러싼 직업정치인 간의 경쟁에서는 평범하지만 다수를 점하는 시민들의 반응(투표, 여론조사, 집단행동, 유권자와의 대화 등)은 중요하다.

정치적 장에서는 정치적 재화(생산물)가 생산된다. 직업정치인의 공약, 정치적 선언, 정치학자나 평론가의 분석, 논평, 정치담당 기자들의 기사, 지식인의 기고 등이 바로 그것이다. 정치적 재화를 소비하는 대다수의 시민들의 입장에서 언론에서 다루어지는 기사, 지식인들이 기고하는 기사, 정치인들이 만들어내는 정책공약, 등의 정치적 재화는 개인의 계급적 위치에 따라 다르게 소비된다.[17]

사회적 행위자가 사회 속에 위치한 계급적 위상에 따라 정치적 재화의 소비에서도 편차가 발생한다. 부르디외에 따르면, 사회에서 상이한 위치를 차지하는 사회적 행위자들은 정치적 역량(compétence politique)에 따라 정치적 재화의 소비는 달라진다. 예컨대 고학력자나 고소득층은 정치적 재화에 민감하게 반응하는 반면 서민계층은 정치적인 재화에 무디게 반응한다. 서민 계층의 투표에의 불참은 부르디외에 따르면 이들의 정치적 무관심이 밖으로 드러난 것에 불과하다.

개인이 사회에서 차지하는 사회적 위상과는 무관하게 현대 민주주의는 1인 1표 투표권을 통해 모든 사회의 구성원이 각자 정치적 의사를 가지고 있다는 일종의 기본적인 가정을 상정한다. 그러나 부르디외는 민주주의의 기본적인 가정과는 반대로, 서민계층에서는 생활에 밀착한 질문 외에 생활과 동떨어진 정치적 의제에 대한 의견이 존재하지 않을 수도 있다고 분석한다.[18]

부르디외는『구별짓기』8장 '문화와 정치(culture et politique)'에서 서민계층의 정치적 무응답의 유래와 정치적 무관심의 원인을 분석한다. 서민계층에서 두드러지게 나타나는 정치적 무관심의 실체를 정밀하게 파악하기 위해 부르디외는 1960년에서 1976년 사이에 프랑스 여러 여론조사기관들에 의해 제기된 질문들에 대한 응답과 무응답의 분포를, 이차적으로 분석한다. 부르디외는『구별짓기』에서 서민계층에게 제기된 질문의 내용과 형식을 체계적으로 변형시킨 다음, 아래의 세 가지 질문에 대한 응답 결과를 비교하고 있다.

질문 1. 프랑스는 가난한 나라를 원조해야 하나?
질문 2. 프랑스가 민주주의 체제를 가진 나라들에 관심을 가져야 하는가?
질문 3. 프랑스는 저개발 국가들에 대한 원조를 증가해야 하는가, 현 상태로 유지해야 하는가, 아니면 감소하거나 마침내 폐지해야 하는가?

질문 1의 경우 부동층의 응답률은 81%, 스스로를 극좌파에 가깝다고 말하는 사람(91%), 좌파(90%). 중도파 (86%), 우파(93%), 극우파(92%)에 가깝다고 말하는 사람 간에 큰 차이가 없다. 질문 2의 '민주주의 체제'를 가진 나라들에 관심을 가져야 하는지 질문을 받았을 때는 부동층의 응답율은 분명히 질문 1보다 적게 나타나 51%에 그치고 극좌파 76%, 좌파 67%. 중도파 75%, 우파 70%, 극우파 74%로 나타난다. 이런 격차는 질문 3의 "프랑스는 저개발 국가들에 대한 원조를 증가해야 하는가, 현 상태로 유지해야 하는가, 아니면 감소하거나 마침내 폐지해야 하는가"를 물었을 때 훨씬 더 커지는데, 부동층으로 분류된 사람들이 82%가 응답하고 극좌파 93%만, 좌파 94%. 중도파 93%, 우파 94%, 극우파 99%가 응답하였다.[19]

상기의 세 가지 질문은 그 의미에서는 대동소이하고 다만 질문의 형태만 조금 상이할 뿐이다. 즉 의미는 거의 동일하고 문장만 짧고 길게 변형시키고, 문구만 점차적으로 상이하게 배열한 것이다. 결국 여론조사에서 나타나는 무응답률과 그것의 범주별 변화에 주목하는 것이 중요한데, 이것은 질문의 속성과 응답자의 속성 사이의 관계에 따라서 달라진다는 것이 『구별짓기』 저자의 결론이다. 설문조사의 질문이 '가난한 나라들'에서 '민주주의 체제'로 정치적이거나 정치학적인 질문으로 추상적 어휘를 사용하자 전체적인 응답률이 떨어진 것을 알 수 있다. 그러나 의미는 대동소이 하지만 어구가 변한 질문 3으로 이어지자 피조사자의 응답률이 다시 높아지는 것을 알 수 있다.

정치적 문제, 특히 정치학적인 질문과 같이 복잡한 성질의 질문일수록 이에 대해 피조사자가 응답하려는 경향 혹은 태도는 남성

보다는 여성, 고학력자보다는 저학력자, 경제적·사회적 상류층보다는 하류층에 부정적으로 나타난다. 즉 또 질문이 추상적일수록 무응답층은 증가하며 이와 반대로 질문이 일상생활이나 사생활에 관한 문제, 주거, 음식, 자녀교육, 성행위 등 가정의 도덕에 속하는 문제들에 질문일수록 남녀 사이의 간격과 고학력자와 저학력자 간의 간격은 좁아지며 종종 사리지기도 한다.[20]

3. 민주주의는 사회적 약자의 요구에 반응하는가?

1) 의견 표출의 불평등

다양한 자본 소유의 불평등은 사회구성원의 발언권과 대의권이 평등이라는 기본원칙을 침해하고 의견 표출의 불평등으로 이어진다. 정치적 의견 표출은 두 가지 이유에서 민주주의에 중요하다. 첫째, 정치적 의견 표출은 정책 입안자에게 정보를 전달한다. 둘째, 정책 입안자에게 공공정책을 만들 수 있는 동기를 부여한다. 의견 표출과 관련된 정치참여의 불평등은 개인적 차원과 조직적 차원에서 발생한다.

개인적 차원에서 여론조사에서의 응답뿐만 아니라 일반 시민들은 의견 표출의 과정에서도 각자가 보유한 자본에서 자유로울 수 없다. 자신들의 '기대'나 '욕구'를 표명할 수 있는 기회(가능성)는 다양한 자본의 소유 여부에 따라 불평등하게 배분되는데, 일반적으로 교육 정도나 사회적 지위가 높을수록 이러한 기대는 높아지게 된

328

다. 따라서 사회적 약자들은 그들이 처한 상황을 대변하기가 중상류층 등 다른 계층보다 가장 어려운 집단으로서 정치적으로 '침묵' 속에 안주하기가 쉽다. 정치적 무응답, 투표 불참, 기권 등은 정치적 '침묵'의 전형이다. 먼저, 사회적 약자의 정치적 요구가 구체화되려면 이들 스스로 그들의 '기대'나 '욕구'를 정치적 언어로 적극적으로 표명하고 개진하는 과정이 선행되어야 한다. 그런데 '기대'나 '욕구'를 정치적 언어로 표명할 수 있는 능력은 사회적으로 동등하게 분배되어 있지 않은 점을 고려할 때, 경제적·문화적 소외 집단의 이익이 정치적으로 표명될 기회는 상류층에 비교해서 더욱 적게 된다.

조직적 차원에서도 사회적 약자들은 돈, 지식, 시간, 조직력, 사회적 지위 등 정치적 과정으로서의 정책 과정에 영향을 미칠 수 있는 자원을 별로 가지고 있지 못한 것이 보통이다.[21] 또한 이러한 자원들을 조직하거나 사용하는 데 익숙하지 못하다. 따라서 사회복지에의 욕구가 가장 크고 따라서 제한된 사회복지자원을 우선적으로 급여 받아야 할 빈곤계층이나 사회적 약자들은 여러 가지 자본의 보유 면에서 열세여서 이들이 투표를 통해 정치적 힘을 이용하지 않는다면 이러한 집단들의 이익을 반영하는 사회복지정책이 채택될 가능성이 적다.[22] 왜냐하면 이러한 빈곤계층이나 사회적 약자의 영향력이 적기 때문에 이들을 대변하는 정당이나 시민결사체가 활성화되어 있지 않다면 보수적인 정당이나 중도층 정당은 이 집단의 이익을 위해 적극적으로 그리고 실질적으로 활동을 하지 않을 공산이 크기 때문이다.[23] 그 결과 확성기를 장착한 부유층은 정당의 정책형성 과정에 고함을 지르고 있지만, 저소득층은 소곤거리고 있을 뿐이어서 저소득층이 주장하는 소득재분배 요구는 정치권에 의해 주목받지 못할 뿐만 아니라 적절하게 대우 받지 못하게 되었다고 서환주(2018)는 분석한다.[24]

2) 정치대의의 불평등

사회계층 간 자본소유의 불평등으로 인한 정치참여의 불평등은 정치적 대의의 불평등으로 이어진다. 경제적 불평등이 증가하면 정치적 참여에도 불평등이 증가하고 이것은 다시 가난한 시민들에게 불리한 공공정책을 만들게 된다. 부유층의 의견 표출이 다른 소득 계층에 비교하여 빈번하고 효과적으로 이루어지고 있다면 정치권도 부자들의 목소리에 더욱 적극적으로 반응하기 때문이다.[25] 이러한 결과 부자들은 수적 열세에도 불구하고 '과대 대의'되는 반면, 재분배정책을 요구하는 저소득층들은 수적 우위에도 불구하고 '과소 대의'되는 정치적 불평등이 증가하게 된다.[26]

샤츠슈나이더가 적절하게 표현하고 있듯이 "다원주의가 지향하는 천국의 문제는 천상의 합창에서 상류계급의 목소리가 가장 크게 들린다는 것이다."[27] 샤츠슈나이더의 말처럼 대의 민주주의체제에서 정치권은 모든 시민을 대의하는 대신, 강력한 특수집단의 이익을 대변한다는 것이다.

부유한 사람들은 어떻게 가난한 사람보다 더 큰 정치적 영향력을 행사하는 것일까? 이 질문에 대한 체계적인 연구라 할 수 있는 '경제적으로 성공한 미국인 조사(Survey of Economically Successful Americans: SESA)'는 부유한 미국인들이 평균적인 시민보다 정치적으로 훨씬 더 적극적으로 개입하는 경향을 보여주고 있다. 벤자민 페이지(Benjamin Page)를 필두로 한 일군의 연구진(Benjamin Page, L. Bartels and J. Seawrigh)들은 시카고대학 전국여론조사센터의 도움을 받아 부자들을 대상으로 인터뷰를 실시했다. 인터뷰 대상은 부유한 소비자에 대한 정보를 제공하는 Wealthfinder 'rank A' 목록을 활용했다. 이 목록에서 소득, 주택 가치, 자산과 함께 대기업의 임원에게 가중치를 두는 방식으로 대상자를 선별했다. 최종적으로 선정된 인터뷰 대상자는 4,000만 달러 이상의 재산을 가진 상위 0.1%에 해당 된다고 할 수 있다.[28]

SESA 조사에 따르면 약 48%가 '대체로 정치에 관심을 기울인다'고 답했고 99%가 가장 최근의 선거에서 투표를 했다고 답했다. 41%가 정치 모임이나 집회, 연설회, 만찬에 참석하고 68%가 정치권에 기부금을 냈다. 응답자의 21%가 정치현금 모금을 돕거나 적극적으로 모금에 나섰는데, 일반 시민들 사이에서는 보기 드문 행동이다. SESA 응답자의 약 절반이 지난 6개월간 선거에서 뽑힌 관료나 참모와 접촉을 시작했다. 응답자의 40% 이상이 자산이 거주하는 지역의 상원의원과 37%가 하원의원과 접촉했으며, 다른 주의 상원의원과 하원의원과 접촉한 사람도 약 4분의 1정도 였다고 응답했다. 종합하면 부자들의 47%가 지난 6개월간 적어도 연방의원 의원 사무실 한 곳과 접촉했다는 것을 알 수 있다. 대부분의 응답자들이 가장 빈번히 접촉되는 관료들의 이름을 댔다. 이러한 접촉의 성격을 묻는 주관식 문항에 44%의 응답자가 구체적이고 한정된 사적 이유를 들었다.[29] 일반 시민들은 '그들만의 리그'라 여기는 정치권과의 접촉이나 영향력 행사는 현실적으로 어려운 현실이다. 그러나 미국의 부자들은 사회자본과 경제자본을 토대로 정치적 활동에 적극적으로 참여한다는 사실을 SESA를 통해 확인할 수 있다.

마틴 길렌스(Martin Gilens)와 벤저민 페이지(Benjamin Page)도 미국에서 행해진 1799건의 정책을 상세하게 분석하고 나서 경제 엘리트, 사업집단, 대중 기반 이익집단, 일반시민 등이 정책에 미치는 상대적 영향력을 평가하고 이렇게 결론을 내렸다.

"일반 미국인이 공공정책에 미치는 영향력은 매우 작아서 제로에 가깝고 통계로도 무의미해 보인다. 하지만 입법자들은 로비 능력이 뛰어나고 선거 후원금을 두둑하게 제공하는 부자와 사업 이익집단의 정책 요구에 반응한다."[30]

마틴 길렌스와 벤저민 페이지는 경제적 엘리트층의 집단적 선호가 일반시민의 선호보다 15배 더 중요하다고 결론짓고 있다.[31]

정책결정자들 역시 일반적인 유권자들의 요구가 아닌 잘 조직되고 강력한 소수의 요구에 부응하는 '편향성(bias)'을 보일 수 있다.[32] 이러한 맥락에서 '조직화된 이해관계(organized interests)'와 '비조직화된 이해관계(unorganized interests)'를 구분하는 것은 사회복지정책의 형성이라는 점에서 중요하다.[33] 따라서 정치 과정에서 중핵적인 역할을 하는 것은 '중위투표자(median voter)'가 아니라 조직력과 자금력을 갖춰 자신들의 이해관계를 관철시킬 수 있는 '잘 조직된 이익집단(organized interest groups)'이라는 결론에 이를 수 있다.[34]

선거에서 이기기 위한 막대한 투자가 필요한 시스템, 금력을 가진 사람들이 정치적 투자, 수백만 이민자들과 노동계급 유권자들의 투표권을 박탈할 수 있는 미국처럼 유권자등록제를 채택하는 나라에서는 저소득층의 대등한 의견 표출과 정치대의는 꿈같은 이야기일 수 있다.

4. 한국 사회에 주는 시사점

1) 현대 민주주의의 이론과 현실

민주주의는 이론적으로는 사회구성원 모두에게 정치참여를 허용하는 열린 제도이지만 실천적인 측면에서는 서민 계층의 정치참여를 배제하고 있다는 것이 본 연구의 가설이었다. 본 연구는 부르디외의 문화자본을 중심으로 서민 계층의 정치적 무응답의 유래와 정치적 무관심의 원인을 분석하였다. 또한 이 글은 서구민주주의에서 계층별 정치참여의 불평등과 사회경제적 약자의 목소리가 평등하게 정치에 반영되지 않고 과소 대표되는 현상에 주목하였다. 19세기 이래 보통선거의 보편화는 시민의 평등한 정치참여(1인 1표)에 대한 신념을 주입시켰다. 즉 선거에서 투표하는 것은 시민으로서 누리는 명예로운 권리이자 의무라는 신념이다. 또한 민주주의 발전을 위해 시민으로서 자질을 갖춘 유권자가 많아져야 하고, 자발적 투표 참여가 높아져야 한다는 신념이 더해진다. 그러나 세계화 이후의 민주주의에서는 계층 간의 불평등한 정치참여로 인해 이 신념은 흔들리고 있다. 즉 사회적·경제적·문화적 불평등은 민주주의의 근간인 평등한 정치참여에 대해 회의를 품게 한다. 정치에 대한 냉담, 시민들의 무관심은 '정치에 대한 능력 없음'에 기인한다고 부르디외는 분석한다. 부르디외의 해석을 깊이 들여다보면 선거에서 기권하는 유권자의 상당수는 선거에서 투표하든 안 하든 결과의 차이도 없고 정치는 변하지 않는다는 체념 또는 분노가 깔려 있다. 세계화 이후 민주주의는 전체 국민을 위해 작동되어야 함에도 불구하고 실제로는 '부분'의 이해관계에 따라 움직인다는 한계를 더 강화시켰다.[35] '불평등 민주주의'에서는 특정 계층이 상대적으로 투표하지 않음으로써 '유권자들의 선호의 집락'이라는 원칙이 왜곡된다. 즉 전반적으로 저조한 투표율 속에서도 특히 가난한 사람들, 사회적 약자들의 투표 참가는 더욱 낮아지고 있으며 이는 이들이 투표에 참가했을 때 다른 결과를 이끌어낼 수 있음을 의미한다. 따라서 선거 결과를 유권자 전체의 합리적인 선택의 결과로 수용하기에는 더욱 어려워진다.

2) 불평등 민주주의 대안

결론적으로 본 연구의 함의는 사회적 약자의 정치적 참여를 촉진하고 그들의 의사를 정치권에 반영하는 것이 경제적 불평등을 해소할 수 있는 열쇠가 될 수 있다는 것이다. 불평등 해소를 위한 가장 유력한 방법은 최상위층의 의견 표출의 제한이 아니라 그 아래의 목소리를 증폭시키는 데 초점을 맞추는 것이다. 즉 사회경제적 약자들로 구성되는 친복지 세력으로 하여금 정당이나 시민단체를 자신의 정치적 대리인으로 삼을 수 있게 하며, 사회적 약자의 힘이 분산되지 않고 조직화되어 그들의 목소리를 증폭시킬 때 불평등을 해소될 수 있다. 이를 위해서는 사회계층 간 목소리(voice)의 다양성을 반영하고 목소리 크기의 차이를 완화할 수 있는 권력구조 및 선거제도에 대해 고민해야 한다. 권력이 집중될 수 있는 양당제보다는 다양한 사회 세력이 공존 가능한 다당제가, 승자독식의 소선거제보다는 비례대표제가, 대통령제보다는 의원내각제가 사회적 약자의 정치적 의견 표출과 수렴에 유리하다는 것이 전문가들의 의견이다.[36] 비례대표제는 사표를 방지할 수 있고 사회적 약자의 이해관계와 정치적 요구를 더 많이 반영할 수 있다.[37] 의원내각제 역시 복지확대에 필수적인 증세 같은 민감한 사안에 대해 1표라도 더 얻는 자가 이기는 대통령제 보다 더 효율적일 수 있다.[38] 복지 선진국인 유럽의 많은 국가가 비례대표제나 의원내각제를 채택하고 있는 것은 결코 우연이 아니다.

덧붙여 사회적 약자를 대변하는 정당이 유력해야 사회적 약자의 목소리가 정치권에 관철될 수 있다. 서구와 달리 전통적인 좌파 정당이 부재하거나 미약한 한국의 경우에는 이를 대신할 수 있는 자발적인 시민연합체의 역할이 더욱 강조될 수밖에 없다. 참여연대가 중심이 되어 1999년도에 국민기초생활보장법을 제정한 것은 좋은 예시가 될 것이다. 특히 한국처럼 전통적인 노동을 대변하는 정당의 역사가 일천한 나라에서는 시민단체의 역할이 더 중요할 수밖에 없다. 왜냐하면 경제적 불평등을 해소하기 위해서는 사회적 약자 스스로가 정치적으로 조직화하며 권력의 배분과 정책의 결정 과정에 참여할 때 불평등은 해소될 수 있기 때문이다.

더 읽어야 할 자료들

부르디외, 최종철 옮김(1995). 『구별짓기』, 새물결.
현대 사회학의 걸작이라고 평가받는 이 책은 마르크스의 계급관을 확장하여 개인의 문화적 취향도 계급의식의 발로라고 주장한다. 자본 역시 경제적 자본은 물론이고 문화자본, 사회관계자본, 상징자본까지 자본 개념을 심화시킨다. 부르디외는 정치적 역량(compétence politique)이라는 개념을 고안하여 사회적 취약계층일수록 정치에의 관심과 이해도가 떨어진다고 주장한다.

바텔스, 위선주 옮김(2012). 『불평등 민주주의』, 21세기북스.
저자는 왜 부자들은 더욱 부유해지고, 가난한 사람들은 갈수록 가난의 굴레에 깊은 빠지는가?에 대한 의문을 시작으로 현대 미국의 민주주의가 불평등해졌음을 실증적인 통계를 제시한다. 결론적으로 경제적 불평등이 정치적 불평등으로 전이되는 정도 및 그 원인과 결과에 대하여 방대한 자료를 통해 입증한다.

슘페터, 이종인 옮김(2016). 『자본주의, 사회주의, 민주주의』, 북길드.
자본주의와 민주주의 관계에 대하여 빗겨갈 수 없는 고전이다. 마르크스의 이론으로부터 출발하여 자본주의의 운명, 민주주의 여러 모순들을 경제학의 범주를 넘어서 정치·사회적인 입장에까지 광범위하고도 깊은 통찰력으로 분석하고 있다. 이 책의 백미는 민주주의는 그저 일종의 이상향이라고 생각하는 세간의 통념을 거스르며, 민주주의는 그저 정치지도자를 선거를 통하여 선택하거나 심판하는 제도에 불과하다는 점을 강조하는 것이다.

조지프 스티글리츠, 이순희 옮김(2013). 『불평등의 대가』, 열린책들.
스티글리츠는 상위 1%가 독식하는 시장경제가 대량 생산하고 있는 오늘날의 불평등의 파장을 경제적 영역뿐만 아니라 정치·사회적 영역에까지 전방위적으로 분석한다. 저자에 의하면 불평등이 사회에 해로운 이유는 단지 그것이 윤리적으로 올바르지 않기 때문이 아니다. 무엇보다 불평등은 비효율적이다. 부유층은 상위 1퍼센트의 이익이 나머지 99퍼센트에게도 이익이 된다는 관념을 심어 주기 위해 자신들이 가진 모든 수단을 동원하여 중산층과 빈민층을 설득하고 있다. 하지만 이는 사실이 아니다. 스티글리츠는 이 책에서 오늘날 불평등이 얼마나 심각한 지경에 이르렀는지, 그리고 이런 불평등을 초래한 방식이 어떻게 경제 성장을 저해하고 효율성을 떨어뜨리고 있는지를 명료하게 보여준다.

토마 피케티, 안준범 옮김(2020).『자본과 이데올로기』, 문학동네.
경제학이 아니라 인접 학문과의 연계된 정치경제학의 부활을 주장하는 저자는 불평등의 문제를 정치학, 사회학, 역사학 등을 동원하여 다각적으로 고찰하고 있다. 피케티는 역사에서의 불평등주의체제를 사제, 귀족, 제3신분의 삼원사회로 과거의 삼원사회의 불평등 구조와 현대 민주주의의 불평등 구조가 그다지 다르지 않다는 점을 강조한다. 저자의 따르면 불평등은 경제적인 것도 기술공학적인 것도 아니고 오히려 이데올로기적이고 정치적인 것이다.

제1장 공정 사회와 보편적 기본 보장

1   김영란 전 대법관의『한국 사회에서 정의한 무엇인가』(김도균)에 대한 책 소개 중에서.

2   "문대통령, '공정 사회' 화두 던진 까닭", THE FACT, 2019. 10. 23.

3   대통령 직속 정책기획위원회(2019. 12).「불공정에 대한 국민 인식조사 및 시사점 연구」. 인지적 평가 차원에서의 한국 사회 불공정 지수는 시민들이 분야별로 평가한 결과를 합산한 지수이다. 1(매우 불공정)~5점(매우 공정)으로 측정된 7개 평가 지표(입시제도, 취업 기회, 승진/진급 기회, 법의 집행, 소득과 재산 분배, 병역의 의무, 납세의 의무)에서의 공정도 평가 결과를 0~4점으로 합산하여 0~28점 사이의 지수로 구성하였다.

4   Bertelsmann Stiftung (2010). "Social Justice in the EU and OECD – Index Report 2019". '사회정의 지수'는 OECD와 EU 회원국의 사회정의 수준을 정기적으로 측정하기 위해 고안된 지표로, 독일 베텔스만 재단이 매년 발표하는 '지속가능한 거버넌스 지표'에 근거한 양적 평가와 100여 명의 전문가그룹이 실시한 질적 평가를 합산해 최종 산출한다. 지수를 구성하는 항목은 빈곤 예방, 공평한 교육, 노동시장 접근, 사회 포용과 차별 금지, 세대 간 정의, 건강 등 크게 6개 부문으로 나뉜다.

5   김도균(2020).『한국 사회에서 정의란 무엇인가: 우리 헌법에 담긴 정의와 공정의 문법』, 아카넷.

6   피터 코닝, 박병화 옮김(2011).『공정 사회란 무엇인가』, 에코리브르.

7 김도균의 분류에 따른 필요 원칙과 평등 원칙을 코닝은 기본적 필요에 대한 '평등'한 공급으로, 응분 원칙은 기본적 필요를 충당하고 남은 잉여 부분에 대한 '형평' 원칙으로 논의하고 있다. 그리고 계약 자유의 원칙은 공동 공급에 대한 사회적 의무인 '호혜'로 논의하고 있다.

8 이도형(2013). 「공정 사회 구현을 위한 보편적 복지의 제도화」, 『한국거버넌스학회보』 제20권 제2호.

9 강욱모(2018). 「보편적 복지국가 논쟁: 한국의 복지정책은 보편주의가 될 수 있을까?」, 『현상과 인식』 42(3).

10 강욱모(2018). 「보편적 복지국가 논쟁: 한국의 복지정책은 보편주의가 될 수 있을까?」, 『현상과 인식』 42(3).

11 Kildal, N., Kuhnle, S. (2002). "The Principle of Universalism: Tracing a Key Idea in the Scandinavian Welfare Model", Paper Prepared for 9th International Congress, Geneva, September 12th–14th.

12 Horton, T., Gregory, J., The Solidarity Society(London: Fabian Society, 2009).

13 Korpi, W., Palme, J. (1998). "The Paradox of Redistribution and Strategies of Equality: Welfare State Institutions, Inequality, and Poverty in the Western Countries", *American Sociological Review*, Vol.63(5).

14 Esping-Andersen, G. (1996). *Welfare States in Transition*, London: Sage.

15 이채정(2020). 「복지지출의 관대성이 재분배에 미치는 영향 분석: 2008~2015년 유럽연합 회원국을 중심으로」, 『사회과학연구』 32권 2호. 이채정은 2008년부터 2015년까지 유럽연합 국가별 복지지출을 소득–자산조사 실시 여부를 기준으로 보편적 복지지출과 선별적 복지지출로 구분하고, 복지지출의 관대성이 지니계수와 빈곤율에 미치는 영향을 패널분석기법(고정효과모형)을 적용하여 추정하였다. 분석 결과, 복지지출의 관대성이 재분배에 긍정적인 영향을 미친다는 '재분배의 역설'은 성립하지 않는 것으로 나타났다.

16 Kildal, N., Kuhnle, S. (2002). "The Principle of Universalism: Tracing a Key Idea in the Scandinavian Welfare Model", Paper Prepared for 9th

International Congress, Geneva, September 12th-14th.

17 PwC(2018). How will automation impact jobs?.

18 김종진(2020). 「디지털 플랫폼노동 확산과 위험성에 대한 비판적 검토」, 『경제와 사회』, 2020. 3.

19 강욱모(2018). 「보편적 복지국가 논쟁: 한국의 복지정책은 보편주의가 될 수 있을까?」, 『현상과 인식』 42(3).

20 McKinsey(2017). A Future that Works: Automation, Employment and Productivity.

21 윤홍식(2020). 「코로나19 팬데믹(pandemic)과 복지국가의 정치경제학: 위기 이후 복지국가의 길'들'」, 『비판사회정책』 제68호.

22 보편적 기본소득은 다른 여러 장에서 상세하게 설명하고 있으므로, 여기에서는 간단하게 개념과 특징 정도만을 언급한다.

23 이는 '기본소득 지구 네트워크(Basic Income Earth Network: BIEN)'가 채택하고 있는 정의이다. www.basicincome.org.

24 윤홍식(2017). 「기본소득, 복지국가의 대안이 될 수 있을까? – 기초연금, 사회수당, 그리고 기본소득」, 『비판사회정책』 제54호.

25 Anna Coote, Pritika Kasliwal and Andrew Percy (2019). "Universal Basic Services: Theory and Practice – A literature review", Institute for Global Prosperity.

26 Moore, Portes, Reed, Percy. "Social prosperity for the future: A proposal for Universal Basic Services". IGP. IGP UCL. Retrieved 4 December 2017.

27 McDonnell, John. "The new economics of Labour". Open Democracy. Retrieved 2 September 2018.

28 김도균(2020). 『한국 사회에서 정의란 무엇인가: 우리 헌법에 담긴 정의와 공정의 문법』, 아카넷.

29 Ian Gough (2019). "Universal Basic Services: A Theoretical and Moral Framework", *The Political Quarterly*, Vol.90, No.3.

30 Anna Coote, Pritika Kasliwal and Andrew Percy(2019). "Universal Basic Services: Theory and Practice – A literature review", The IGP Social Prosperity Network.

31 Isky Gordon (2020). Universal Basic Income & Universal Basic Services: How can we bring them together?, https://www.compassonline.org.uk

32 John Weeks (2019). Universal Basic Income and Universal Basic Services: a synthesis for the Election, https://www.primeeconomics.org.

33 Portes, J; Reed, H; Percy, A (2017). "Social prosperity for the future: A proposal for Universal Basic Services". (IGP Working Paper Series). UCL Institute for Global Prosperity: London, UK.

34 윤홍식(2017). 「기본소득, 복지국가의 대안이 될 수 있을까? – 기초연금, 사회수당, 그리고 기본소득」, 『비판사회정책』 제54호.

35 성지미(2019). 「실업 안전망 해외사례: 실업부조를 중심으로」, 『실업부조 연구 포럼 자료집』.

36 이병희(2020). 「코로나19 대응 고용정책 모색」, 『고용·노동브리프』 95, 한국노동연구원.

37 김을식 외(2020). 「코로나19 고용 충격, 위기 대응과 뉴 노멀의 모색」, 『이슈 & 진단』, 경기연구원.

38 Ackerman, Bruce A., Alstott, Anne, Van Parijs, Philippe (2006). Redesigning Distribution: Basic Income and Stakeholder Grants as Cornerstones for an Egalitarian Capitalism.

39 김을식 외(2020). 「코로나19 고용 충격, 위기 대응과 뉴 노멀의 모색」, 『이슈 & 진단』, 경기연구원.

40 OECD Health Statistics (2019). OECD 국가별 공공의료비 비중.

41 김은정·장수정(2020). 「초등 대상의 공적 돌봄 서비스 이용 분석: 보편적 서비스 관점에서」, 『한국가족복지학』 제67권 제2호.

42 김효정·권혁주(2013), 「사회서비스의 보편주의(universalism) 적용에 관한 연구: 한국의 노인 돌봄 정책을 중심으로」, 『정책분석평가학회보』 23(1), 143–170.

43 김용준(2021)의 경기연구원 내부 자료를 활용하여 서술하였다.

44 박혜신, 「OECD 평균보다 2배 높은 대학 교육비, 정부 재정 지원으로 대학 등록금 인하하라」, 노동자연대(https://wspaper.org), 2020. 10. 27.

45 류시균(2021)의 경기연구원 내부 자료를 활용하여 서술하였다.

46 Coote, A. and Percy, A.(2020). The Case for Universal Basic Services, Polity Press, p.95.

47 과학기술정보통신부·한국지능정보사회진흥원(2021). 2020 한국 인터넷 백서, 16–17면.

48 박진아(2021)의 경기연구원 내부 자료를 활용하여 서술하였다.

49 http://www.gh.or.kr/business/housing/gyeonggi_lease_01.do

50 고재경(2021)의 경기연구원 내부 자료를 활용하여 서술하였다.

51 조영무(2021)의 경기연구원 내부 자료를 활용하여 서술하였다.

52 이호영(2018), 「재난 후 '지원'에 대한 법·제도적 분석」, 『외법논집』 제42권 제4호의 주요 내용을 정리한 것이다.

제2장 공정분배의 원칙

1 어떤 사람들은 형평, 정의, 평등, 공정 등을 개념적으로 구분하기도 하지만, 이 글에서는 별도의 언급이 없는 한 동의어로 사용한다.

2 "흑백민주주의 4. 실체 없는 공정", 경향신문, 2021. 1. 21.

3 흔히 재산의 분배 문제는 일회적인 문제라고 생각하는데 이는 오해이다. 재산의 분배 문제는 계속해서 진행 중인 문제이다. 예컨대 공유재산은 새로

운 기술의 출현, 새로운 협동적 생산방식의 출현, 산업의 재편 등 시장 시스템 자체의 혁신에 의해 끊임없이 창출되고 있다. 재산권은 끊임없이 사회에 의해 생성, 파괴, 수정, 재분배되고 있으며, 이런 일이 일어날 때마다 우리는 분배 문제에 직면하게 된다.

4 이 글 중 일부는 김우철·이우진(2008), 이우진(2012, 2016, 2018)을 수정하거나 재편집한 것이다. 김우철·이우진(2008), 「한국조세재정정책의 기회평등화 효과에 대한 연구: 소득획득에 대한 기회를 중심으로」, 조세연구원 연구보고서; 이우진(2012), 「경제민주화와 기회의 평등」, 『한국경제포럼』 5(3), 5-25; 이우진(2016), 「한국의 소득유형별 분배구조의 변화」, 『예산정책연구』 5(2), 1-40; 이우진(2018), 「한국의 소득 및 자산의 불평등」, 『정부학 연구』 24(2), 29-59.

5 이 글은 김우철·이우진(2008)의 2장 1절에 크게 의존하고 있다.

6 Dworkin, R. (1981a), "What is equality? Part I: Equality of welfare", *Philosophy and Public Affairs* 10: 185-246; Dworkin, R. (1981b), "What is equality? Part II: Equality of resources", *Philosophy and Public Affairs* 10: 283-345. 드워킨에게 있어서 개인에게 책임을 물을 수 없는 선호는 탐닉(craving)과 중독(addiction)에 의한 선호뿐이다.

7 Elster, J.(1983), *Sour Grapes: Studies in the Subversion of Rationality*, New York: Cambridge University Press. 신 포도 현상이란 이솝우화에 나오는 여우가 나무에 매달린 포도를 도저히 따 먹을 수 없게 되자 '저 포도는 맛이 없는 신 포도일 것'이라는 식으로 포기하는 자신을 정당화해버리는 경우를 지칭한다.

8 선망 부재의 이론에 대해서는 Foley(1967), Varian(1974, 1976)을 참조하기 바란다. Foley, D. (1967), "Resource allocation and the public sector", *Yale Economic Essays* 7: 45-98; Varian, H. (1974), "Equity, efficiency, and envy", *Journal of Economic Theory* 9: 63-91; Varian, H. (1976), "Two problems in the theory of fairness", *Journal of Public Economics* 5: 249-260.

9 반면 공리주의와 같은 분배원칙들은 개인 간에 효용수준의 비교가 가능하

다는 것을 전제하여야 한다.

10 수식으로 이를 표현하면 어떤 j에 대해서도 $(x_j)>u_i(x_i)$를 만족하는 i가 없어야 한다는 조건을 의미한다.

11 이 예에서 파레토 효율적이면서 선망 부재 배분은 $x_1=x_2=5$뿐이다.

12 이 정리가 성립하기 위한 가정 중 하나는 모든 사람들이 소비량의 증가에 따라 효용이 강하게 증가하는 자기중심적인 효용함수를 가지고 있다는 것이다. 만약 효용함수가 준오목함수(quasi-concave function)이고, 재화가 무한히 잘게 쪼갤 수 있으며, 생산기술이 볼록하다면, 선망부재이면서 효율적인 배분은 항상 존재한다.

13 Meade, J.(1993). *Liberty, Equality and Efficiency*, New York: New York University Press.

14 이를 수식으로 표현하면 모든 h에 대해 $u_h(x_i)>u_h(x_j)$가 성립하는 사람들의 쌍 (i, j)가 없어야 한다는 조건이 된다. Parijs, P. van(1995). *Real Freedom for All: What If Anything Can Justify Capitalism?* Oxford: Clarendon Press.

15 여기의 예는 인지능력뿐 아니라 운동능력이나 예술인으로서의 능력 등 어떤 능력에 대해서도 적용 할 수 있다.

16 이 절의 내용은 김우철·이우진(2008)에 크게 의존하고 있다.

17 이러한 이론은 Cohen(1989, 1993, 1995), Roemer(1998)에 잘 정리되어 있다. Cohen, G. (1989). "On the currency of egalitarian justice". *Ethics* 99: 906-944; Cohen, G. (1993). "Equality of what? On welfare, goods and capabilities", in M. Nussbaum and A. Sen eds., *The Quality of Life, Oxford*, UK: Clarendon Press; Cohen, G. (1995). *Self-Ownership, Freedom, and Equality, Cambridge*, UK: Cambridge University Press; Roemer, John (1998). *Equality of Opportunity, Cambridge*, MA: Harvard University Press.

344

제3장 공정 사회와 기본소득

1   이 인터뷰는 졸저 『소득의 미래』(2019) 5장 '정규직, 7.6%에 진입하기 위한 전쟁'을 집필하기 위해 진행했다.

2   Adams, J. Stacy (1965). Inequality in social exchange, in L. Berkowitz, ed., *Advances in Experimental Social Psychology*, Vol.2. NY: Academic Press.

3   Leventhal, Gerald S., J. Karuza Jr., and W.R. Fry (1980). *Beyond fairness: A theory of allocation preferences*, pp.167−218 in Justice and Social Interaction. edited by G. Mikula. New York: Springer−Verlag.

4   Thibaut, John and Walker, Laurens (1975). *Procedural Justice: A Psychological Analysis. Hillsdale*, NJ: Lawrence Erlbaum.

5   Young, Michael D. (1959). *The Rise of the Meritocracy, 1870-2033: The New Elite of Our Social Revolution*. New York: Random House.

6   Markovits, Daniel (2019). *The Meritocracy Trap: How America's Foundational Myth Feeds Inequality, Dismantles the Middle Class, and Devours the Elite*, London: Penguin Press.

7   필리페 판 파레이스, 조현진 옮김(2016). 『모두에게 실질적 자유를: 기본소득에 대한 철학적 옹호』, 후마니타스.

8   구교준·최영준·이관후·이원재(2018). 「자유안정성 혁명: 행복하고 혁신적인 대한민국을 위한 제안」. 솔루션 2050−01. LAB2050.

9   이원재(2019). 「기본소득과 사회혁신: 자유안정성의 관점에서」. 『IDI도시연구』 제15호(31−58), 2019. 6. 인천연구원.

10   금민(2020). 「공유부 배당의 논변 구조와 기본소득론의 사회상」. 『월간좌파』 2017년 5월호.

11   석재은(2018). 「기본소득에 관한 다양한 제안의 평가와 과도기적 기본소득의 제안: 청장년 근로시민 기본소득이용권」, 『보건사회연구』 38(2), 103−132.

제4장 분배정의와 기본소득

1   금민(2020). 『모두의 몫을 모두에게』, 동아시아.

2   권정임·곽노완·강남훈(2020). 『분배정의와 기본소득』, 진인진, 25쪽.

3   곽노완(2016). 『도시정의론과 공유도시』, 한울, 195쪽.

4   Simon, Herbert A. (2000). "A Basic Income for All: UBI and the Flat Tax", *Boston Review*.

5   Raventos, D. (2007). *Basic Income: The Material Conditions of Freedom*. Pluto Press.

6   Meade, J. E. (1993). *Liberty, Equality and Efficiency*, New York University Press.

7   Van Parijs, P. (1995). *Real Freedom for All: What (if Anything) Can Justify Capitalism*. Clarendon Press; Van Parijs, P. and Vanderborght. Y. (2017). *Basic income: A radical proposal for a free society and a sane economy*. Cambridge: Harvard University Press.

8   권정임·곽노완·강남훈(2020). 『분배정의와 기본소득』, 진인진. 112쪽.

9   Miller, David (1992). "Distributive Justice: What the People Think", *Ethics* 102(3): 555–593.

10 김도균(2020). 『한국 사회에서 정의란 무엇인가: 우리 헌법에 담긴 정의와 공정의 문법』, 아카넷. 72–79쪽.

11 유종성(2020a). 「왜 보편적 기본소득이 필요한가? 기본소득을 중심으로 하는 사회보장」, 『동향과 전망』 110: 60–113.

12 권정임·곽노완·강남훈(2020). 『분배정의와 기본소득』, 진인진, 173–174쪽.

13 롤스는 자신의 정의론을 '공정으로서의 정의(justice as fairness)'라고 하면서 원초적 입장(original position)에 있는 사람들이 자신들이 어떠한 사회적 위치에 처하게 될지 모르는 무지의 장막(the veil of ignorance) 뒤에서 합리적으로 선택하게 될 분배의 원칙이라고 하였다. 자신의 위치에 따른 이해관계가 개입되지 않도록 공정한 절차를 거쳐 합의되는 원칙이므로 공정성이 담보되는 정의의 원칙이라는 것이다.

14 Van Parijs, P. and Vanderborght. Y. (2017). *Basic income: A radical proposal for a free society and a sane economy.* Cambridge: Harvard University Press. p.104.

15 Rawls, John (1971(2001, revised edition)). *A Theory of Justice. Cambridge,* MA: Harvard University Press. p.243.

16 Rawls, John (1971(2001, revised edition)). *A Theory of Justice. Cambridge,* MA: Harvard University Press. p.455(fn 7); Van Parijs, P. and Vanderborght. Y. (2017). *Basic income: A radical proposal for a free society and a sane economy.* Cambridge: Harvard University Press. p.110, p.283(fn 35).

17 Van Parijs, P. and Vanderborght. Y. (2017). *Basic income: A radical proposal for a free society and a sane economy.* Cambridge: Harvard University Press. p.113.

18 권정임·곽노완·강남훈(2020). 『분배정의와 기본소득』, 진인진, 149쪽.

19 권정임·곽노완·강남훈(2020). 『분배정의와 기본소득』, 진인진, 200~201쪽.

20 Van Parijs, P. and Vanderborght. Y. (2017). *Basic income: A radical proposal for a free society and a sane economy.* Cambridge: Harvard University Press. pp.101-103.

21 앤서니 앳킨슨, 장경덕 옮김(2015). 『불평등을 넘어: 정의를 위해 무엇을 할 것인가』, 글항아리, 311쪽.

22 유종성(2020b). 「생애맞춤형 전 국민 기본소득제의 필요성과 실현방안」, 유종성 외 12인, 『촛불 이후 한국 복지국가의 길을 묻다』, 한울, 40-74쪽.

23 Van Parijs, P. and Vanderborght. Y. (2017). *Basic income: A radical proposal for a free society and a sane economy.* Cambridge: Harvard University Press. pp.8-9.

24 유종성(2018). 「기본소득의 재정적 실현가능성과 재분배효과에 대한 고찰」, 『한국 사회정책』 25(3): 3-35.

25 Rawls, John (1971(2001, revised edition)). *A Theory of Justice. Cambridge,* MA: Harvard University Press. p.243.

26 박정훈(2020). 「진짜 불쌍한 사람'만 지원하자는 사람들에게: 전 국민 고용보험 vs. 기본소득 논쟁은 허구다", 오마이뉴스, 2020. 6. 23.

27 Atkinson, A. B. (1995). *Public economics in action: The basic income / flat tax proposal*, Clarendon Press, Oxford.

28 이혜원(2012). 「재정패널을 이용한 차상위계층 실태분석」. 『재정포럼』 제 192호. 25-40.

29 조돈문(2020). "문재인 정부 사회경제정책 긴급점검 (2) 전 국민 고용보험 제", 오마이뉴스, 2020. 8. 9.

30 권정임·곽노완·강남훈(2020). 『분배정의와 기본소득』, 진인진, 86쪽.

31 Robertson, J. (1996). "Towards a New Social Compact: Citizen's Income and Radical Tax Reform", *Political Quarterly* 67⑴: 54-57; 권정임· 곽노완·강남훈(2020). 『분배정의와 기본소득』. 진인진; 금민(2020). 『모두의 몫을 모두에게』, 동아시아.

32 Van Parijs, P. and Vanderborght. Y. (2017). *Basic income: A radical proposal for a free society and a sane economy*. Cambridge: Harvard University Press. p.228.

33 Van Parijs, P. and Vanderborght. Y. (2017). *Basic income: A radical proposal for a free society and a sane economy*. Cambridge: Harvard University Press. pp.216-244.

제5장 자유안정성과 기본소득

1 이삼식(2016). 「제3차 저출산고령사회기본계획의 성공적 이행을 위한 전략 과 조건: 저출산대책을 중심으로」, 보건복지포럼, 2016. 2, pp.6-17.

2 최영준·구교준·윤성열(2018). 「복지국가가 혁신에 미치는 영향에 대한 탐색 적 연구」, 『사회보장연구』 34⑷, 229-258; 최영준·윤성열(2019). 「자유안정 성을 위한 기본소득 실험: 새로운 사회경제체제를 위한 도전」, 『정부학연 구』 25⑴, 5-41.

3   우치다 다쓰루(2019). 『인구감소 사회는 위험하다는 착각』, 위즈덤하우스.

4   아누 파르타넨, 노태복 옮김(2017). 『우리는 미래에 조금 먼저 도착했습니다』, 원더박스.

5   최영준·윤성열(2019). 「자유안정성을 위한 기본소득 실험: 새로운 사회경제 체제를 위한 도전」, 『정부학연구』 25(1), 5-41.

6   최영준 외(2019). 「포용국가와 혁신」, 연세대학교 산학협력단.

7   https://ec.europa.eu/commission/presscorner/detail/en/QANDA_20_1150(2020년 12월 29일 접속)

제6장 기본소득'들'의 특성과 쟁점

1   물론 '기본소득의 변형'이란 표현에 대해 반대하는 이들도 있다. 즉 변형이 아니라 유사한 제도에 불과하다는 것이다. 이에 대해서는 후술할 것이다.

2   Van Parijs, Philippe (2004). "Basic Income: A Simple and Powerful Idea for the Twenty-first Century", *Politics & Society.* 32(1): 7-39; Van Parijs, P. and Vandervorght, Y., 홍기빈 옮김(2018). 『21세기 기본소득』, 흐름출판.

3   김교성 외(2018). 『기본소득이 온다』, 사회평론아카데미.

4   필리프 판 파레이스·야니크 판데르보흐트, 홍기빈 옮김(2018). 『21세기 기본소득』, 흐름출판.

5   Van Parijs, Philippe (2004). "Basic Income: A Simple and Powerful Idea for the Twenty-first Century", *Politics & Society.* 32(1): 7-39; 필리프 판 파레이스, 야니크 판데르보흐트, 홍기빈 옮김(2018). 『21세기 기본소득』, 흐름출판.

6   Myles, John and Pierson, Paul (1997). "Friedman's Revenge: The Reform of Liberal Welfare States in Canada and the United States",

Politics & Society. 25(4): 443−472.

7   Grady, Patrick and Costantine Kapsalis (1995). "Income Security Reform and the Concept of a Guarantees Annual Income", MPRA(Munich Personal RePEc Archive). Paper no. 18831. http://mpra. ub.uni−muenchen.de.

8   필리프 판 파레이스, 야니크 판데르보흐트, 홍기빈 옮김(2018). 『21세기 기본소득』, 흐름출판, 95−96쪽.

9   프리드만(Friedman)은 이 점을 충분히 인식하고 있었다. "가난한 이들에게 주어지는 보조금은 정기적인 성격을 지녀야 한다. 이들은 연말까지 기다릴 수가 없기 때문이다. 마이너스 소득세도 플러스 소득세와 마찬가지로 선불 기조로 운영되어야 한다." Friedman, Milton(1975). "Negative Income Tax", Milton Friedman(ed.), There's No Such Thing as a Free Lunch. 198−201. La Salle IL: Open Court.

10   필리프 판 파레이스, 야니크 판데르보흐트, 홍기빈 옮김(2018). 『21세기 기본소득』, 흐름출판. 100−101.

11   Grady, Patrick and Costantine Kapsalis (1995). "Income Security Reform and the Concept of a Guarantees Annual Income", MPRA(Munich Personal RePEc Archive). Paper no. 18831. http://mpra. ub.uni−muenchen.de. 78.

12   가이 스탠딩. 안효상 옮김(2018). 『기본소득: 일과 삶의 새로운 패러다임』, 창비, 195, 249쪽.

13   Atkinson, Anthony. (1996). "The Case for a Participation Income". *Political Quarterly.* 67: 67−68.

14   Atkinson, Anthony(2015). *Inequality: What Can Be Done? Cambridge,* MA: Havard University Press. 221.

15   김정훈·최석현(2018). 「사회적 시민권과 참여소득에 관한 소고」, 『지역발전연구』 27(3): 121.

16   가이 스탠딩. 안효상 옮김(2018). 『기본소득: 일과 삶의 새로운 패러다임』, 창

비, 208쪽.

17 Fitzpatrick, Tony (1999). *Freedom and Security*. New York: Palgrave Macmillan. 120.

18 필리프 판 파레이스, 야니크 판데르보흐트, 홍기빈 옮김(2018). 『21세기 기본소득』, 흐름출판, 471쪽.

19 Pateman, Carole (2013). "Free-riding and the Household", Widerquist, Karl, Yannick Vanderborght, JoséA. Noguera, and Jurgen De Wispelaere(eds.). Basic Income: An Anthology of Contemporary Research. Blackwell Publishing. 175.

20 Gorz, A. (1999). Reclaiming Work: Beyond the Wage-based Society. Blackwell Publishing. 80-85.

제7장 공공의료 인프라와 일차 의료

1 임의영(2003). 「공공성의 개념, 위기, 활성화의 조건」, 『정부학연구』 Vol.9.

2 우석균(2020), 「의료영리화 저지 역사와 공공의료 강화」, 『월간 참여사회』. 2020. 5.

3 김창엽(2019). 『건강의 공공성과 공공보건의료』, 한울아카데미.

4 Kim YI, Hong JY, Kim K, Goh E, Sung NJ. Primary care research in South Korea: its importance and enhancing strategies for enhancement. J Korean Med Assoc 2013;56:899-907.

제8장 돌봄사회와 공정한 노인장기요양정책

1 통계청(2020). 『2020 고령자 통계』.

2 OECD(2019). "Health at a Glance 2019: OECD Indicators", Paris: OECD. https://doi.org/10.1787/4dd50c09-en.

3 통계청(2020).

4 노인장기요양보험법 제1조 참조.

5 정경희·오영희·강은나·김경래·이윤경·오미애·황남희·김세진·이선희·이석구·홍석이(2017). 「2017년 노인실태조사」, 보건복지부·한국보건사회연구원.

6 김준표(2018). 「노인권리기반 장기요양서비스 제도개선방안 연구: 노인의료복지시설 입·퇴소 등에서의 자기결정권 중심」, 아셈노인인권정책센터.

7 전성남(2014). 「노인요양시설 입소노인의 입소적응 과정에 관한 연구」, 『한국사회복지질적연구』 8(1), 67-91.

8 정경희 외(2017). 「2017년도 노인실태조사」, 보건복지부·한국보건사회연구원.

9 EC(European Commission) (2018). "Challenges in long-term care in Europe. A study of national policies 2018", Brussels: European Commission.

10 강은나·이윤경·임정미·주보혜·배혜원(2019). 「2019년도 장기요양 실태조사」, 보건복지부·한국보건사회연구원.

11 최경덕(2019). 「비공식 돌봄과 노동시장 참여 및 성과에 관한 분석」 『보건사회연구』 39(1), 39-71; Bolin, K., Lindgren, B., & Lundborg, P. (2008). "Your next of kin or your own career?: Caring and working among the 50+ of Europe", *Journal of health economics*, 27(3), 718-738; Leigh, A. (2010). Informal care and labor market participation. Labour Economics, 17(1), 140-149.

12 EC(2018). "Challenges in long-term care in Europe. A study of national policies 2018", Brussels: European Commission.

13 EC(2018). "Challenges in long-term care in Europe. A study of national policies 2018", Brussels: European Commission.

14 강은나 외(2019). 「2019년도 장기요양 실태조사」, 보건복지부·한국보건사회연구원.

15 양난주·김은정·남현주·김사현·유야마 아쓰시·유경숙(2020). 「가족인 요양보호사 제도 개선 연구」, 보건복지부.

16 김민경 외(2018).

17 남현주(2020). 「독일 가족수발자 지원 정책에 관한 연구: 가족수발자를 위한 장기요양보험급여를 중심으로」. 『인문사회 21』 11(6). pp.3295-3309.

18 김민경 외(2018).

19 양난주 외(2020). 「가족인 요양보호사 제도 개선 연구」, 보건복지부.

제9장 복지국가의 약한 고리, 주거기본권

1 김수현(2011). 『부동산은 끝났다 우리 삶에서 가장 중요한 곳, 다시 집을 생각한다』, 오월의봄.

2 존 허드슨 외, 김보영 옮김(2010). 『복지국가를 향한 짧은 안내서: 국제적 관점으로 쉽게 쓴 사회정책입문』, 나눔의집.

3 손낙구(2008). 『부동산 계급사회』, 후마니타스.

4 김도균(2020). 「한국 사적 보장체제의 유산과 쟁점」, 『우리는 복지국가로 간다』, 사회평론아카데미.

5 위의 책.

6 김도균(2018). 『한국 복지자본주의의 역사: 자산기반복지의 형성과 변화』, 서울대출판문화원.

7 진미윤·김수현(2017). 『꿈의 주택정책을 찾아서 글로벌 주택시장 트렌드와 한국의 미래』, 오월의봄.

8 〈그림 7-2〉에서 덴마크와 네덜란드의 경우는 공공임대 제도가 잘 발달된

대표적인 국가들이었으나 최근 자가소유 중심 사회로 전환 과정에 있다. 이런 이유로 자가소유율이 중·고령층에서 더 낮고, 청년층에서 더 높게 나타나고 있다. 젊었을 때부터 공공임대 주택에서 거주했던 중·고령층의 경우 인생 후반기에 집 장만에 나설 이유가 별로 없는 반면, 청년층은 바뀐 정책에 맞게 서둘러 집 장만에 나설 유인이 크다.

9 김도균(2020). 「한국 사적 보장체제의 유산과 쟁점」에서 재인용.

10 그동안 30대 연령층의 경우 서울에서 벗어나서 경기·인천 지역으로 이주하는 경우가 빠르게 증가했는데, 이러한 30대 인구의 경기·인천 지역 유입은 서울의 높은 주거비용과 경기도의 신도시 건설 등과 관련이 있다(최석현·이병호(2017). 「수도권 인구이동 요인과 고용구조 변화」, 경기연구원).

11 강신욱(2018). 「임금주도성장과 재분배」. 『복지, 성장, 고용의 선순환을 위한 복지정책 방향 연구』(윤홍식 외, 229–242쪽). 보건복지부 용역보고서.

제10장 4차 산업혁명과 일자리의 미래

1 아리스토텔레스; J. B. Ciulla(2000). p.xi에서 재인용.

2 이 장의 일부 내용은 지은이가 『열린정책』 2020년 통권 제7호에 기고한 「디지털 전환 + 코로나19 시대 일자리의 미래」에서 가져왔다.

3 오삼일·이상이(2020). 「코로나19에 대한 고용취약성 측정 및 평가」, BOK 이슈노트.

4 기계파괴운동을 벌인 사람들은 방직노동자라기보다는 자본가로부터 하청을 받아서 납품을 하는 방직 수공업자였다. 이들은 방직기의 도입이 자신의 일자리를 줄일 것을 염려하여 방직기를 파괴하는 운동을 벌이게 된다. 이러한 기계파괴운동은 산업혁명기에 시장경제에서 착취를 당하는 노동자들이 단결하여 자신의 권익을 주장한 최초의 노동운동이라는 점에 역사적 의미

가 있다. 이후 이 운동은 노동자들의 선거권을 요구하는 차티스트 운동으로 이어지고, 노동자의 선거권을 바탕으로 1900년 노동자의 정치적 이익을 대표하는 노동자대표위원회가 결성되어 영국노동당의 창당(1906년)으로 이어진다.

5   대니얼 서스킨드, 김정아 옮김(2020).『노동의 시대는 끝났다』, 와이즈베리, 35-40쪽.

6   당시 주요 대도시의 박람회에 참가했던 사람들은 그 이전과는 완전히 다른 세상이 오리라고 믿었다. 전기를 이용한 다양한 제품이 개발되었고, 자동차와 비행기가 등장하였으며, 무엇보다도 의료기술과 위생이 획기적으로 발전하면서 오늘날의 문명사회의 기틀이 마련되었다.

7   인더스트리 4.0은 2011년 독일 총리가 주도하여 진행한 산업관련 정책으로, 독일 경제에서 경쟁력을 갖춘 제조업 등의 전통 산업에 IT 시스템을 결합함으로써 생산 시설을 네트워크화하고, 지능형 생산 시스템을 갖춘 스마트 공장으로 발전시키려는 목적을 가지고 있다. 이러한 목적을 달성하기 위해서는 다른 사회적 여건이 뒷받침되어야 하는데, 특히 노동자의 인식 개선과 여건 등이 함께 전환되어야 한다. 이를 위해 독일에서는 연방노동사회부(BMAS)를 중심으로 노동 4.0(Arbeiten 4.0) 개념을 도입하였고, 다가올 인더스트리 4.0 시대에 부합하는 바람직한 미래 노동상을 제시하고 있다. (문선우 (2016).「독일의 인더스트리 4.0과 노동 4.0」, 국제노동브리프).

8   대니얼 서스킨드, 김정아 옮김(2020).『노동의 시대는 끝났다』, 와이즈베리, 181쪽.

9   Levy F. and R. Murnane (2013). "Dancing with Robots: Human Skills for Computerized Work", 2020년 12월 21일 접속(Link: https://www.thirdway.org/report/dancing-with-robots-human-skills-for-computerized-work).

10   주요 운송수단이 말에서 자동차로 바뀌게 된 동기는 기술적 발전 이외에 제1차 세계대전에서 약 900만 마리 이상이 희생되는 바람에 유럽에 말이 희귀해져서 자동차의 발전이 가속화되었다.

11   World Economic Forum, The Future of Jobs Report 2020, Oct, 2020,

pp.28-20.

12 칼 폴라니(Karl Polany), 홍기빈 옮김(2009). 『거대한 전환: 우리 시대의 정치 경제적 기원』, 길.

13 데크란 가프니(Declan Gaffney)는 2015년 12월 10일 영국 일간지 『가디언(The Guardian)』에 기고한 칼럼("Even in Finland, universal basic income is too good to be true")에서 당시 핀란드의 기본소득 실험을 현실적인 복지제도라기보다는 기존의 사회보장제도를 검증하기 위한 사고실험이라고 주장하였다(The Guardian. 10 Dec. 2015 참조).

제11장 복지제도로서 '일자리보장제'

1 이에 관한 개론서로 다음을 참조할 수 있다. 파블리나 R. 체르네바, 전용복 옮김(2021). 『일자리 보장: 지속가능한 사회를 위한 제안』, 진인진.

2 정준호·전병유·장지연(2017). 「1990년대 이후 소득 불평등 변화 요인에 관한 연구」, 『사회복지정책』 44(2): 29-54; 장하성(2015). 『왜 분노해야 하는가: 한국 자본주의 II - 분배의 실패가 만든 한국의 불평등』, 헤이북스 참조.

3 경제위기가 발생하면 실업이 증가하고, 일자리 보장 프로그램 참가자 수가 증가할 것이다. 일상적 실업자 수를 추정하기 위해 코로나19가 창궐하기 직전인 2019년 12월의 경우를 고려해보자. 당시 공식 실업자 94.2만 명, 시간 관련 추가취업 가능자 74.2만 명, 잠재 경제활동인구 160만 명이었다. 이 중 공식 실업자는 전원 일자리보장 프로그램에 참여할 것으로 가정할 수 있다. 시간 관련 추가취업 가능자는 하루 평균 4시간 참여(8시간 기준으로 절반의 인구)하는 것으로 가정할 수 있다. 잠재 경제활동인구 또한 모두가 즉시 이 프로그램에 참여한다고 가정할 수는 없다. 육아처럼 당장 취업하기 어려운 환경에 처해 있는 사람들이기 때문이다. 시간 관련 추가취업 가능자

와 잠재 경제활동인구의 절반이 일자리 보장 프로그램에 참여한다고 가정하면, 약 117만 명이다. 이를 공식 실업자와 합하면 8시간 전일제 기준 약 211.4만 개의 일자리가 필요하다. 물론 민간 부문 취업자 일부가 일자리보장 프로그램으로 전환할 수 있어, 이보다 증가할 가능성은 있지만, 그 규모는 그리 크지 않을 것으로 예상된다. 그 이유는, 첫째, 그런 이직 희망자의 큰 부분이 위 시간 관련 추가취업 가능자에 포함되어 있고, 둘째, 2018년 약 16%의 최저임금 인상이 고용에 미친 효과가 보여준 것처럼, 민간부문 고용주가 임금인상과 노동조건을 개선하여 현 고용자의 이탈을 만류할 수 있기 때문이다.

4 사회적 벤처기업들은 이윤 극대화를 목표로 하지만, 특정 사회적 문제 해결을 통해 이익을 추구한다는 점에서 공동체 전체의 이해와 배치하지 않는다.

5 IMF (2020). World Economic Outlook, Chapter 2. "Countering Future Recessions in Advanced Economies: Cyclical Policies in an Era of Low Rates and High Debt". April 2020; Gechert, S. and A. Rennenberg (2018). "Which Fiscal Multipliers are Regime-Dependent? A Meta-Regression Analysis". *Journal of Economic Surveys*, 32(4): 1160-1182.

6 여기서 제안하는 경제성장률과 국채 조달금리는 매우 보수적으로 가정한 수치다. 명목 경제성장률은 2000~2019년 사이에는 연평균 5.85%, 2009~2019년 사이에는 연평균 4.76%를 기록했다. 일자리보장제를 시행하면 재정승수 효과로 경제성장률이 이보다 크게 높아지고, 정부 부채비율 수렴 수준은 더 하락할 것이다. 국채 평균 이자율은 2010~2019년 사이 평균 2.77%, 2000~2019년 사이 평균 4.12%였다. 국채 이자율(발행금리)은 시장에게 결정되는 가격변수가 아니라 통화정책이 결정하는 정책변수라는 사실이 중요하다. 필요에 따라 그 수준을 관리할 수 있다는 의미이다.

7 매년 본원적 재정적자 비율을 $\bar{s}$로 일정하게 유지하는 경우 n년 후 정부부채비율은 다음과 같이 표현될 수 있다.

$$d_{+n}=d_0\left(\frac{1+i}{1+g}\right)^n+\bar{s}\left(\frac{1+i}{g-i}\right)\left(1-\left(\frac{1+i}{1+g}\right)^n\right)$$

여기서 d_{+n}는 n년 후 정부부채비율, d_0는 초기 정부부채비율, i는 국채 발행 잔액에 지급하는 평균 이자율, g는 명목 경제성장률, $\bar{s}$는 일정하게 유지하는 (목표) 본원적 재정적자 비율을 나타낸다. 이자율이 경제성장률보다 큰 경우, $\left(\dfrac{1+i}{1+g}\right) > 1$이어서 시간($n$)이 무한대로 증가함에 따라 $\left(\dfrac{1+i}{1+g}\right)^n$이 무한대로 발산할 것이다. 반대로, 경제성장률이 이자율보다 크면 $\left(\dfrac{1+i}{1+g}\right)^n$이 0으로 수렴하고, 결국 d_{+n}도 $\bar{s}\left(\dfrac{1+i}{g-i}\right)$ 수준으로 수렴하게 될 것이다. 더 자세한 논의는 전용복, 2020. 『나라가 빚을 져야 국민이 산다: 포스트 코로나 사회를 위한 경제학』, 진인진 참조.

8　Wrary, L.R., F. Dantas, S. Fullwiler, P.R. Tcherneva, and S. Kelton (2018). "Public Service Employment: A Path to Full Employment", Levy Economics Institute of Bard College.

9　미국, 호주, 영국을 대상으로 한 연구로는 Papadimitriou, D.B. (2008). "Promoting Equality through an Employment of Last Resort Policy", Working Paper No.545, The Jerome Levy Economics Institute, 이탈리아와 EU에 대해서는 Mastromatteo, G. and L. Esposito, (2017). "How to Fight Unemployment with the Minsky Alternative in Italy and in the EU", in Murrray, M.J. and M. Forstater edited, The Job Guarantee and Modern Money Theory: Realizing Keynes's Labor Standard, New York: Palgrave Macmillan가 있다. 이 책에서 Kaboub의 연구는 사우디 아라비아를 다룬다.

10　Fullwiler, S.T. (2007). "Macroeconomic Stabilization through and Employer of Last Resort". *Journal of Economic Issues,* 41(1): 93–134; Mitchell, W. and J. Muysken, (2008). *Full Employment Abandoned: Shifting Sands and Policy Failures. Cheltenham,* UK: Edward Elgar Publishing; Mosler, W. (1997). "Full Employment and Price Stability", *Journal of Post Keynesian Economics,* 20(2): 167–182.

11 파블리나 R. 체르네바, 전용복 옮김(2021). 『일자리 보장 : 지속가능한 사회를 위한 제안』, 진인진.

12 유효 수요가 증가하면 생산(경제성장)이 증가하고, 결국 생산성 향상으로 나타난다는 이론 및 실증 연구에 대해서는 Fazzari, S., P. Ferri, and A.M. Variato (2018). Demand-led Growth and Accommodating Supply, FMM(Forum for Macroeconomics and Macroeconomic Policies) Working Paper, Hans-Böckler-Stiftung Macroeconomic Policy Institute; McCombie, J.S.L., M. Pugno and B. Soro (2002). *Productivity Growth and Economic Performance: Essays on Verdoorn's Law*, New York: Palgrave Macmillan 참조.

제12장 공정하고 차별 없는 노동시장

1 Doeringer, P. B. and Piore, M. J.(1971). *Internal Labor Market and Manpower Analysis*. Lexington. MA: Heath.

2 강명세(2019). 『불평등 민주주의와 포퓰리즘』, 바오.

3 이철승(2017). 「결합노동시장지위와 임금불평등의 확대(2004~2015년)」. 『경제와 사회』 통권 115호, 103-144.

4 박정훈(2019). 『이것은 왜 직업이 아니란 말인가』, 빨간소금.

5 전병유 · 신진욱(2016). 『다중격차, 한국 사회 불평등 구조』. 오디언.

6 통계청(2019). 「경제활동인구조사」, e-나라지표.
(http://www.index.go.kr/potal/stts/idxMain/selectPoSttsIdxSearch.do?idx_cd=1063)

7 박상준 · 장근호(2019). 「한국과 일본의 청년실업 비교분석 및 시사점」, 한국은행경제연구원, 『경제분석』 25(4), 58-108.

8 통계청(2020). 「2020년 8월 경제활동인구조사 근로형태별 부가조사 결과」.

9 전병유 · 정이환(2001). 「경제위기와 고용안정」, 『사회경제평론』 제17호, 51-

93. 김영미·한준(2007). 「금융위기 이후 한국 소득 불평등 구조의 변화」, 『한국 사회학』, 41(5), 35-63.

10 유종일(2018). 「한국 경제 양극화의 역사적 기원, 구조적 원인, 해소 전략: 외환위기 기원론과 성장체제전환 지체론」, 『경제발전연구』24(1), 1-31.

11 김유선(2020). 「비정규직 규모와 실태- 통계청 '경제활동인구조사 부가조사 (2020. 80) 결과」, KLSI ISSUE PAPER 제139호.

12 앞의 김유선(2020) 논문과 동일.

13 김종진(2018). 「공공부문 비정규직 정규직 전환 1년 평가와 개선과제」, 을지로위원회 주최, '공공부문 비정규직 정규직화 중간 평가와 개선과제 토론회'자료집, 29-62.

14 이하 유연화 관련 주장은 한국경영자총협회(2020). 「경제활력 제고와 고용·노동시장 선진화를 위한 경영계 건의: 경제·노동 관련 8대 분야 40개 입법 개선 과제」를 참고.

15 신동면(2007). "지속가능한 발전적 사회정책을 행하여", 오마이뉴스. 2007. 1. 25.

16 이상희(2020). 「덴마크 등 주요국 노동시장의 유연안정성 국제비교 및 시사점」, 한국경제연구원.

17 덴마크와 한국의 차이에 대해서는 정원호(2019). "유연안정성, 제대로 알고 거론하자", 프레시안(2019. 3. 15)을 참고.

18 2018년 기준으로 덴마크의 GDP 대비 공공복지 지출은 28%이며, 한국은 11.1%이다.

19 권순미(2020). 「문재인 정부 노동개혁의 이상과 현실: 포용적 안정화에서 연성 이중화로」, 『한국 사회정책』27(1), 129-152.

20 이승윤(2020). 「디지털자본주의시대 복지국가를 위한 기본소득제의 가능성」, 『노사공포럼』51호.

제13장 한국 민주주의와 공정성

1   이 장의 문제의식은 출간 예정인 다음 문헌에 기반을 두고 있다. WooJin Kang. "Conservative Democratization", *The Oxford Handbook of South Korean Politics*, Oxford University Press.

2   폴리티 지수는 정치체제의 수준을 측정한 가장 대표적인 지수다. 1800년 이후 2018년까지 인구 50만 명 이상 국가들 대상으로 −10점(세습 군주제)부터 10점(완전한 민주주의)의 점수를 부여하여 정치체제를 분류한다. 6~10점은(민주주의, democracies), −5~5점(혼합정체, anocracies), −10~−6점(독재, autocracies)로 분류된다.

3   두 분야의 점수를 다시 1~7점으로 자유(1.0~2.5), 부분적 자유(3.0~5.0), 비자유(5.5~7.0)으로 구분한다. 두 부분의 자유 점수를 평균하여 국가별 점수에 따라서 국가의 자유 수준을 평가한다.

4   10에 가까울수록 높은 수준의 민주주의를 나타낸다. 민주주의 지수가 8.1~10.0인 국가는 완전한 민주주의(Full Democracy), 6.1~8.0인 국가는 결함 있는 민주주의(Flawed Democracy), 4.1~6.0인 국가는 혼합체제(Hybrid Regime), 4.0이하는 권위주의 체제(Authoritarian regime)을 나타낸다.

5   Schumpeter Joseph. (1942). *Capitalism, Socialism and Democracy*. New York: Harper & Row.

6   Adam Przeworski (2019). *Why Bother With Elections?*, Polity.

7   임혁백(1990). 「한국에서의 민주화 과정 분석: 전략적 선택이론을 중심으로」, 『한국정치학회보』 24권 1호, 51~77.

8   강우진(2017a). 「87년 체제와 촛불시민혁명: 한국 민주주의의 전환」, 『정치비평』 10권 1호, 47~86.

9   전두환 정권의 2인자였던 노태우(TW) 후보는 집권 민주정의당 후보로 출마했다. TW 후보의 정치적 고향은 대구·경북이었다. 야당에서는 3명의 주요 후보가 출마했다. 1971년 제7대 대통령 선거에서 박정희와 맞붙었던 김대중은 유신체제 이후 투옥과 망명을 통해 민주화운동의 화신으로 거듭났다. 전남 목포 출신인 김대중의 정치적 기반은 호남이었다. 김대중(DJ)과 정

치적 경쟁자였던 부산 출신 김영삼(YS)은 유신 시절 제도권에서 반독재 투쟁을 이끌었다. 두 사람은 제13대 대선을 앞두고 후보 단일화에 실패하여 각각 평화민주당과 통일민주당의 후보로 출마했다. 마지막으로 박정희 정권의 사실상 2인자였던 김종필(JP)은 충남을 정치적 기반으로 신민주공화당 후보로서 출마하였다.

10 United Nations (2000). *Growth with Equity Policy Lessons from the Experiences of Selected Asian Countries.* United Nations Pubns.

11 한 조사에 따르면 2018년 소득 지니계수는 0.3508였지만 순자산 지니계수는 0.5613에 달했다. 특히 부동산 자산 지니계수는 0.6418로 소득 지니계수보다 훨씬 높았다. 오민준(2020). 「자산불평등에서 주택의 역할」, 국토연구원.

12 http://www.index.go.kr/potal/stts/idxMain/selectPoSttsIdxSearch.do?idx_cd=2898&stts_cd=289804

13 박재완·이병훈·한준·이진영(2017). 「사회이동성에 대한 진단과 대안모색: 흙수저는 금수저가 될 수 없는가?」, 한국경제연구원.

14 공적으로 위임한 국가권력을 사유화한 박근혜·최순실 게이트가 발발하자 많은 국민들의 저항이 촛불로 타올랐다. 이 과정에서 비선 실세였던 최순실의 딸 정유라가 대학 부정 입학 후 자신의 소셜미디어에 쓴 것으로 알려진 "능력 없으면 니네 부모를 원망해. 있는 우리 부모 가지고 감 놔라 배 놔라 하지 말라"며 "돈도 실력이야"라는 문구가 알려지면서 공정성 논쟁에 불을 지폈다. 촛불 항쟁을 경험하면서 젊은 층을 중심으로 공정성이 화두가 되었다(강우진, 2017). 강우진(2017b). 「한국 민주주의에서 공정성에 대한 인식과 민주적지지」, 『한국과 국제정치』 33권 3호, 33-60.

15 조유빈(2019). 「국민 10명 중 9명 '한국은 세습사회'」, 『시사저널』, 2019. 9. 24.

16 민주주의 주인과 대리인 사이에 정보의 비대칭성(information asymmetry)이 존재한다. 다수의 유권자들에 비해 특별이익집단(special interest group)이 더 많은 정보를 가지고 선거 쟁점에 더 적극적으로 반응한다면 투표 선택이 다수 인민의 이해관계와 괴리될 수 있다. 이에 따라 주인(principal)과 대리인(agent) 사이에는 역선택(adverse selection)의 가능성이 항상 존재한다. 또한

유권자(주인)와 대표자(대리인) 사이의 정보의 비대칭성은 대리인의 도덕적 해이(moral hazard)와 기회주의적 행동(opportunistic behavior)로 이어질 수 있다. 주인이 대리인의 행위에 대한 완벽한 모니터링을 하는 것을 사실상 불가능하다.

17 Dahl Robert (1971). *Polyarchy: Participation and Opposition*. Yale University Press.

18 제21대 국회의원 선거에서 총 선거인수(43,994,247명) 중에서 10대(18~19세)는 115만명(2.6%), 20대는 690만명(15.5%)을 차지했다(행정안전부, 2020).

19 정부입법지원센터(https://lawmaking.go.kr).

20 빈곤율은 중위소득 50%이하에 해당하는 가구의 비율이다. 보다 더 자세한 논의는 김태완·최준영(2020). 「청년의 빈곤 실태: 청년, 누가 가난한가」, 보건복지포럼을 참고하라.

21 한국 사회 공정성 논쟁에 관해서는 다수의 문헌이 존재한다. 90년대생의 시각에서 본 공정성 논쟁은 박원익·조윤호(2019)의 『공정하지 않다』(지와인). 이남자 현상에 대해서는 천관율·정한울(2019)의 『20대 남자』(시사인북)를 참고하라. 학력을 기반으로 노동시장에서 우월한 지위를 차지한 50대 부모 세대가 교육·문화·인적 네트워크의 자산을 자식세대에게 물려주는 중산층 세습사회로서 한국 사회에 대한 비판은 조귀동(2020)의 『중산층 세습사회』(생각의 힘)을 참고하라.

제14장 불평등 민주주의와 재분배

1 G. 에스핑앤더슨, 박시종 옮김(2007). 『복지 자본주의의 세 가지 세계』, 성균관대학교 출판부.

2 김태성(1998). 『사회복지정책론』, 226쪽.

3 E. E. 샤츠슈나이더, 박수형 옮김(2008). 『절반의 인민주권』, 후마니타스, 196쪽.

4 후쿠야마(2020). 『존중받지 못하는 자들을 위한 정치학』, 한국경제신문사.

5 김미경(2008). 「한국의 조세와 민주주의: 복지국가에 반하는 민주주의의 한 국적 기원에 대하여」, 『아세아연구』 51(3).

6 Mahler (2010). "Government Inequality Reduction in comparative perspective: A cross national study of the developed world", *Polity* 42(4).

7 Mahler, Vincent, (2010). "Government Inequality Reduction in comparative perspective: A cross national study of the developed world". *Polity*, 42(4).

8 Meltzer and Richard (1981). "A Rational Theory of the Size of Goverment", *Jounal of Political Economy*. 89.

9 김미경(2008). 「한국의 조세와 민주주의: 복지국가에 반하는 민주주의의 한 국적 기원에 대하여」, 『아세아연구』 51(3).

10 김미경(2008). 「한국의 조세와 민주주의: 복지국가에 반하는 민주주의의 한 국적 기원에 대하여」, 『아세아연구』 51(3).

11 스티글리츠, 이순희 옮김(2013). 『불평등의 대가』, 열린책들.

12 피케티, 안준범 옮김(2020). 『자본과 이데올로기』, 문학동네, 801쪽.

13 피케티, 안준범 옮김(2020). 『자본과 이데올로기』, 문학동네, 801쪽.

14 부르디외(1979). 『구별짓기』.

15 부르디외(1979). 『구별짓기』.

16 홍성민(2004). 『피에르 부르디외와 한국 사회』, 살림출판사.

17 부르디외(1979). 『구별짓기』.

18 부르디외(1979). 『정치참여』.

19 부르디외(1979). 『구별짓기』. pp.466-468.

20 부르디외(1979). 『구별짓기』. pp.728-729.

21 김태성(2000). 「정치적 민주주의와 사회복지」, 『사회복지연구』 제15호.

22 김태성(2000). 「정치적 민주주의와 사회복지」, 『사회복지연구』 제15호.

23 김태성(2000). 「정치적 민주주의와 사회복지」, 『사회복지연구』 제15호.

24 서환주(2018). 「왜 민주주의는 재분배에 실패하는가: 제도주의 정치경제학 및 조절이론을 중심으로」, 『경제학연구』 제66권 제3호.

25 서환주(2018). 「왜 민주주의는 재분배에 실패하는가: 제도주의 정치경제학 및 조절이론을 중심으로」, 『경제학연구』, 제66권 제3호.

26 바텔스, 위선주 옮김(2012). 『불평등 민주주의』, 21세기북스; 해커·피어슨, 조자현 옮김(2014). 『부자들은 왜 우리를 힘들게 하는가: 승자독식의 정치학』, 21세기북스.

27 E. E. 샤츠슈나이더, 박수형 옮김(2008). 『절반의 인민주권』, 후마니타스, 83쪽.

28 Page. Bartels and Seawrigh (2013). "Democracy and the Policy Preferences of Wealthy Americains", *Perspective on Politics*, March 2013.

29 Page. Bartels and Seawrigh (2013). "Democracy and the Policy Preferences of Wealthy Americains", *Perspective on Politics*, March 2013; 제이콥스(2017). 「어디에나 있고 어디에도 없는: 21세기 자본이 주는 교훈」, 『애프터 피케티』.

30 라이시, 안기순 옮김(2016). 『자본주의를 구하라』, 김영사, 220쪽.

31 Gilens and Page (2014). "Testing Theories of Americans politics", *Perspectives on Politics* 12. p.564−581.

32 해커·피어슨, 조자현 옮김(2012). 『부자들은 왜 우리를 힘들게 하는가: 승자독식의 정치학』, 21세기북스.

33 구현우(2018). 「민주주의, 정치과정, 그리고 공공정책: 민주적 정치과정론에 대한 비판적 재검토」, 『정부학연구』, vol. no.3.

34 해커·피어슨, 조자현 옮김(2012). 『부자들은 왜 우리를 힘들게 하는가: 승자독식의 정치학』, 21세기북스.

35 이지문(2013). 「추첨제 관점에서 본 최장집의 제도민주주의론 비판」, 『최장집의 한국민주주의론』, 소명출판.

36 안상훈 외(2015). 『복지정치의 두 얼굴』, 21세기북스.

37   최태욱(2014). 『한국형 합의제 민주주의를 말하다』, 책세상.

38   양재진(2020). 『복지의 원리』, 한겨레출판.

공정 사회를 만드는 새로운 복지

2021년 8월 10일 1쇄 인쇄
2021년 8월 20일 1쇄 발행

지은이 | 이한주 외
발행인 | 윤호권, 박헌용
본부장 | 김경섭

발행처 | ㈜시공사
출판등록 | 1989년 5월 10일(제3-248호)

주소 | 서울시 성동구 상원1길 22, 7층(우편번호 04779)
전화 | 편집 (02)2046-2864 · 마케팅 (02)2046-2800
팩스 | 편집 · 마케팅 (02)585-1755
홈페이지 www.sigongsa.com

ISBN 979-11-6579-667-9 (04300)
세트 ISBN 979-11-6579-616-7 (04300)